《共和国的记忆》编撰人员

主　　编　吕章申
副 主 编　马英民
执行主编　季如迅　陈禹
撰　　稿　（按篇目顺序排列）

季如迅　李雅兰　刘艳波　姚　杰　秋　丰
万　婷　黄燕茹　安　莉　赵　锋　纪远新
刘连城　尹　静　张志军　吴华良　张玉兰
奚　敏　何志文　吴　虹　沈　正　杨红林
丁纯怡　董　帅　李翠屏　安跃华　陈　禹
谭　天　唐　雪　陈红燕

共和国的记忆
文物见证历史

中国国家博物馆　编著

The Stories of People's Republic of China

山西出版集团
山西人民出版社

图书在版编目（CIP）数据

共和国的记忆：文物见证历史／中国国家博物馆编著．
—太原：山西人民出版社，2009.9
ISBN 978-7-203-06578-4

Ⅰ．共… Ⅱ．中… Ⅲ．历史文物–中国–通俗读物
Ⅳ．K87-49

中国版本图书馆 CIP 数据核字（2009）第 159937 号

共和国的记忆：文物见证历史

编　　著：中国国家博物馆
责任编辑：傅晓红
装帧设计：清晨阳光（谢成）工作室

出 版 者：山西出版集团·山西人民出版社
地　　址：太原市建设南路 21 号
邮　　编：030012
发行营销：0351-4922220　4955996　4956039
　　　　　0351-4922127（传真）　4956038（邮购）
E-mail：sxskcb@163.com　发行部
　　　　sxskcb@126.com　总编室
网　　址：www.sxskcb.com

经 销 者：山西出版集团·山西人民出版社
承 印 者：山西出版集团·山西新华印业有限公司

开　　本：787mm×1092mm　1/16
印　　张：20.25
字　　数：250 千字
印　　数：1—4 000 册
版　　次：2009 年 9 月第 1 版
印　　次：2009 年 9 月第 1 次印刷
书　　号：ISBN 978-7-203-06578-4
定　　价：38.00 元

如有印装质量问题请与本社联系调换

共和国的记忆：文物见证历史
The Stories of People's Republic of China

序 言

为庆祝中华人民共和国成立60周年，我们编写了此书，目的是以文物来见证和讲述共和国这60年不平凡的历程。

文物是人类社会历史文化遗存的证物，它从不同侧面反映了事物的本来面貌，是人类文明传承发展的一种印记，它能够还原历史，唤起、恢复和构建我们的记忆。文物所具有的历史价值、艺术价值、科学价值，对于印证历史，借鉴历史，陶冶情操，启迪和教化人们都有重要的意义。

坐落在北京天安门广场东侧的中国国家博物馆（以下简称国博），是一座历史与艺术并重的综合性国家博物馆，是系统收藏和展示中华民族悠久历史和文化艺术的最高殿堂，也是我国重要的爱国主义教育基地。2003年2月，国博在原中国历史博物馆和中国革命博物馆的基础上组建后，坚持"人才立馆、藏品立馆、业务立馆、学术立馆"的办馆方针，确立了"国内领先，国际一流"的国家博物馆建设目标。即将竣工的改扩建工程将使国博总建筑面积达到19.2万平方米，成为世界最大的博物馆之一。国博是国内目前收藏中国历史文物数量最多的博物馆之一，这是全国人民和有关单位大力支持，是历代博物馆人不懈努力的结果。

作为中华民族历史和文化艺术证物的收藏者和展示者，国博通过对文物的收藏整理，将原本残缺断裂的历史片断连缀成比较完整的历

共和国的记忆：文物见证历史
The Stories of People's Republic of China

史长卷，给观众以启迪和感悟。它以物的形式直观地告诉观众什么是中华民族的优秀文化，我们的祖国走过了怎样的伟大历程。从这个意义上说，国博也是一座祖国历史的记忆收藏库。

国博的收藏包括著名的司母戊鼎、四羊方尊、唐三彩骑驼乐舞俑、金缕玉衣等几十万件古代和近代文物藏品，也包括二十多万件当代文物藏品。这些当代文物藏品也极为珍贵。例如人民政协第一届全体会议代表签名册，毛泽东升起的第一面五星红旗，油画《开国大典》，签订《关于和平解放西藏办法的协议》用的文具、印章，朱德的元帅服和金质勋章，中国重返奥运会获得的第一枚金牌，邓小平视察南方时的着装，中英签署关于香港问题联合声明的笔，中葡关于澳门问题联合声明签字时用的两国国旗，陈景润"哥德巴赫猜想"论文手稿，"两弹一星"功勋奖章，世界贸易组织（WTO）宣布中国加入时的"入世槌"，中国首次载人航天的"神舟五号"飞船返回舱和返回舱主伞，杨利伟穿的宇航服，邱光华烈士的特级飞行胸章等等。

本书选取了数十件有代表性的当代文物藏品，重点介绍其历史背景、藏品背后的故事和征集的故事，辅以藏品图片和历史图片。力图通过图文并茂的形式，以物证史、以图证史，再现那些值得人们回忆的历史片段，使读者对共和国60年璀璨的历史画卷有一个形象的梗概了解。

本书的文字作者、摄影者均为本馆藏品保管二部研究人员，曾编写过《中华人民共和国开国大典》图册、纪实文学《开国大典》、《中

共和国的记忆：文物见证历史
The Stories of People's Republic of China

国革命博物馆藏品选》等著作，在纪念抗日战争胜利60周年和纪念长征胜利70周年时，曾连续发表介绍藏品故事的文章，在社会上引起了很大反响。一位读者的《读后感》写道："一件文物见证一场战斗、一个事件乃至一种精神，以物叙事，以物证史的写作方式，是一种完完全全、真真切切的实录。每一件抗战文物都是战争孕育下的生命个体，具有历史档案的特性与价值，它有助于人们更深入更全面地认识历史，同时，作为历史的佐证，将永载史册。许多鲜为人知的抗战文物跃然纸上，许多可歌可泣的抗战故事催人奋进，不断冲击着读者的心灵与视觉，引领大家走进一段段鲜活而难忘的历史。"

谨将此书献给曾为共和国诞生奋斗的革命先辈和所有为建设有中国特色的社会主义事业而奋斗的人们以及所有关心共和国事业的人们。

让我们在以胡锦涛为总书记的党中央领导下，高举中国特色社会主义伟大旗帜，以马克思主义、毛泽东思想、邓小平理论和"三个代表"重要思想为指导，深入贯彻落实科学发展观，为实现全面建设小康社会，实现中华民族伟大复兴的目标而努力奋斗！

目录

引　子 /1
　　——60件文物与一段伟大的历史

共和国缔造者集体写的一本"天书" /6
　　——政协第一届全体会议代表签名册

开国领导人是怎么选出来的？ /14

为了第一面五星红旗的升起 /21

国歌《义勇军进行曲》诞生在抗战烽火中 /26

天安门大红宫灯的故事 /31

礼炮齐鸣庆开国 /36

开国第一大印 /42
　　——中华人民共和国中央人民政府之印

群贤协力绘国徽 /47

跨越两个不同历史时期的货币 /55
　　——第一套人民币的诞生

一幅油画与一段历史 /60
　　——记一代名作《开国大典》

矗立在天安门广场上的丰碑 /66

毛泽东访苏 /71
　　——乌拉尔重型机械厂职工赠毛泽东的青铜驯马雕塑

彻底清除帝国主义在华特权 /78
　　——北京市军管会收回帝国主义兵营地产的布告

目录

"为了国家民族，我们应当回去" /83
　　——"留美科协"与华罗庚归来

废除千年封建土地制度 /89
　　——新解放区的土地改革运动

五星红旗插上世界屋脊 /94
　　——签订关于和平解放西藏办法的协议的文具

一条修了40余年的铁路 /100
　　——记成渝铁路通车

为了保卫和平 /105
　　——记录上甘岭战役的"弹片土"等文物

迎接中国人民的第一部宪法 /110

走向军队正规化的重要一步 /115
　　——记新中国第一次授衔授勋典礼

新中国汽车工业诞生的见证 /120
　　——一汽奠基石与最早的"解放"牌卡车

消逝的票证 /125

伟大的社会变革 /130
　　——社会主义三大改造有关文物选介

"跑步进入共产主义" /136
　　——从一张《徐水报》说起

"移风易俗，除病去害" /140
　　——广东佛山居民用轮流香灯牌改制的卫生值日牌

共和国的记忆

目录

国家主席和淘粪工都是人民勤务员 /143

人类首次从北坡征服珠峰的见证 /147
——中国登山队从珠峰采集的九块岩石

戈壁滩升起"红蘑菇" /151
——"两弹一星"功勋奖章等文物

诞生在中国科学家手中的世界冠军 /157
——记人工全合成牛胰岛素的研制成功

太平湖的故事 /162
——老舍先生辞世处碑文拓片等

"好在历史是人民写的" /167
——见证刘少奇蒙冤与平反的几件文物

苦撑危局 展望未来 /173
——周恩来"文化大革命"时期的几件文物

传递地球另一面的信息 /177
——尼克松赠毛泽东的"月球岩石碎片摆件"

破解"哥德巴赫猜想"的中国人 /182
——陈景润"哥德巴赫猜想"（1+2）论文手稿

小小种子改变世界 /187
——袁隆平与杂交水稻的诞生

小小工艺品引发的政治风波 /192
——"蜗牛事件"

人民的呼声 /197
——悼念周总理的"四五"运动诗牌

目录

小平复出,改革起航 /201
——邓小平与解放思想大讨论

赶上高等学府的末班车 /206
——恢复高考的作文、准考证等文物选介

18位农民的大胆创举 /211
——全国农村第一份包干到户合同书

从大碗茶青年茶社到老舍茶馆 /217
——从北京大碗茶青年茶社牌匾说起

中国奥运会金牌"零的突破" /221
——记许海峰获得的第23届奥运会首枚金牌

重发股票与证券市场的起步 /226
——从上海飞乐音响股票说起

"一国两制"构想的光辉范例 /230
——记香港、澳门回归祖国

跨越这条海峡用了38年 /237
——台湾老兵返乡探亲团的文物

当代毕昇 /242
——王选的汉字激光照排欧洲专利申请书

东方风来春暖神州 /247
——邓小平视察南方时穿的夹克衫

留学回国创业的"第一人" /252
——我国首张出国留学人员短期回国工作身份证

抗洪抢险"生死牌" /257

目录

电子产品有了"中国芯" /262

十年磨剑 奥运梦圆 /267

见证中国加入世贸组织的"入世槌" /273

"神舟"圆了中国人的航天梦 /278

改革给农民生活带来巨变 /283
　　——农民刘元九20余年的生活账和农业税票

新时期宪政建设历程的见证 /287
　　——通过现行宪法及四次修正案的表决票

一个人的万里长征路 /292
　　——记四川木里县马班邮路乡邮员王顺友

远渡重洋播友谊 /296
　　——记胡锦涛主席访问美国耶鲁大学

天路连雪域 /300
　　——青藏铁路建设的历史见证

共和国不会忘记 /305
　　——四川抗震救灾斗争实物选介

此书未到心先到，想在孤城海岸头 /311
　　——一封等了六十年的家书

后　记 /316

引 子

——60件文物与一段伟大的历史

60年前,一个新的共和国——中华人民共和国在世界的东方诞生了!中国人民从此站起来了!

这个曾以方块字和四大发明著称于世的文明古国,在近代却不幸沦入半殖民地半封建社会的深渊。直到中国共产党带领全国各族人民推翻了帝国主义、封建主义、官僚资本主义三座大山,建立了人民民主专政的共和国。这是20世纪人类历史上最有影响的伟大事件之一。

60年在浩渺的宇宙时空中只是沧海一粟,60年在人类历史的长河中也只是短暂的一段。但对一个国家来说,60年已经是一段从草创走向成熟的伟大历史。在这60年里,中国完成了从一穷二白到初步繁荣富强的沧桑巨变,虽然有过失误和挫折,但一旦吸取教训便迎来了改革开放的华丽转身!在全球经济危机的今天,中国依然充满活力,稳步前进,在各个方面都释放出一个崛起大国的能量和影响。共和国60年取得的成就,绝不亚于此前的几千年,这是中华民族历史上的一次腾飞!

为了纪念共和国成立60周年,山西人民出版社委托中国国家博物馆编写这本《共和国的记忆:文物见证历史》,要求以数十篇有代表性的当代文物故事,反映和见证共和国60年的辉煌历程。作为一名亲身经历了共和国60年历史的公民,同时又是一名研究共和国历史文物数十年的文物工作者,能有机会以这样的方式解读共和国刚刚走过的60载春秋,深感荣幸和自豪。因为这60年是我们的命运和情感与之交织在一起的国家的历史,记录它们也是在关照自身,是在品味千千万万与自己一起经历那段岁月的生命历程;因为我馆完全拿得出一批见证共和国60年跌宕起伏历史的文物。

于是，我们以时间为经，以事件、人物为纬，精心选择了60件（组）当代文物演绎成篇，并试图将时代背景、藏品背后的故事和文物征集的故事有机地结合在一起，以物证史、以图证史，用物的形式鲜活地再现共和国历史的风云变幻和人物传奇。

中国国家博物馆收藏的见证共和国诞生的文物不乏镇馆之宝。如毛泽东在开国大典上亲手升起的第一面五星红旗，它早已家喻户晓，更鲜为人知的是，它是在举办纪念中国共产党成立30周年展览时，由中共中央办公厅亲自出面从北京市人民政府征集来的。然而本书选择了《共和国缔造者集体写的一本"天书"——政协第一届全体会议代表签名册》作为开篇，这不仅仅是因为签名册的作者——600余名政协代表几乎全是当时全国最知名的政治明星，而且是为了强调一个最基本的历史事实：新中国的成立不仅仅是军事上的胜利，而且是中国人民民主统一战线进一步巩固和加强，中国共产党领导的多党合作、政治协商格局形成的伟大成果，这就使我们的共和国从一开始就建立在一个非常广泛、非常稳固的政治基础上。

《开国领导人是怎么选出来的？》，讲述了毛泽东、周恩来等国家领导人是怎样盛情邀请各民主党派、民主人士"积极参政，共同建设新中国"的，反映了开国领导人海纳百川、虚怀若谷的宽阔胸襟。关于国旗、国歌、国徽诞生的各篇，进一步表现了他们在决定国家大事时是如何善于发扬民主和集中集体的智慧。

在共和国历史的前30年，我们建立了社会主义基本制度，建立了独立的比较完整的工业体系和国民经济体系，教育、科技、文化等事业有很大发展，"两弹一星"上天，中国重返联合国……但在探索中，也有成长的酸楚，包括"大跃进"、"文化大革命"那样的挫折和失误。

在共和国历史的前半段，我国的外交关系先是"一边倒"，后是近乎封闭，这是由当时特殊的国际环境所造成的。《毛泽东访苏》和《彻底清除帝国主义在华特权——北京市军管会收回帝国主义兵营地产的布告》，反映了新中国的外交政策和捍卫国家领土、主权完整的坚强决心。《为了保卫和平——记录上甘岭战役的"弹片土"等文物》也与国际关系有关。《五星红旗插上世界屋脊——签订关于和平解放西藏办法的协议的文具》一文通过签订《关于和平解放西藏办法的协议》的文具、印章，见证了开国领袖和平解决西藏问题的高瞻远瞩，协议的签订和解放军进驻拉萨，标志着西藏作为中国领土不可分割的一部分已不能动摇。《天路连雪域——青藏铁路建设的历史见证》一篇，写的是青藏铁路建设的艰难和给藏族人民带来的福祉。像这样在书中前后呼应的篇章还有《迎接中国人民的第一部宪法》和《新时期宪政建设历程的见证——通过现行宪法及四次修正案的表决票》。前者是毛泽东挂帅起草的中国第一部社会主义类型的宪法，它明确规定了人民代表大会制度是我国的根本政治制度；后者是为适应改革开放后的形势发展而制定的，四项基本原则第一次作为一个整体写入宪法。

　　社会主义基本制度的建立，是中国现在一切发展进步的根本政治前提和制度基础。《废除千年封建土地制度——新解放区的土地改革运动》和《伟大的社会变革——社会主义三大改造的有关文物选介》在记述历史巨变的同时，解析了荣毅仁等资本家为什么会敲锣打鼓地交出自己奋斗了一生的产业。《一条修了40余年的铁路——记成渝铁路通车》拉开了新中国大规模经济建设的序幕。《新中国汽车工业诞生的见证——一汽奠基石与最早的"解放"牌卡车》则是"共和国的长子"——长春第一汽车制造厂的一份翔实的出生档案，那时，行驶在神州大地上的汽车，每两辆就有一辆是"解放"牌，人们记得那时是中苏友好的"蜜月"期。

　　《国家主席和淘粪工都是人民勤务员》讴歌了为建设社会主义新国家忘我工作的劳动模范，国家主席和淘粪工的握手告诉人们：在新社会"劳动光荣，劳动伟大"。《一个人的万里长征路——记四川木里县马班邮路乡邮员王顺友》一篇同样表彰了普通劳动者的默默奉献。《戈壁滩升起"红蘑菇"——"两弹一星"功勋奖章等文物》、《诞生在中国科学家手中的世界冠军——记人工全合成牛胰岛素的研制成功》、《破解"哥德巴赫猜想"的中国人——陈景润"哥德巴赫猜想"（1+2）论文手稿》和《小小种子改变世界——袁隆平与杂交水稻的诞生》等记述了中国科学家在艰苦条件下如何默默无闻地从事科研工作以及取得的辉煌成就。《"跑步进入共产主义"——从一张《徐水报》说起》，再现了"大跃进"中高指标、瞎指挥、浮夸风的泛滥。《消逝的票证》提示人们，由于体制僵化的结果，计划经济是怎样成了短缺经济的代名词，那些逝去的票证留给我们的是一段苦涩、辛酸的回忆。《人类首次从北坡征服珠峰的见证——中国登山队从珠峰采集的九块岩石》，表现了中国人民无高不攀、无坚不摧，吓不倒、压不垮的革命英雄主义气概和在困难时期团结奋斗的集体主义精神。

　　《太平湖的故事——老舍先生辞世处碑文拓片等》和《"好在历史是人民写的"——见证刘少奇蒙冤与平反的几件文物》通过两位受害者的遭遇，揭示了"文化大革命"是一场内乱和公道自在人心。《苦撑危局，展望未来》和《小小工艺品引发的政治风波——"蜗牛事件"》，记述了周恩来在极为困难的条件下，为把"文化大革命"造成的损失降到最低以及与林彪、"四人帮"进行的坚韧斗争。《人民的呼声——悼念周总理的"四五"运动诗牌》，揭示了人民才是历史的真正主人。《传递地球另一面的信息——尼克松赠毛泽东的"月球岩石碎片摆件"》，记述了中国在外交上是如何摆脱两面夹击并取得突破的，也预示着中国终归要走向世界。

中共十一届三中全会彻底否定了"以阶级斗争为纲"的错误理论，把工作中心转移到经济建设，这是具有深远意义的伟大转折。《赶上高等学府的末班车——恢复高考的作文、准考证等文物选介》写了1977年邓小平拍板恢复中断了十年之久的高考的决策，它不但改变了一代人的命运，也改变了未来中国的命运。《小平复出，改革起航》一文，追溯了改革开放、拨乱反正的思想源头和那场解放思想大讨论的来龙去脉。而《18位农民的大胆创举——全国农村第一份包干到户合同书》，写的是最底层农民向旧的经济体制挑战的大胆创举，凤阳小岗也因此成为"中国农村改革第一村"。《重发股票和证券市场的起步——从上海飞乐音响股票说起》一文，则以改革开放后最早重发的股票——上海飞乐音响股票，见证了中国经济体制改革和证券业发展的历史进程。

改革开放推动了祖国统一大业和两岸关系向前发展。《跨越这条海峡用了38年——台湾老兵返乡探亲团的文物》，讲述了台湾当局被迫有限制地开放台湾民众到大陆探亲后，一批退伍老兵"回家"的感人至深的悲喜剧。《此书未到心先到，想在孤城海岸头——一封等了六十年的家书》一文，传递的是不久前两岸实现"三通"的喜讯。《"一国两制"构想的光辉范例——记香港、澳门回归祖国》，记载了中国政府按照邓小平的"一国两制"构想，在即将跨入新世纪时成功地解决了香港、澳门问题，并为最终解决台湾问题提供了重要的示范作用。

1992年是中国改革的又一个春天，《东方风来春暖神州——邓小平视察南方时穿的夹克衫》写的是邓小平南方谈话给改革开放的深入发展指明了方向，使各种姓"资"姓"社"之类的讨论日渐平息，而他那件挡风遮雨的深蓝色夹克衫仿佛暗示着中国终归要从内陆走向蓝色的海洋。《抗洪抢险"生死牌"》回顾了在抗洪抢险第一线，广大军民团结奋战，党组织发挥战斗堡垒作用，谱写的一首中华民族自强不息、团结奋斗的壮丽凯歌！《留学回国创业的第一人》和《见证中国加入世贸组织的"入世槌"》反映了中国改革和开放的深入发展。新中国成立之初,毛泽东曾感慨道:"现在我们能造什么?能造桌子椅子,能造茶碗茶壶,能种粮食,还能磨成面粉,还能造纸,但是,一辆汽车、一架飞机、一辆坦克、一辆拖拉机都不能造。"而今日,中国已被称为世界制造工厂,世界各地随处可见的是——"Made in China"!

  进入新世纪,以胡锦涛为总书记的党中央提出的科学发展观,成为全面建设小康社会,加快推进社会主义现代化的新的发展阶段的行动纲领。正在此时我们经受了来自2008年的特大地震的考验。《共和国不会忘记——四川抗震救灾斗争实物选介》以一组表现中央领导和普通志愿者、解放军战士抗震救灾斗争感人事迹的实物,再次让人领悟到中华民族不屈不挠、团结奋斗的民族精神。

  改革开放30年来,国民经济持续快速稳定增长,综合国力大大加强。全国人大常委会自2006年1月1日起废止农业税条例的决定,标志着在中国实行了两千年的农业税正式成为历史。《改革给农民生活带来巨变——农民刘元九20余年的生活账和农业税票》通过23本家庭生产生活明细账和各种农村税费票据,真实、完整地记录了一个中国农民家庭二十几年来的生活变迁和缴纳废止农业税的历史。而更能显示中国作为大国崛起的是高科技的发展。《当代毕昇——王选的汉字激光照排欧洲专利申请书》,讲的是方块汉字如何与信息化时代接轨。《电子产品有了"中国芯"》,讲的是来自中国硅谷的"星光中国芯"经过多年努力成为世界数字多媒体芯片的领先者,引领集成电路由中国制造走向中国创造。《"神舟"圆了中国人的航天梦》用一组精彩文物,讲述了中国载人航天工程如何"五年三大步",完成了从首次问天到太空漫步的跨越。这些举世瞩目的成就充分显示了中国特色社会主义事业的蓬勃生机和活力,展现了中华民族复兴的光明前景。

  60件文物只能见证共和国60年风雨历程的部分片段,60篇文章并非篇篇都是最典型的事件和人物,其大者可直击国家民族之命运,小者只是从细微处剖析芸芸众生之生态。但是,将这60组典型和非典型的事件和人物篇组合起来,不就可以勾勒出一幅较为完整的共和国60年恢弘历史画卷吗!如此,我们编写本书的初衷也就算达到了。

季如迅
2009年5月

共和国缔造者集体写的一本"天书"

——政协第一届全体会议代表签名册

1949年9月21日下午7时，中国人民政治协商会议第一届全体会议在北平中南海怀仁堂隆重开幕，这次会议宣告了中华人民共和国的诞生。中国国家博物馆收藏的政协会议代表签名册和签到簿，真实地记录了这一重要的历史时刻。

一、成立新中国的历史盛会

1948年，随着人民解放战争转入战略反攻，中共中央于4月30日发布纪念五一国际劳动节的口号，号召"各民主党派、各人民团体、各社会贤达迅速召开政治协商会议，讨论并实现人民代表大会，成立民主联合政府"。这一号召得到了各民主党派和爱国民主人士的热烈响应，他们冲破重重险阻，陆续进入解放区，在中国共产党的领导下，积极参加召开新的政治协商会议、建立人民民主专政的新中国的筹备工作。

在人民解放军胜利渡过长江，南京、武汉、上海等大城市相继解放的形势下，1949年6月15日，新政治协商会议筹备会在北平成立，由中国共产党、赞成五一口号的各民主党派、各人民团体和无党派民主人士共23个单位134人组成。会议推选出以毛泽东为主任，周恩来、李济深、沈钧儒、郭沫若、陈叔通为副主任的由21人组成的新政协筹备会常务委员会。

1949年9月21日至30日在北平中南海怀仁堂举行的中国人民政治协商会议第一届全体会议，是一次宣告中华人民共和国诞生的历史盛会。这次会议代行全国人民代表大会的职权，通过了具有临时宪法性质的《中国人民政治协商会议共同纲领》以及《中华人民共和国中央人民政府委员会组织法》、共和国缔造者集体写的一本"天书"

政协第一届全体会议开幕式会场

《中国人民政治协商会议组织法》；决定了国名、国都、纪年、国歌、国旗；选举了以毛泽东为中央人民政府主席，朱德、刘少奇、宋庆龄、李济深、张澜、高岗为副主席，陈毅等56人为委员的中央人民政府委员会；选举了政协第一届全国委员会委员。会议通过决议，决定中华人民共和国首都定于北平，并从即日起改名为北京；采用公元纪年；以《义勇军进行曲》为代国歌；国旗为五星红旗。9月30日下午，政协第一届全体会议胜利闭幕。

二、毛泽东说，这是一本"天书"

新政协筹备会为筹备政协会议和建立新中国，进行了近3个月紧张而有效的工作。其中最重要的工作之一是民主协商确定新的政治协商会议代表名单，我馆收藏的政协第一届全体会议代表签名册就是这一成果的形象表现。

筹备会拟定的参加政协第一届全体会议代表的名单分为五类，即党派代表、区域代表、军队代表、团体代表和特别邀请人士，共有代表662人。前四类共45个单位，有正式代表510人，候补代表77人。党派代表包括中国共产党、中国国民党革命委员会、中国民主同盟等各民主党派和无党派民主人士等14个单位，165人。区域代表共9个单位，116人。军队代表包括人民解放军总部，第一、第二、第三、第四野战军和华南人民解放军共6个单位，71人。团体代表包括中华全国总工会、国内少数民族、国外华侨民主人士、宗教界民主人士等16个单位，235人。第五类特邀代表包括民主革命先行者孙中山夫人宋庆龄和各界知名人士、老解放区民主人士、起义的国民党军政人员、新疆代表团、战斗英雄劳动模范代表，共75人。

正如毛泽东在大会开幕词中所说："我们的会议是一个全国人民大团结的会议。"除了任弼时生病，彭德怀、林彪等忙于作战未能参加外，这一名单几乎包括了所有主张实行新民主主义的各民主党派、各人民团体、各地区、人民解放军、少数民族、海外华侨和宗教界等各方面的负责人和代表人物。中国共产党是把自己作为民主党派之一来组织和参加会议的。中共与民革、民盟的代表名额都是18人。全部代表中，共产党员约占44%，各民主党派代表约占30%，形成了中共与各民主党派、无党派民主人士以及社会各阶层人士团结合作、民主协商、共筹建国大计的政治局面。这一阵容具有极其广泛的代表性，即保证了共产党的领导，又以平等待人的态度，实现了共产党同党外民主人士的真诚合作，又广泛地团结了中间人士，使人民民主统一战线得到了空前的巩固和扩大，实现了我国各族人民、各阶级、阶层和其他爱国民主人士前所未有的大团结和大统一。

商定参加政协第一届全体会议的单位和代表名单，是一项极其严肃又十分繁重的工作。这项工作早在1948年下半年已开始。当时准备在哈尔滨召开一个规模较小的政治协商性质的会议，然后召开人民代表大会，成立新中国。但形势的发展迫切要求迅速召开全国规模的代表大会，制定政策，产生政府，建立新中国。由于当时尚不具备在普选的基础上产生各级人民代表大会的条件，于是经各方面协商，采取过渡办法，决定改在北平召开新政治协商会议，并代行全国人民代表大会的各项职权。

在新政协筹备会常务委员会的领导下，负责拟定代表名单的是李维汉任组长的第一小组。李维汉时任新政协筹备会秘书长，又是中共中央统战部部长，他为筹备政协会议做了大量的工作。但8月下旬他不慎跌倒，腿受重伤住了院，其职务由林伯渠代理。

1949年6月19日，新政协筹备会第一次全体会议通过了《关于参加新政治协商会议的单位及其代表名额的规定》后，李维汉领导第一小组展开了紧张的工作，毛泽东、周恩来等也常常参加讨论。当时对代表名单的商定极为慎重和费时费事，需逐个审查、反复研究，工作量极大，常常为某个代表的适当与否，多方协商，函电往返，斟酌再三，费时达数周之久，以至到开会前一天个别人选竟还未定下来。

值得注意的是在党派单位的代表名额分配中，中共与民革、民盟同为正式代表16人、候补代表2人，体现出中共确实是把自己作为民主党派之一来组织和参加会议的。在最后公布的名单中，有两个党派代表单位缺额3人，即三民主义同志会比规定名额少正式代表1名，中国致公党缺额正式代表1名，候补代表1名。据黄鼎臣回忆致公党缺额原因："在筹备会第一次全体会议上又通过了致公党参加新政协的正式代表6人，候补代表1人。正式代表是陈其尤、陈演生、黄鼎臣、官文森、雷荣珂、严希纯。陈演生同志因留守香港总部不能北上，候补代表1人因在广东东江也未能北上。"在此情况下允许缺额，表示了对党派地位的尊重。

8月18日，筹备会各单位首席代表就名单问题进行座谈；8月26日和9月13日，筹备会常委会两次开会讨论名单问题。经反复协商，征求各方面意见，近3个月时间，名单才最后确定下来。

当中央统战部把参加政协第一届全体会议的单位、代表人选和各项统计印制成一本厚厚的表册呈送中央后，毛泽东主席翻看着名单，风趣地说："这是一本'天书'。"

三、珍贵的政协代表签名册

1949年9月15日，中南海勤政殿内喜气洋洋，铺着桌布的长桌上按参加政协会议的各单位顺序摆放着印有政协会徽的签名纸，上午9时至下午4时，代表们陆续前来签名报到。

据分管中国共产党代表报到的孙小礼回忆："政协代表报到处分设在勤政殿、怀仁堂等几处地方。各党派代表的报到处设在勤政殿正门内的大厅里。……陈云同志是第一个来报到的，……首席代表毛泽东是最后一位报到的。9月17日上午，迟先达通知我：'……毛主席来勤政殿开会，同时就来报到。'"为了记者拍摄时好看，迟还"要我给他一张未用过的签到纸，他沿着第三行的竖道把纸折叠起来，盖上已签满了的后三行。"摄影师留下的毛泽东签名报到的照片可以看出签名纸上盖着一张折叠的白纸。

中国共产党首席代表毛泽东签名报到，后立者为李济深。

孙小礼还回忆，特邀人士首席代表宋庆龄是在9月中旬晴朗宜人的一天单独到怀仁堂签名报到的，按规定"代表签名一律用毛笔，第一行写单位名称，由各单位的首席代表写；第二行是首席代表签名"，但为了尊重宋庆龄的习惯，特备了一支钢笔，代表签名只有她一人用的是钢笔，也没在第一行写单位名称。

此外，唯一一位没有签名的首席代表是列名缺席的中国人民救国会首席代表李章达（因心脏病复发在会前离开北平），签名册上第二行为他空了一个签名的位置。特邀新疆代表赛福鼎（维吾尔族）和阿里木江（乌孜别克族）写的是维吾尔文，是仅有的两位用少数民族文字签名的代表。

由于一些代表当天有事或尚未到达北平，是在后来补的签名。如特别邀请人士代表国民党军起义人员傅作义、邓宝珊，原准备在绥远通电起义后即与孙兰峰赴北平参加会议。9月14日，毛泽东起草聂荣臻致周北峰信："关于傅、邓二先生出席政协会议事，毛主席说，如因工作关系，可以在二十日至二十四日之间到达北平出席。如能在二十日到平则更好，在绥远军政人员表明态度后，董其武、孙兰峰可能被邀参加政协。"因处理绥远起义事宜，傅作

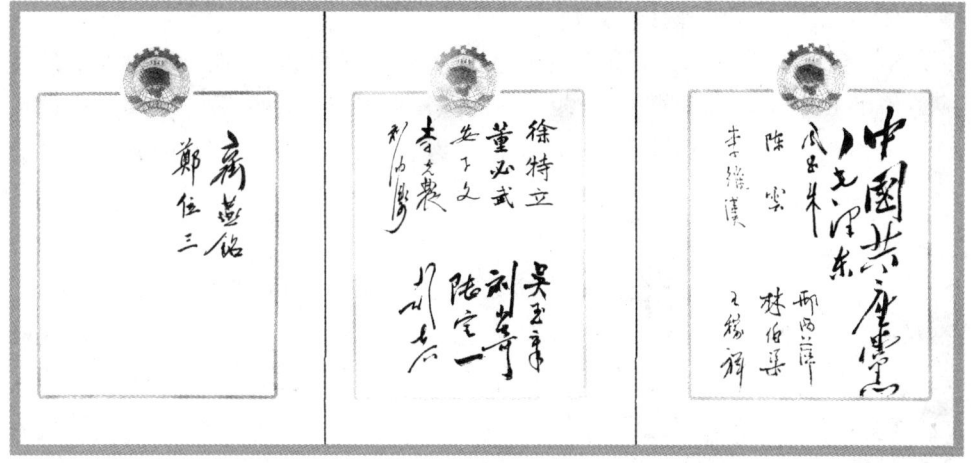

中国共产党代表签名

义等3人20日晚才登上火车，22日上午到北平，参加了下午的会议。特别邀请人士代表老解放区开明士绅安文钦，曾任陕甘宁边区参议会副议长，他在最后一天即30日才到会，签名册最后一页最后两个签名是孙兰峰、安文钦。

人民政协第一届全体会议代表的签名多达82页，留下了644位代表的珍贵签名。宣纸上端印有人民政协会徽，纵43厘米、横32.5厘米，会后按单位顺序装裱成厚厚的两册，留作纪念，木板封面上镌刻着政协会徽和林伯渠题款。

政协第一届全体会议代表签名册封面

四、签到簿见证代表出席会议情况

政协第一届全体会议代表签到簿共8本，集有662名代表8天会议的全部签到卡。当时代表入场时，一律要在会议发的名片大小的签到卡上签上名字和日期，交给工作人员验证后方能入场。毛主席、朱总司令入场时也要撕卡验证。

代表们在签到卡上签到除了用毛笔外，多数用钢笔或铅笔，一些少数民族代表，还在中文旁边加注了少数民族文字等。从席次上的戳记号看，席次按单位排列，基本固定，正式代表在前排，如中共代表毛泽东、刘少奇、周恩来在第一排的1、3、5号，解放军总部代表朱德、聂荣臻、吕正操在第一排的2、4、6号，候补代表在后排500多号以后。

8天会议的签到卡，后来按单位及代表名单顺序，每9张贴成1页，装订成厚厚的8本，贴纸上有烫金的美术字题名和人民政协会徽，上写"中国人民政治协商会议第一届全体会议"，下写"第某天签到簿 一九四九年九月某日"，简朴庄重。未到会的代表，也各补了一张签到卡，打印了名字、日期，注明未到会的原因。

据签到簿统计，8天会议的出席人数分别为：21日634人，22日635人，23日628人，24日626人，25日625人，27日632人，29日633人，30日638人。政协代表总数662人，缺额3人，逝世1人，实有代表总数658人。8天的会议，列名缺席15人，缺额3人，一直请假的3人，实际出席会议的代表人数是641人。毛泽东、刘少奇、周恩来、朱德、宋庆龄等605名代表参加了全部8天的会议。

因故未能到京被特许列名缺席的代表共15人如下：杨杰、李章达、任谦、徐向前、荣德生、李四光、徐四民、刘明电、萨镇冰、颜惠庆、侯寒江、林棠、龙云、张鸿鼎、董其武。列名缺席者多数出于身体原因，也有的出于工

中国人民解放军首席代表朱德验证入场

作等原因。如第一野战军代表徐向前因肋膜炎复发，高烧不退，赴青岛休养，未能来平。中国国民党革命委员会代表杨杰是唯一一位已逝世的政协代表，9月19日他在香港被国民党特务暗杀。9月20日最后决定通过代表名单时，并没有删去杨杰的名字。开幕式上决定以政协会议的名义向杨杰代表的家属及国民党革命委员会致唁。中华全国第一次自然科学工作者代表大会筹备委员会代表李四光因出席国际地质学术会议留在英国伦敦，1949年4月，郭沫若赴布拉格开世界和平大会时，按照周恩来指示给李四光带信，请他早日回国参加政协会议，李四光立即去订由马赛到香港的船票，但由于当时到远东的船很少，要等上半年才能起程，因此误了会期。特别邀请人士代表董其武在绥远起义后，因主持军队改编和地方政府组建事宜未能来平。

签到簿还弥补了以往史料的不足。当时公布的国外华侨民主人士单位中，只写了缅甸华侨代表一人、日本华侨代表一人。原因可能是考虑到两人所在国环境及对他们及其亲属的安全问题。签到簿则写明为缅甸华侨徐四民、日本华侨刘明电。两人均未来平开会，被准许列名缺席。徐四民当时回了缅甸，后在第六届全国政协被推选为全国政协委员。刘明电远在日本东京，后在第二届全国政协被推选为全国政协委员（请假未至）。刘明电是台湾第一个攻读马列主义的博士（德国柏林大学），回台后曾被当局关押和监视，被迫旅居日本。1937年，他和在东京的台湾人吴三连、杨肇嘉发动反对台湾总督府拟定的《台湾米谷输出管理法案》，维护谷农利益，人称"米管案"三勇士，同年他协助老友郭沫若潜离日本。抗日战争胜利后，因反对蒋介石专制和内战，不肯回台，其在台财产，包括柳营别墅（现为台南台湾民俗村）被当局没收。毛泽东、周恩来多次致电邀其回国，因家人不愿随行作罢。刘明电逝世后，1979年其子将其藏书5000余册捐赠中央编译局。

政协代表签名册和8本签到簿于1965年10月由政协全国委员会拨交我馆。它详尽地记载了全体代表出席政协会议的情况，留下了644位代表的亲笔签名，具有十分珍贵的史料价值和文物价值。

（季如迅）

共和国的记忆：文物见证历史
The Stories of People's Republic of China

开国领导人是怎么选出来的？

中国国家博物馆珍藏着政协第一届全体会议代表们选举毛泽东等开国领导人时用的选票（合订本）和候选人名单、票箱。看着那一张张选票上的符号、字迹，眼前仿佛展现出60年前在中南海怀仁堂进行的那次史无前例的民主选举。

一、庄严的选举

1949年9月30日下午，是政协第一届全体会议最后一次大会，全体政协代表在中南海怀仁堂内进行了两项庄严的选举，他们要代表全国人民的意志，选举共和国的开国领导人。

此前的27日，大会讨论通过了《中国人民政治协商会议组织法》和《中华人民共和国中央人民政府委员会组织法》。29日据此通过了关于选举政协全国委员会和中央人民政府委员会的规定：(1)政协第一届全国委员会委员名额由本届全体会议主席团经协商规定，第一届全国委员会不设候补委员；候选名单通过参加本届全体会议各单位的协商，由主席团提交全体会议以整个名单付表决的方法来选举。(2)中央人民政府主席、副主席和委员的候选名单，经参加本届会议各单位协商，由主席团提交全体会议以无记名联记的方法来选举。(3)任何代表对候选名单有表示赞成或反对的权利。

在我馆收藏的这张政协全国委员会和中央人民政府委员会的候选人名单上，中央人民政府主席、副主席和委员的候选名单是主席团和参加本届会议的各单位经过连日慎重协商后提出来的，委员名单按姓氏笔画为序。作为全中国人民民主统一战线最高组织的人民政协全国委员会的候选名单，是事先

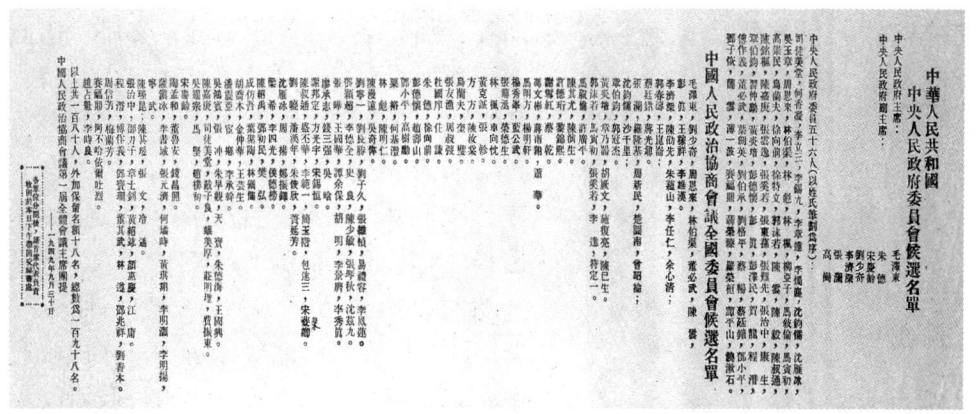

政协第一届全体会议选举中央人民政府主席、副主席、委员和人民政协全国委员会的候选名单。

由大会主席团与各单位协商，议定了各单位名额和候选名单草案之后，各单位又分别召开分组会讨论研究，最终确定了180人的候选名单，名单是按照参加政协会议的54个单位排序的（特邀人士按9个单位排序）。

30日下午，在庄严而热烈的气氛中，大会首先进行了政协全国委员会委员的选举。周恩来在解释"协议选举"时说，如果大家对整个候选名单没有疑义，则用整个名单付表决，而不用投票选举。大会执行主席刘少奇反复征询大家对候选名单的意见，大家鼓掌表示没有异议。然后，大会将整个候选名单付表决，全场一致举手通过。这时，执行主席再次申明，有反对者可举手，有弃权者也可举手，结果均无人举手。于是宣布全体通过，会场内顿时掌声响起。10月9日，政协第一届全国委员会在中南海勤政殿召开第一次会议，选举毛泽东为主席，周恩来、李济深、沈钧儒、郭沫若、陈叔通为副主席，李维汉为秘书长，以及28名常务委员。

第一届政协全国委员会委员总数为198人，还有18人的保留名额，是留给待解放区的。1951年增补了达赖喇嘛·丹增嘉措、班禅额尔德尼·确吉坚赞、熊克武、刘文辉等18人。

大会接着进行第二项选举——中央人民政府委员会的选举。此次会议代表总额为662名，有选举权的正式代表共585人。当日出席大会的代表638人，缺席24人，其中正式代表563人，缺席22人（其中2人空额，14人列名缺席，6人请假）。按规定，各单位正式代表缺席时，得由本单位候补代表递补。但缺席正式代表中有特邀人士6人，因特邀人士均为正式代表，无候补代表，无法递补；某单位正式代表1人缺席，仅有候补代表1人也缺席，无法递补；国外华侨正式代表3人缺席，候补代表2人中1人缺席，有2人无法

政协第一届全体会议选举中央人民政府主席、副主席、委员用的票箱。

戎冠秀等代表投票

中华人民共和国中央人民委员会选举票（合订本）

递补。加起来有9个名额无法递补，因此实际参加投票的代表人数为576人，符合选举规定。

当天大会的执行主席刘少奇、李立三、沙千里、梁希、盛丕华担任了选举总监督，主席团另指定了60名监票人。选举开始时，由执行主席清点人数后照数发票。选票以表格形式竖印着中央人民政府主席1人、副主席6人、中央人民政府委员会委员56人，共63人的候选名单，空白处压有"中国人民政治协商会议"的圆形钢印。周恩来一再交代大家："要用钢笔，没有的，我们秘书处会送上毛笔。要在选的人的头上打圈，要重重地圈，不选的打叉，叉要叉在身上，要重。折叠的方法是这样的……"他还特别强调代表可以圈选自己。投票采用的是无记名联记的方法，根据《选举规定》，代表们在选举时完全有权舍弃名单上的任何一人或若干人而另行选举。

主席台旁设有9个饰政协会徽的红色票箱。选举手续极为郑重，投票前由大会执行主席对票箱验看是否加锁，监票人检视票柜。然后，执行主席刘少奇宣布投票开始，在投票人分批投票入箱后，执行主席即当众开启票箱，核对票数无误后，便将选票交给监票人。监票人分20组，每组3人，同时开票登记票数。

开票结果表明，投票者无一人弃权，也没有一张废票。576张纵21.8厘米，横35厘米的选票被作为珍贵档案，装裱成册，紫红色缎面烫字为"中华人民共和国中央人民政府委员会选举票 一九四九年·九月",1965年由全国政协拨交我馆,同时还拨交了候选人名单和投票箱。这是中国历史上史无前例的民主选举国家领导人的实物见证。现存选票清楚地表明,当时一些代表的确舍弃了若干原定人选而另选他人。例如有几位代表叉掉了某人的名字,另选周恩来为副主席,当然就不能同时选周恩来为委员了。当选委员的票数少了几张,可能是周恩来在公布的委员名单中仅排第15位的原因。

在监票人开票统计票数时,全体代表一致通过了政协第一届全体会议宣言和致中国人民解放军的慰问电。接着,大会又一致决定在北京天安门广场建立人民英雄纪念碑,并通过毛泽东起草的碑文。下午6时,全体政协代表在天安门广场国旗基座正南方举行了人民英雄纪念碑奠基仪式,毛泽东和各单位首席代表一一执锹培土,表示对先烈的敬意。

全场起立欢呼毛泽东当选为中央人民政府主席

礼毕，当代表们回到会场时，验票统计已经结束。大会执行主席刘少奇宣布大会继续举行，并宣读选举结果。当宣告毛泽东当选为中央人民政府主席时，全体代表起立鼓掌欢呼，乐队高奏《东方红》，雷鸣般的掌声和"毛主席万岁"的欢呼声长达数分钟之久。

接着宣告当选的6位副主席。当宣告到朱德时，乐队奏军歌，全场鼓掌欢呼。接下来依次宣告刘少奇、宋庆龄、李济深、张澜、高岗当选，又是一阵阵掌声、欢呼声。当宣告完陈毅等56人当选为委员时，怀仁堂内掌声、欢呼声经久不息。

接着，新当选的中央人民政府主席、副主席主持了大会闭幕式。朱德致闭幕词，他宣布：中国人民政治协商会议第一届全体会议的工作已经胜利地完成了，中华人民共和国诞生了！

二、把56个委员的名字都写上去

这时，已近晚上9点，全体代表到北京饭店餐厅聚餐，共庆人民政协的成功举行。席间气氛极为热烈，代表们纷纷离座，围住刚刚当选的中央人民政府主席、副主席轮番敬酒，毛主席也破例有敬必饮。

午夜时分，共和国的领导人仍然兴致勃勃，他们留下来开预备会，推举政府人选，决定在明天的会上通过中央人民政府公告，这个历史性的公告将由毛泽东起草。

10月1日清晨，毛泽东拿着公告草稿来到西花厅，与同样彻夜未眠的周恩来共同商讨公告的内容和措词，之后立即送印刷厂。

下午2时，中央人民政府委员会第一次会议在中南海勤政殿举行。毛泽东主持会议，中央人民政府主席、副主席和各位委员宣布就职，宣告中华人民共和国中央人民政府成立。会议决议，接受《中国人民政治协商会议共同纲领》为本政府施政方针。会议选举林伯渠为中央人民政府委员会秘书长，任命周恩来为中央人民政府政务院总理兼外交部长，毛泽东为中央人民政府人民革命军事委员会主席，朱德为中国人民解放军总司令，沈钧儒为中央人民政府最高人民法院院长，罗荣桓为中央人民政府最高人民检察署署长，并责成他们从速组成各政府机关，执行各项政府工作。

接着，会议通过毛泽东起草的政府公告，但张治中却提出了意见："委员56人一语太简单了吧，是正式公告，何不把全体委员名字都写上呢？"真是语惊四座，须知当时公告已经印好，马上要在开国大典上宣读了。但毛泽东却欣然表示同意说:"好,把56个委员的名字都写上去,可以表示我们中央人民政府的强大阵容。"大家听了都鼓掌表示同意。

看看这个委员名单吧:

——陈毅、贺龙、李立三、林伯渠、叶剑英、何香凝、林彪、彭德怀、刘伯承、吴玉章、徐向前、彭真、薄一波、聂荣臻、周恩来、董必武、赛福鼎、饶漱石、陈嘉庚、罗荣桓、邓子恢、乌兰夫、徐特立、蔡畅、刘格平、马寅初、陈云、康生、林枫、马叙伦、郭沫若、张云逸、邓小平、高崇民、沈钧儒、沈雁冰、陈叔通、司徒美堂、李锡九、黄炎培、蔡廷锴、习仲勋、彭泽民、张治中、傅作义、李烛尘、李章达、章伯钧、程潜、张奚若、陈铭枢、谭平山、张难先、柳亚子、张东荪、龙云。

这56人几乎包括了当时中国所有赞同新民主主义、为自由民主奋斗的知名人士和反对国民党统治的各方面实力人物,它在国内外的影响之大可想而知。

下午3时,毛泽东在天安门城楼上宣读了《中华人民共和国中央人民政府公告》,由于来不及重印,稿子上临时贴了一张字条。毛泽东一再叮嘱负责新闻发布的新华社记者李普:"你小心这张字条,千万不要弄丢了。照此发表,不要漏掉了。"字条上抄的就是56个委员的名字。

三、500人的堂堂阵容

10月19日,中央人民政府委员会召开第三次会议,任命了政务院的副总理、政务委员、秘书长、副秘书长及所属各委、部、会、院、署、行的负责人员,人民革命军事委员会的副主席、委员、总参谋长、副总参谋长,最高人民法院的副院长和委员,最高人民检察署的副检察长和委员,以及中央人民政府办公厅的主任、副主任。同日,人民革命军事委员会组成。21日,中央人民政府政务院宣告成立。政务院是中央人民政府委员会领导下的国家政务最高执行机关,军事方面则属于人民革命军事委员会。

在中央人民政府委员会及其下设机构中,大批党外民主人士担任了领导职务。当时政府各机构负责人的任命,事先都经过了与各民主党派各人民团体的充分协商。

在6名中央人民政府副主席中,宋庆龄、李济深、张澜3人是党外民主人士;56名中央人民政府委员会委员,有27名党外民主人士,占总数的48.2%;政务院副总理4名,郭沫若、黄炎培是党外民主人士,占2人;政务委员15

人，党外民主人士占9人；政务院所属的34个委、部、会、院、署、行的正职中，党外民主人士占14席；在人民革命军事委员会中，程潜任副主席，3名党外民主人士任委员。

在周恩来等中共领导人的精心安排下，各民主党派的负责人、著名民主人士几乎都安排了相当的职位，一批在科技、教育、经济、文化等方面素有声望、有能力的名人，也被安排担任了政府机构的要职。中共领导人一心要广纳更多的虽没有参加打江山却能帮助坐江山的有用之才，著名教育家、民建领导人黄炎培曾立志要一生务实，不做官，在北洋时期他两次拒绝了教育总长的任命，为劝说他出任政务院副总理兼轻工业部部长，周恩来在百忙之中两次登门与他长谈。周恩来说，在新政府任职，不同于在旧社会做官，现在是人民的政府，是为人民服务。在全国政协会议上，有全国各党派一起千斟万酌制定的《共同纲领》，就是为人民服务的"剧本"。我们编了剧本，自己怎能不上台唱呢？黄炎培终于同意出任是职。曾拒绝执掌国民党政府农林部的著名林学家梁希也在周恩来的盛情邀请下出任了林垦部部长。

这些标志着民主党派和党外民主人士在国家政治生活中地位的根本变化，他们不再是在野党，而是中国共产党领导下的人民民主政权的参政党和参加者。由中国共产党倡导的、由各革命阶级各民主党派及其他爱国民主人士构成的人民民主统一战线，是这个政府的主要政治基础，这个政府是真正的经由民主协商民主选举产生的革命人民大团结的人民政府。

截止到10月底，中央人民政府各部门各机构的负责人员基本任命公布，总数达到533人。这在中国历史上是一个空前强大的阵容。

（季如迅）

为了第一面五星红旗的升起

国旗、国徽和国歌是一个国家的标志，它象征着国家的主权和尊严，通常体现着国家和政权的特征。共和国的国旗——五星红旗是怎样诞生的呢？这要追溯到1949年上半年，当时，随着人民解放军的胜利进军，建立新中国的条件已经成熟。6月15日，新政治协商会议筹备会在北平成立，毛泽东、周恩来等任正、副主任。筹备会下设6个小组，其中，马叙伦、叶剑英、沈雁冰领导的第六小组负责拟定国旗、国歌、国徽等方案，这是建立新中国的一项重要的准备工作。其中制定国旗的工作尤为急迫和重要。

7月13日，《人民日报》等全国各大报纸据新华社12日电刊登新政治协商会议筹备会向全国人民征求国旗国徽图案和国歌词谱的条例，15日起，各大报纸又以显著位置连续多次刊登筹备会的征求启事，启事全文如下：

新政治协商会议筹备会为征求国旗国徽图案及国歌词谱启事

本筹备会为征求新中国国旗国徽图案及国歌词谱特制定条例如下：

一、国旗，应注意：（甲）中国特征（如地理、民族、历史、文化等）；（乙）政权特征（工人阶级领导的以工农联盟为基础的人民民主专政）；（丙）形式为长方形，长与阔三与二之比，以庄严简洁为主；（丁）色彩以红色为主，可用其他配色。

二、国徽，应注意：（甲）中国特征；（乙）政权特征；（丙）形式须庄严富丽。

新政治协商会议筹备会为征求国旗国徽图案及国歌词谱启事

三、国歌，(甲)歌词应注意：(1)中国特征；(2)政权特征；(3)新民主主义；(4)新中国之远景；(5)限用语体，不宜过长。(乙)歌谱于歌词选定后再行征求，但应征国歌歌词者亦可同时附以乐谱（须用五线谱）。

四、应征国旗国徽图案者须附详细之文字说明。

五、截止日期，八月二十日。

六、收件地点：北平本会。

新政治协商会议筹备会启
七月十日

把国旗交给人民自己设计，这在中国历史上是破天荒的头一回。大江南北，长城内外，四万万同胞顿时沸腾了。他们纷纷把对新中国的爱、对祖国未来的憧憬，溶入笔端，化为一幅幅图稿，寄到北平，海外华侨也纷纷寄来应征稿件。仅一个月零五天，筹备会便收到国内外寄来的应征国旗稿件1920件、图案2992幅，五星红旗图案就是其中之一。投稿者中既有革命领导干部、社会知名人士、艺术家，也有普通教师、自由职业者、干部、工人、农民、军人、学生；既有用文言文作说明并引用古书的老先生，也有工工整整地画上稚嫩图案的小学生，朱德总司令和郭沫若等知名人士也亲自投稿。港澳同胞和海外炎黄子孙更是欣喜若狂，香港、澳门的来稿多达67件，美洲、印尼、马来亚、朝鲜等地也寄来35份稿件。

而对众多图案的选择和修改、重新拟定说明，则是共和国的缔造者们善于集中群众智慧的又一典范。

筹备会收到的国旗图案稿件加上修改稿有3000余幅，要在这么多图案中选出一幅最适合的，真是一件难事。从8月16日到20日，第六小组组员和专家们差不多每天都在审阅和评选应征来稿，有一次从上午8时到晚上9时，足足讨论了13个钟头，来不及吃饭，只用面包充饥。截至9月14日，第六小组共开全体会议4次，座谈会多次。

9月22日，第六小组将经过反复审阅评选出的38幅国旗图案编印成一册《国旗图案参考资料》，分送全体政协代表讨论决定。

图案多数为红旗面加五角星。前三号图都是红底、黄星加黄条，红色象征革命，星象征中国共产党和解放军，黄条象征黄河；还有的图案是五角星加镰刀斧头或嘉禾齿轮。后来选中的五星红旗图案是图册中复字第32号，设计者曾联松当时仅32岁。上海解放前他在地下党领导的现代经济通讯社工作，擅长诗书画，懂得几何制图，加上他对中国特征、政权特征的准确把握，

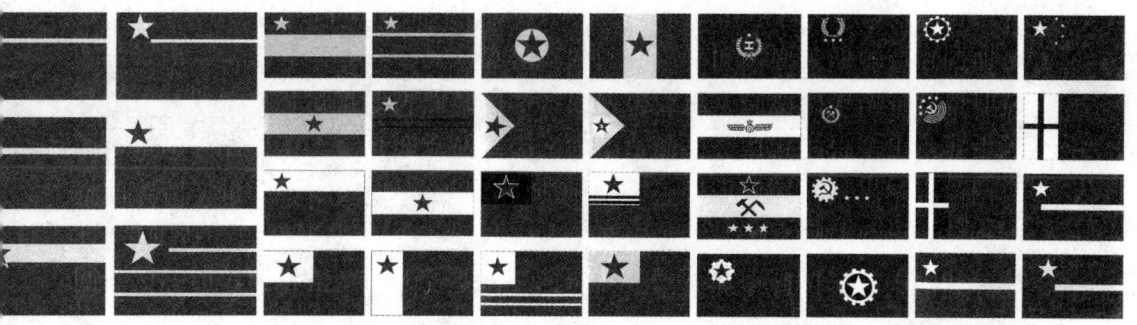

《国旗图案参考资料》刊载的复选的 38 幅国旗图案

成为设计国旗的基础。曾联松曾来函告知他的设计构思："原设计稿中五颗星的关系是这样的：大星位于左边（正立），四颗小星位于右边环绕大星，每颗小星均有一个角尖正对大星的中心，以表达广大人民心向党之意，似众星之拱北辰，犹鱼水之相融洽。"这个构思极为巧妙，动静结合，蕴意丰富，给人以多层次、多角度的美感享受和联想空间。五星红旗图案本身是美的，艺术性很强。审查组评选时作了部分修改，抽掉了大星中的镰刀斧头，其余部分未作修改，这就使图案更加简洁美丽了。内在的美和丰富的内涵，是五星红旗图案在 3000 幅图案中脱颖而出的根本原因。

23 日，628 名代表分 11 组讨论，大家各抒己见，争论得十分激烈。赞成前三图的代表超过半数，但反对的意见也很尖锐。有 15 名代表不约而同地赞成复字第 32 号图，有 18 名代表赞同朱德设计的左上四分之一蓝色方块中有带白边的红五角星的复字第 15 号图。特邀代表张治中向毛泽东表示坚决反对国旗上加一条横杠，他认为红底国旗是代表国家和革命的，中间这一杠，不就变成分裂了国家、分裂了革命吗？

周恩来副主任认真听取了各方面的意见，指示把五颗星的图案做一面旗子，并向毛主席汇报，他提出能为大家共同接受的图案并一锤定音的是毛泽东。9 月 25 日晚，毛泽东召集各方面人士协商国旗国歌方案。他听取和归纳了各方面的意见后，指着复字第 32 号五星红旗问大家："这个怎样？"大家都说好。这时有人提出异议：四颗小星代表四个阶级，假如将来进入社会主义，没有后面两个阶级了，国旗不是又要改吗？毛主席很敏捷地回答说，把说明改一改好不好？不提四颗小星代表四个阶级，只提五颗星的相互关系。他说"这个图案表现我们革命人民大团结。现在要大团结，将来也要大团结。因此现在也好，将来也好，又是团结，又是革命"。大家热烈鼓掌并发言，表示一致赞同。

共和国的记忆：文物见证历史
The Stories of People's Republic of China

1949年10月1日，第一面国旗在天安门广场中央旗杆上冉冉升起。

9月27日晚上9时许，政协第一届全体会议以大多数赞成表决通过了关于国旗的决议案："通过中华人民共和国的国旗为五星红旗，象征中国革命人民大团结。"大会执行主席周恩来那独有的淮安加天津口音的普通话极具穿透力："直截了当地这样说：中华人民共和国的国旗为五星红旗，象征中国革命人民大团结。"全场响起热烈的掌声，庄严美丽的中华人民共和国国旗从此诞生了！

开国大典时通过地下电缆远方操作的电动升旗装置，是由各有关单位分工合作完成的。北京市建设局的工程师林治远和梁昌寿几经试验，设计出了用齿轮控速，能与国歌同步完成的电动升旗装置。为确保升国旗成功，冀北电力公司北平分公司提出了双电源供电方案。聂荣臻市长还指示护旗的战士用绳子另系一面国旗，准备随时改用人工升旗，做到了万无一失。

1949年10月1日下午3时，首都北京30万军民齐聚天安门广场举行开国大典。毛泽东主席在天安门城楼上庄严宣告："中华人民共和国中央人民政府已于本日成立了！"接着，林伯渠宣布："请毛主席升国旗。"毛泽东开动电钮，启动广场中央的电动升旗装置，象征新中国的第一面五星红旗在广场中央白色旗杆上冉冉升起。与此同时，军乐队高奏《义勇军进行曲》，54门礼炮齐鸣28响，将开国大典伟大、庄严、团结的

开国大典时毛泽东主席亲自升起的共和国第一面国旗

气氛推向了高潮。

　　毛主席亲自升起的第一面国旗是谁制作的？曾有人说是一位女工手工缝制的，但她说的国旗用料情况和缝制方法均与现存第一面国旗不符。据原北京市政府下属永茂公司干部宋树信回忆，当时全北京市的国旗都是永茂公司统一监制的。他曾奉上级指示在西单的一家缝纫社监制了两面特大号国旗，由于黄缎子不够宽，大五角星的一个角是接上的，10月1日凌晨送交给开国大典筹备处。他回忆的细节和现存第一面国旗是吻合的。据了解，开国大典至少准备了3面特大号国旗。由于现存第一面国旗和档案没有留下制作者的姓名，制作者是谁至今还是个谜。但这并不重要，重要的是，许多人都为第一面国旗的升起尽了力。

　　开国大典时毛泽东主席在天安门上亲自升起的中华人民共和国第一面国旗，早在新中国成立之初就由北京市人民政府拨交中国革命博物馆（现中国国家博物馆）永久保存和陈列。它是用5幅红绸子拼接轧制而成的，5颗黄星是用黄缎子做的，旗面长460厘米、宽338厘米。虽然历经风雨边角和旗裤已经残破，旗面略有褪色，但仍富有光泽。它是中华人民共和国诞生的象征，是中国历史新篇章开端的见证。那根从开国大典起在广场中央矗立了42年的22米高的白色旗杆，在1991年国旗杆改建后也交到我馆永久保存。1994年5月，

1994年5月，五星红旗设计者曾联松将自己珍藏多年的国旗设计图案底稿捐赠给中国国家博物馆。

五星红旗设计者曾联松在得知我馆举办"当代中国"展览急需文物时，毅然决定"家宝变国宝"，将自己珍藏多年的用红黄两色蜡光纸剪贴的国旗原设计图案底稿捐赠给我馆。这三件见证新中国诞生的珍贵文物，将作为中国国家博物馆的镇馆之宝，作为爱国主义教育的生动教材，世世代代传承下去！

（季如迅）

国歌《义勇军进行曲》诞生在抗战烽火中

国歌是代表一个主权国家、象征民族精神的歌曲，通常由宪法或专门法加以规定，在隆重集会、国际交往仪式等场合演奏和歌唱。一首好的国歌，能起到引导人们的思想、激发民族精神和爱国感情、催人奋进的巨大作用。但在短期内创作出这样一首国歌决非易事，因此有的国家就挑选一首早已广泛流传、得到民众认可、合乎国情民意的歌曲作为国歌。中华人民共和国成立时，也是这样选择了诞生在抗日战争烽火中的革命歌曲《义勇军进行曲》为代国歌，它比这个新国家早诞生了14年！

一、诞生在抗日救亡洪流中的战歌

首次刊登《义勇军进行曲》的上海《电通》画报

这是中国国家博物馆收藏的1935年5月16日上海《电通》画报（半月刊）第一期和6月1日第二期《风云儿女》特辑，它首次刊登了田汉作词、聂耳谱曲的《义勇军进行曲》。

田汉（1898—1968），现代戏剧家，他在话剧、电影、歌剧、诗歌等方面都取得了不少成果，并和聂耳、冼星海、贺绿汀等合作,创作了大量的革命歌曲,被人称为"时代歌手"。聂耳(1912—1935),现代作曲家,他在短暂的一生中创作了30多首充满战斗激情和富于劳动人民感情的歌曲,被誉为"人民音乐家"。聂耳是由田汉介绍加入中国共产党的,他们是左翼文学运动中的战友,曾携手创作了《开矿歌》、《新女性》、《毕业歌》等革命歌曲。

田汉(1898—1968)

聂耳(1912—1935)

《风云儿女》是一部以抗日救亡为主题的电影,写的是国民党统治区的知识分子摆脱苦闷、彷徨,勇敢地走向抗日前线的故事。但作者田汉刚刚写完故事梗概和电影主题歌歌词后,便于2月19日被捕了。此后,夏衍接手把故事梗概改编成电影文学剧本。田汉把主题歌歌词写在一张香烟锡箔纸的衬纸上,放在故事梗概原稿的最后一页,因为被茶水浸湿,字迹有些模糊,夏衍怕别人看不清楚,便又抄了一遍。

当时聂耳处境也很危险,党组织准备安排他出国。但当他知道夏衍正在改编《风云儿女》剧本时,便主动找到夏衍说:"听说《风云儿女》的结尾有一个主题歌?"他念了两遍歌词后,急促地说:"作曲交给我,我干。田先生一定会同意的。"等不及夏衍开口,聂耳已经伸出手来和他握手了。

聂耳在谱曲时,把自己对祖国和人民的无限热爱,对日本侵略者的无比愤恨,都倾注到每个音符之中,使全曲基调高亢、激昂、震撼人心。他注意吸取《国际歌》、《马赛曲》等外国革命歌曲的音乐特点,如四度上行的音程等,又作了民族化的创造。因为旋律设计的需要,把原来并不规整的、长短参差不齐的散文诗式的歌词略作修改并加以精心安排,使全曲在大三和弦上展开,一气呵成。前奏曲像嘹亮的进军号,中间的"起来!起来!起来!"把全曲推向高潮,结尾增加了一连串叠句,不仅表达了中华儿女前仆后继、勇往直前的坚定决心,而且使人感到歌声并未结束,中华儿女仍在继续战斗。

聂耳的《义勇军进行曲》手稿

聂耳曾对《风云儿女》的导演许幸之说,自己在谱曲时,眼前仿佛展现出东北义勇军为中华民族的生存浴血奋战的画面,创作的冲动像泉水一样喷涌而出,简直连写都来不及,两夜工夫就将曲子谱好。同年4月,聂耳在完成《义勇军进行曲》作曲任务后,便在党组织的安排下东渡日本,准备到苏联和西欧学习。《义勇军进行曲》的定稿,就是他在日本寄回上海的。

1935年7月,《风云儿女》在上海首映,主题歌《义勇军进行曲》在群众中引起了强烈的反响。这首歌很快就传遍了全国,鼓舞着千千万万的中华儿女投身到抗日救亡的洪流中去。但令人惋惜的是,7月17日,聂耳在日本藤泽市鹄沼海滨游泳时不幸溺水身亡,这位年仅23岁的天才民族歌手与我们永别了。

《义勇军进行曲》在国际上也产生了巨大的影响。第二次世界大战期间,美国、英国、印度等国的广播电台也经常播放这首歌曲。海外华侨纷纷高唱着《义勇军进行曲》,在所在国开展抗日救亡活动。东南亚的一些抗日志士还把这首歌当作本民族争取民族解放的歌曲。1940年,著名的黑人歌唱家保罗·罗伯逊在美国用汉语演唱了这首歌,后又录制唱片公开发行。战后联合国举行"胜利日"活动演奏《盟军胜利凯旋之歌》时,经世界著名音乐指挥家、美国广播乐团指挥伏尔希斯提议,以《义勇军进行曲》代表中国。

因此说,《义勇军进行曲》是一首诞生在中国抗日烽火和世界反法西斯战争中的嘹亮高亢的战歌。它的民族特色鲜明,感染力巨大,无论你在世界的哪一个地方,只要你听到它那振奋人心的旋律,就会感到这是一首中华民族的战歌,是可以和《国际歌》、《马赛曲》等外国革命歌曲相媲美的中国歌曲,一种民族自豪感就会油然而生。

二、周恩来建议用《义勇军进行曲》作国歌

新中国成立前夕,新政治协商会议曾公开向全国征求国歌词谱,但由于时间仓促,虽然收到的国歌歌词多达694首,但都不够理想,在短期内创作出理想的国歌极为困难。但是,开国大典不能没有国歌。周恩来首先建议用《义勇军进行曲》作国歌。他认为这首歌激越豪迈,旋律铿锵有力,很适合演奏。第六小组和评选委员会经过反复讨论,大多数人倾向于用《义勇军进行曲》为代国歌,认为它是一首有历史意义的鼓舞中国人民争取民族解放、代表人民心声的雄壮歌曲,也是全国大多数人都会唱的一首革命歌曲。但也有人认为歌词中"中华民族到了最危险的时候"的提法不合时宜,建议采用聂耳的曲谱,歌词另拟,并找人重新填写了歌词。

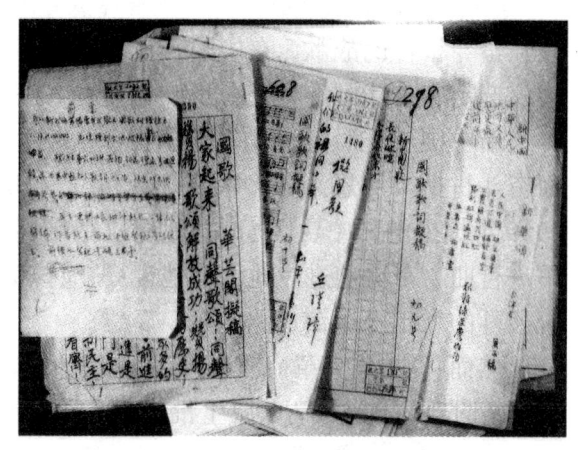

新政协筹备会收到的国歌应征稿件

9月25日晚,毛泽东、周恩来在中南海丰泽园召集国旗国歌国徽问题协商会,毛泽东说,既然大家认为以《义勇军进行曲》作国歌最好,意见比较一致,我看就这样定下来吧!这时第六小组组长马叙伦汇报说,一部分人要求修改"中华民族到了最危险的时候"这句歌词,周恩来当即说,要用就用旧歌词,修改了唱起来就不会有那种感情了。这句歌词提醒我们居安思危,我们面前还有帝国主义反动派,倒不如留下这句歌词,使我们耳边警钟长鸣的好!毛泽东表示赞同,他说,我们不能忘记帝国主义对我国的包围、压迫,我们还有艰苦的路要走,还是保持原有的歌词为好。大家热烈鼓掌表示赞同。

9月27日,中国人民政治协商会议第一届全体会议通过决议:"在中华人民共和国的国歌未正式制定前,以《义勇军进行曲》为国歌。"

1949年10月1日,首都北京30万军民齐集天安门广场举行中华人民共和国开国大典,下午3时,毛泽东在天安门城楼上庄严宣告中华人民共和国成立。第一面国旗升起的同时,在广场中央,一支由200人组成的军乐队,以每分钟80~100个音符的速度,奏响了威武雄壮的《义勇军进行曲》。激越的

旋律，在广场上空久久荡漾，通过无线电波传遍全中国，飞向全世界。

三、顺从民意的决议

《义勇军进行曲》是一首在抗日烽火中诞生的、充满中华民族永不屈服和顽强奋斗精神的战歌，在中国、在世界都有着巨大的影响。政协第一届全体会议选定它为代国歌，充分反映了全国人民的共同心愿。

新中国成立后，《义勇军进行曲》一直激励着中华儿女为祖国的繁荣富强而奋斗拼搏。周恩来曾多次高度评价《义勇军进行曲》的思想和艺术价值。1959年拍摄电影《聂耳》时，他建议把结尾改为群众在天安门前高唱《义勇军进行曲》奋勇前进。他动情地说："应该唱《义勇军进行曲》，多少人是唱着聂耳的歌走上革命道路的啊！"

然而，"文化大革命"开始后，国歌词作者田汉却遭到飞来横祸，他写的京剧《谢瑶环》被江青、康生批为"反党反社会主义大毒草"，他自己也成了"反革命"、"叛徒"，并于1966年被捕入狱，1968年12月10日含冤死于狱中。《义勇军进行曲》也因此处境尴尬，甚至一度被禁唱。一些外交场合和隆重集会，有时只奏《义勇军进行曲》的曲谱，不唱词；有时改唱《东方红》等歌曲。

1978年3月5日，在"左"的思想影响下，五届全国人大一次会议曾决定国歌改用集体填写的新歌词，但是，原歌词所起到的巨大历史作用和影响是无法代替的，新歌词难以体现居安思危的思想和激励人民的爱国情感。因此，各方面对此一直有很大的意见。

党的十一届三中全会后，田汉的冤案终于得到平反昭雪。1982年12月4日，五届全国人大五次会议又根据群众的意见，正式决定以田汉作词、聂耳作曲的《义勇军进行曲》为中华人民共和国国歌。

这是一个顺从民意的决议，是一个得到全国各族人民衷心拥护的决议，是一个影响深远的历史性决议。我们唱着《义勇军进行曲》，不会忘记祖国过去受侵略、受压迫的苦难，不会忘记先辈们抛头颅、洒热血的英勇斗争，不会忘记国歌的作者田汉、聂耳，不会忘记人民江山来之不易。唱着《义勇军进行曲》，我们要居安思危，把改革开放和现代化建设事业不断推向前进！

（季如迅）

天安门大红宫灯的故事

一、开国大典选址

1949年上半年，随着人民解放军的胜利进军，建立新中国的条件已经成熟。6月15日，新政协筹备会在北平成立。7月1日，又成立了以周恩来为主任，彭真、聂荣臻、林伯渠、李维汉等为副主任的开国大典筹备委员会。拟定的开国大典方案包括中华人民共和国中央人民政府成立典礼、中国人民解放军阅兵仪式、人民群众游行活动三项内容，其中阅兵仪式的安排和地点，决定着整个开国大典的程序和场所。当时，北京只有西苑机场和天安门广场两个地点可供选择，但西苑机场太远了，也没有现成的检阅台。开国大典的日期逐渐临近，经过反复考虑，9月2日，周恩来选择了在天安门广场举行开国

旧时的天安门

大典，毛泽东等中央领导都同意了这一方案。

天安门广场和天安门城楼是老北京城的中心地点和市区街道的枢纽，位置正好在纵贯南北的皇城中轴线的中段、紫禁城之南。天安门城楼，可作为现成的检阅台。广场位于市中心，军队、群众往返方便，大典的场面可以搞得轰轰烈烈。但是阅兵的场所略窄了些，而且还要断绝市内交通4小时以上。

此时的天安门城楼和广场，因为年久失修，早已破旧不堪，后来从城楼上运走的鸽子粪竟有几卡车，朱红色的城墙墙皮大片大片地脱落，广场也成了垃圾站。

新中国成立前夕修整天安门广场

二、天安门广场的新生

为了迎接新中国的开国盛典，1949年8月，北平市第一届各界代表会议作出修整天安门广场的建议。市政府责成建设局提出修整工程计划，于9月底竣工。

天安门广场修整工程于9月1日开工，它主要包括：（1）开辟一个能容纳16万人的大广场，清除广场上多年遗留的垃圾和障碍物，平整碾平5.4万平方米的广场，供群众集会；（2）修缮天安门城楼作为主席台，清除楼顶杂草，粉刷城楼和广场四周红墙；（3）在天安门广场的合适位置设计并修建一个升国旗的设施，供大典时升旗使用；（4）修补天安门前、东、西三座门之间的沥青石碴路面1626平方米，供游行的群众和阅兵的军队通过；（5）美化天安门附近环境，种树、种草等绿化工程。全部整修工程预计于9月底前竣工。

建设局在广场北面竖起了一块"建设人民首都"的横幅标语，市青年团筹委会组织了近6000名团员、青年参加义务劳动。他们克服种种困难，用锄头、铁锹等工具铲土除草，用手搬石头，先后填平300多个坑洼，运走垃圾，清除地面的障碍物，在天安门前、东、西三座门之间以及中华路全段，开辟了一个1.7万平方米的能容纳16万人的大广场。

作家萧乾写的《我看见中国的重生》一文，极其生动地描绘了天安门广场发生的种种变化：

"政协开幕后,已经是一片喜气的北京,就变成了旗子和彩绸的城,变成了锣鼓的城,变成了迎接重生的城。无论你坐什么车,走哪条胡同,什么时候经过大街,你的耳朵离不开咚咚嚓嚓,你的眼睛始终有新的发觉:发觉的焦点在东西长安街之间的天安门,上午宫墙染红了,下午瓦匠们在广场墙上破了四道便门。牌楼上扎起黄绿彩穗,天安门下,有工人们在杉篙叉搭起的木架上爬东爬西。门墙上出现两条十数丈长的横楣,上面不久便出现了'中华人民共和国万岁'和'中央人民政府万岁'的大字。城楼檐上写的是'庆祝中华人民共和国中央人民政府成立'。红的架子原来是为放照明灯的。我天天过天安门,看到了那些木架子的搭,和它们的拆。一座拆起,露出来了拔地而起的电动旗杆;一座拆起,横楣上嵌了月白色的霓虹灯。城楼檐下挂起了八盏红宫灯,八面红旗,沿着巍峨楼墙飘起了,油画的毛主席的像照耀在石墙的正中央,画像下面题的是'人民的胜利'。它坚定地、充满信念地照耀着,象征着数千年来中国人民翻身的成功,也寄托了中国人民对未来所有的热望。"

经过十多天的紧张劳动,市建设局又组织各方面专业人员,清理琉璃瓦上的蒿草和灰尘;修补城墙,整修门窗和廊柱,将它们粉刷一新;修补城楼两侧的台阶;修理金水桥和对金水河进行清淤,注入清水等等,天安门城楼的面貌为之焕然一新。

开国大典时的天安门城楼

三、大红宫灯的故事

　　1949年9月，庆祝大会筹委会把布置装饰天安门城楼的工作交给了华北军区政治部宣传部。宣传部部长张致祥考察现场后，决定把任务交给原晋察冀军区抗敌剧社舞美队。队长苏凡接到任务时，只有20天的期限了，他决定让队里的两名1945年在张家口加入八路军的日本美术家肖野（小野泽亘）和森茂来设计。他们精心研究各种资料和数据，吸取大家的合理意见，一周后，一叠16开的白纸上画满了草图。此时政协会场布置科科长钟灵和美术顾问张仃也来参加装饰设计。他们从中选出20幅，由张致祥亲自送到周恩来办公室。周恩来一眼就看上了8盏大红宫灯的方案，他指示要突出表现城楼，其他地方不要搞得太花哨。

　　开国大典时天安门城楼的毛主席画像是戴八角帽的侧面像，高6米，国立艺专实用美术系的周令钊站在脚手架上画了20多天，助手是新婚妻子陈若菊。像下最初有字，9月30日夜中央决定去掉，周令钊修改完毕时，天已经快亮了。

　　开国大典时天安门城楼两侧红墙上的标语与现在不一样，当时写的是"中华人民共和国万岁"和"中央人民政府万岁"。标语是毛泽东的秘书胡乔木拟定的。标语上端庄匀称的宋体美术字是政协会场布置科科长钟灵写的。钟灵在延安时经常写大标语，但这次的标语太大了，每个字高2米，宽2.2米，人躺上去都绰绰有余。虽然解放区早已流行简化字，但按照多数人的习惯，这两条标语继续使用繁体字。因此钟灵用铅笔和尺子整整写了两天，再交木工制作，红底白字，镶绿底金花纹边框。

　　天安门城楼重檐中间当时还没有挂国徽，而是挂着一条红布横幅，上面写着："中华人民共和国中央人民政府成立典礼"，每个字约1米见方，也是钟灵的大作。

　　在城楼上的10根廊柱间悬挂8盏大红宫灯，既符合中国的传统和民族风格，又能充分体现出开国大典浓厚的喜庆气氛，也显得庄重、严肃。但是，宫灯设计图案通过后，苏凡跑了好几天，都没有找到能承接制作的工厂。人们焦急万分，这时肖野说，不管是大宫灯，还是小宫灯，道理都是一样，只要能找到一个扎灯的艺人帮忙，事情就好办了。

　　他们在故宫档案中查找到一位70多岁的扎灯老艺人还活着。这位姓尹的老艺人看了图纸，又到天安门城楼上转了三圈，然后诚恳地说："这么大的宫灯，我这辈子没有做过。让我做可以，但我要找我的徒弟来一块儿做，而且这么大的宫灯作成了也抬不上去，只能在城楼上做。"

老艺人叫来两个徒弟，又招呼苏凡去买绿竹、红布、黑钉、黄穗，8个厚重的灯笼圆托是老艺人亲自找木工定做的。肖野和森茂则负责画宫灯云头和制作流苏。整整三天三夜，他们没离开城楼，离开国大典只差一天多时间，8盏宫灯终于做好了。

8盏宫灯都是用生长5年左右、高3米多的毛竹，不褪色的红士林布和松木制作的，上下部贴有金黄色的云朵，底部配有黄色流苏，十分庄重、大方、美观。每个宫灯高2.23米，周长8.05米，直径2.25米，重80公斤，3个战士手拉手才能环抱，堪称有史以来最大的宫灯。

宫灯制成后要按设计的位置挂起来。为此，张致祥调来十几名战士，并搬来梯子，大伙七手八脚，费了好大劲，还是没有挂成，因为宫灯又大又重，小钉子无法固定也承受不起。还是肖野提出，在横梁上用两个铁环受力，大家豁然开朗，一试果然成功了。经过大家一番努力，9月30日，8盏大红宫灯终于挂在了设计的位置上，它们同中国人民一道见证了新中国的诞生。

经过无数人的共同努力，古老的天安门城楼又显露出它庄严、典雅的宏伟气势，披上了节日的盛装，准备与欢天喜地的北平市民一道，共同迎接新中国的开国大典。

1994年，经上级批准，天安门城楼上的8盏大红宫灯替换成折叠式的新式灯笼，悬挂了45年的大红宫灯终于完成历史任务光荣"退役"。原来悬挂在东二、西二位置的两盏宫灯被拍卖，拍卖所得捐赠给北京贫困山区解决吃水难的问题和希望工程。其他两对由天安门管理委员会收藏，一对由我馆收藏并悬挂在展览大厅里，供人们参观。

工人们在搬运中国国家博物馆收藏的天安门大红宫灯

（李雅兰）

礼炮齐鸣庆开国

1949年10月1日下午3时，随着毛主席的庄严宣告："中华人民共和国中央人民政府已于本日成立了！"天安门广场上，军乐队高奏国歌《义勇军进行曲》，国旗冉冉升起，与此同时，54门礼炮齐鸣28响，如报春的惊雷，将开国大典那庄严、伟大、团结的气氛推向了高潮。

一、开国大典是怎样鸣放礼炮的？

开国大典时，所用礼炮多为日本昭和年间制造的九四式七五山炮，此炮通长3米多、高1米多、口径为75毫米。开国大典时为什么要用山炮当礼炮？为什么要用54门礼炮齐鸣28响？

1987年，中国革命博物馆（现中国国家博物馆）为筹备"近代中国"陈列，急需征集开国大典礼炮，征集人员了解到开国大典时并没有专用的礼炮，是用解放军缴获的比较轻巧、射程近的老式七五山炮代替，礼炮队来自华北军区特种兵部队。开国大典后这批礼炮又多次使用，并经7312厂改造过，现存于北京某炮库，由武警部队第十一支队负责管理。

经过多次联系，曾负责开国大典鸣放礼炮工作的华北特种兵部队作战科副科长、现任兵器工业部副部长

开国大典礼炮

韩怀志和7312厂侯秉义同志带我们前去某炮库寻找开国大典礼炮。炮库里堆满了各种火炮，其中就有开国大典当礼炮用的日造九四式七五山炮和阎锡山太原兵工厂造的一三式七五山炮。1988年9月2日，天安门管理处将其中两门日造九四式七五山炮油漆一新后拨交我馆。

据侯秉义同志介绍，这两门日造九四式七五山炮后来继续作为礼炮使用，炮上的标记、电发火装置及防火帽都是新中国成立后加的。一共改造了三次，第一次是1954年，为了保证50门礼炮同时齐鸣，由原来的手拉发火改为电拉火；第二次是1963年，为了解决复进机漏气故障多修理困难，将原来的气压式复进机改为组簧式复进机；第三次是1965年，为了解决每次在西河沿一带鸣放礼炮时被震碎的玻璃太多的问题，由低射角发射改为高射角发射，从而使声音的方向向高空传播，减少了玻璃的震坏。

以后我们又先后访问了曾负责开国大典鸣放礼炮组织训练工作的几位老首长，如原北京军区副司令赵大满、兵器工业部副部长韩怀志、航天工业部离休干部李河山，并参考曾参加开国大典礼炮队组训工作的华北特种兵参谋长李健、参谋复新等的回忆文章，终于弄清了开国大典礼炮队组训、鸣放的全过程。

1949年8月，中央决定开国大典要鸣放礼炮。8月中旬，华北军区特种兵司令员高存信传达聂荣臻司令员的指示，决定从张家口等地调来108门老式山炮作为开国大典的礼炮，主要是缴获的日本造75毫米九四式山炮，还有山西兵工厂仿日本山炮制造的75毫米一四式山炮。日造九四式山炮炮身长1560毫米，全炮重536千克。然后从各炮兵部队选调军政素质好的排、连、营干部，有的是战斗英雄，组建礼炮团，赵大满任礼炮团总指挥，韩怀志任现场指挥。

礼炮团在先农坛体育场集中训练了两个多月。每门礼炮配3名炮兵，训练要求达到在3秒钟内完成装填、发射、退弹壳3个动作。这是因为开国大典时从毛主席按电钮升国旗到升旗完毕共用两分零五秒，必须同步完成28响礼炮的鸣放，每次齐射要在4秒半钟内完成。要求严，标准高，技术难度大。参谋长李健每次到训练场检查验收全靠一块秒表，看操炮时间卡得准不准，是不是整齐、等速。礼炮要求放齐，但人拉火不容易齐，而且炮与炮的间隔有100多米，一开始韩怀志站在中间喊口令，炮手们听不到，很难指挥。后来他就用两张桌子加一把椅子，站在上面用旗子指挥。那时没有什么精密控制仪器，全靠手工操作。礼炮手们每天要在酷暑中练上千次，汗如雨下，许

开国大典上接受检阅的炮兵部队

多人都磨破了手。

开国大典时礼炮放在东三座门内,也就是现在公安部西边,国家博物馆北门胡同的位置,炮口对着墙打。参加典礼的有54门炮,另外一组是备用的。为了保证发发打响,对每一发炮弹都要严格检查和擦拭,对底火部位检查更加仔细。礼炮炮弹是专门制造的,没有弹头,是用木屑压制的圆柱体堵住药筒,堵齐了才能放,鸣放时后坐力较小。尽管后坐力小,进入阵地后也要把炮的锄板砸牢。

1949年10月1日上午7时,参谋长李健和作战科副科长韩怀志、参谋复新到礼炮阵地作了临战前的最后一次检查。接着聂帅来了,进行了全面的检查。他问韩怀志:"你们准备好了吗?"并非常严肃地说:"你们知道吗?今天是毛主席升国旗。你们的礼炮一定要放齐,不能搞得噼里啪啦的。"聂帅又说:"54门礼炮代表政协各大小民主党派,28响代表中国共产党28年,意义非常重大……"

下午3时,开国大典仪式在天安门广场隆重举行,54门礼炮齐鸣28响,每一响都像一门炮一样整齐,同时又凝聚了54门炮齐射的威力,威震寰宇,传遍世界,迎来了中华人民共和国的诞生。

开国大典后,根据周恩来总理的指示,礼炮团的108门山炮全部存入专门建造的炮库,予以妥善保管。在开国大典之前,1949年9月21日中国人民政治协商会议开幕式上,礼炮团在中南海怀仁堂前曾用9门礼炮,鸣放54响。之后在庆祝中华人民共和国成立5周年和10周年时,都鸣放了庆典礼炮,使用的礼炮仍然是开国大典时用过的山炮。

我国鸣放迎宾礼炮始于1961年6月13日欢迎印度尼西亚总统苏加诺第二次访华。北京卫戍区警卫师仪仗营从天安门管理处炮库保存的开国大典礼炮中挑选了24门,圆满地完成了任务。

为了使我国迎宾礼仪更符合国际惯例,1963年6月,周恩来总理指示在中央警卫师增建礼炮连。九四式山炮因炮身短、便于搬运、声响洪亮,又从仓库中被"请出"重新服役。6匹马将28门炮拉到了南苑仪仗营。为使礼炮发射时声音整齐,特请军械部门组织专人对火炮的发射装置进行了改进。开始是手工拉火,后改进为电操纵击发。1964年5月16日,我国正式用礼炮迎接了苏丹阿布德主席。

1966年后,我国迎宾不再鸣放礼炮。直至1984年2月28日,中央军委等要求武警北京总队组建礼炮队,战士们对开国大典时的礼炮进行了改造,木制炮轮换成胶皮轮胎,并在炮口上加装了喇叭形制退声器,这是第二代礼炮。

1984年3月23日,为欢迎日本首相中曾根访华鸣放礼炮,中曾根说:"中国的礼炮真响,把我的五脏六腑都震荡了。"他不知道迎接他的礼炮是缴获日军的战利品。

同年在前苏联76毫米加农炮的基础上改装的八四式礼炮是第三代礼炮。

1986年,我国自行研制的专用迎宾礼炮国产76毫米八六式礼炮问世,是为第四代礼炮。为榴弹炮外形,造型美观大方,结构简单合理,动作安全可靠。

中华人民共和国成立35周年庆典时使用的礼炮

1997年，兵器工业总公司247厂研制出第五代新型迎宾礼炮——76毫米九七式礼炮，同时还研制出中国第一代专用庆典礼炮——76毫米九四式庆典礼炮，仍为榴弹炮外形。

二、开国大典礼炮为什么鸣28响？

开国大典鸣礼炮规格用的是54门礼炮鸣28响。对此，人们不禁要问：按照国际惯例，重大典礼上最高的礼仪是鸣礼炮21响。为什么新中国开国大典要鸣28响？54门礼炮又代表什么？

原来，礼炮仪式起源于中世纪的法国，一次在奥格斯堡欢迎胜利凯旋的皇帝时，决定鸣放礼炮100响，但在鸣放时数错了，鸣了101响，以后101响就成了盛大庆典的传统。在外交礼仪中鸣放礼炮源自英国。17~18世纪，英国是"日不落"的头号殖民帝国，殖民地遍及世界各地，每当英国军舰驶入别国炮台或港口时，都要求对方鸣炮向它致敬，以示对它尊重和屈服，英舰只鸣炮7响，却要求对方鸣炮21响。随着殖民地一个个走向独立解放，英舰也改鸣21响，以示平等。现在国际惯例是欢迎外国元首鸣放礼炮21响，欢迎外国首脑鸣放礼炮19响，欢迎外国副首脑鸣放礼炮17响。

再看中国，1929年6月在南京举行孙中山奉安大典时，曾鸣放礼炮101响。在开国大典前，鸣放礼炮有49响和54响。1949年7月7日在北平举行纪念"七七"抗战大会，鸣放礼炮49响。7乘7等于49，明显代表的就是"七七"抗战。同年9月21日人民政协第一届全体会议开幕时，鸣放礼炮54响，象征着这次会议的54个组成单位，下文将作详解。

对此有的外国记者猜测28响代表的是28位开国元勋，有人认为是毛泽东（繁体字）名字的笔画，有人联想到易经、爱情……但中国人却比较一致地认为代表的是中国共产党领导中国人民英勇奋斗的28年。原礼炮队组建训练负责人赵大满曾回忆说："为何放28响？毛主席告诉唐永健同志，28响代表了革命28年。"

三、54门礼炮与56个民族

至于为什么用54门礼炮？由于当时并没有对外解释其代表意义，引起各方面的种种猜测，至今仍是众说纷纭。最为流行的一种说法是54门礼炮代表当时已知的中国54个民族，果真如此，1949年确定人民政协第一届全体会议代表名单时为什么只选了13个少数民族的23位代表呢？实际情况是，刚经历了多年战乱的中国人还无暇统计中国到底有多少个民族。1950年前后，全国各地提出的族别称谓达400多个。直到1953年全国第一次人口普查后，能列出名称的少数民族只有51个，加上汉族才有52个。经过30多年的民族识别，直到1979年6月国务院批准确认基诺族为第55个单一的少数民族，才有中国56个民族大家庭之说。可见开国时用"54"代表当时已知的中国54个民族之说不能成立。

也有人认为"54"代表当时参加人民政协第一届全体会议的各个单位。原礼炮队组建训练负责人韩怀志告诉我们，开国大典当天上午阅兵总指挥聂荣臻曾这样激励他们说："54门礼炮代表政协各大小民主党派，28响是代表中国共产党28年，意义非常重大……"但反对的人提出质疑说：数来数去，只数出45个单位，加上特别邀请人士，也只有46个，哪里有54个单位？

反对的人显然不知道，参加人民政协的代表是先划大类，再分为若干单位。即：党派代表共14个单位，区域代表共9个单位，军队代表共6个单位，团体代表共16个单位，特别邀请人士。特别邀请人士是作为第五大类代表，而不是仅仅作为一个单位出席会议的。有的特邀代表发言中称为9个小单位或9个方面，特别邀请人士代表在会上的各项活动也是按9个单位安排的。从登报公布的75名特邀代表的名单和照片的排列看，明显分成了9个单位（但未冠以单位名称）。即：1. 首席代表民主革命先行者孙中山夫人宋庆龄和两位老资格中共人士共3人；2. 教育界、科学界知名人士15人；3. 以前各历史时期知名人士13人；4. 老解放区民主人士6人；5. 为国内和平努力人士，包括原南京政府和谈代表及已解散党派中的民主人士13人；6. 起义的国民党军政人员10人；7. 戏剧艺术家4人；8. 新疆代表团3人；9. 战斗英雄、劳动模范代表8人。45加9恰好等于54。当选的政协第一届全国委员会委员名单公布时，更是明确宣布"全体代表一致通过了如下的按单位次序排列的名单"，数下来正好54个单位，包括特邀人士的9个单位。

以上充分说明开国大典的54门礼炮齐鸣和政协会议开幕式鸣放礼炮54响一样，代表的是参加人民政协会议的54个单位，或曰45个单位加特邀人士的9个方面（或小单位）。它象征着中国人民空前的大团结。

（季如迅）

开国第一大印

——中华人民共和国中央人民政府之印

1949年6月15日，在人民解放军向全国进军的凯歌声中，新政治协商会议筹备会在北平成立了，其根本任务如毛泽东所说是"完成各项必要的准备工作，迅速召开新的政治协商会议，成立民主联合政府"。筹备会选举了以毛泽东为主任，周恩来、李济深、沈钧儒、郭沫若、陈叔通为副主任的常务委员会，秘书长为李维汉，副秘书长为余心清、齐燕铭等。

在筹备会为筹建新中国所做的各项准备工作中，刻治中央人民政府及所属机构印信是一项极为重要的工作。新中国建立初期实行集体元首制，中央人民政府委员会"对外代表中华人民共和国，对内领导国家政权"。中央人民政府是国家最高权力机关，享有较广泛的职权，既是组织领导政务院、中央军委、最高人民法院、最高人民检察院等其他国家机关的唯一最高职能机关，又赋有制定、解释、颁布、监督法律权、外交权、宣战权、最高行政管理权、国家机关首长任免权等职权。在特殊的历史转折时期（1949年10月~1954年9月）里，承担了特殊的历史使命。中央人民政府印是颁发各种法令、命令、指示和行使其他权力时钤印公文的凭证信物，具有特殊重要的意义。

当时，周恩来副主任委托陈叔通邀请治印名家参与中央人民政府及所属机构治印事宜。但因陈叔通工作繁忙，齐燕铭副秘书长便为治印的筹划花费了更多的精力。

齐燕铭邀请了国内治印名家张樾丞、顿力夫、唐醉石和魏长青等共同探讨。因其他三人治铜印的名声不如张樾丞，有的不善铸铜印，最终在中央人民政府印（以下简称国印）的设计镌刻中，张樾丞起了最为重要的作用。

1949年8月19日下午，由余心清副秘书长主持，"政府印铸问题座谈会"

在北京饭店113号举行，张樾丞、张少丞等14人出席。会议议定政府印铸问题4项：型式仿宋印；字体为小篆或仿宋，仿宋体有大众化意义，但奇数时不易排列，中国人民印刷厂负责人黄澍铭还设计了两种样式；质料为铜；字文用"印"，废除"关防、钤记"。会议修正通过了黄澍铭所拟的"中央人民政府政务院印铸局组织条例"草案初稿。

此后一段时间，因在国名问题上略有讨论，直到1949年9月27日国名"中华人民共和国"最终确定后，国印印文"中华人民共和国中央人民政府之印"才正式确定。然而此后由于中央人民政府所属机构尚在组建之中，机构名称尚待正式确定，政府印铸印文的确定也随之推迟。

1949年10月27日凌晨1时，齐燕铭将镌铸中央人民政府暨所属各机构印信报告附设计说明上报，并预计中国人民印刷厂月底可完成刊铸工作。同日早上周恩来和毛泽东批示后，首批印信即交付刊铸。

报告还对废除过去以大小区别官级制度和政府印信的印型、字文、铸造制度（质料、型制、制法、字体）及首批45枚印信的印文作了明确规定：

印型一律为正方形。字文一律为"印"。铸造制度——质料为铜质，仅这一点就充分说明中国共产党领导的人民政府是务实、节俭的；型制，中央人民政府印边长9厘米，其余7厘米；制法为铸胎镌字，字体用扁宋体，而不是用以往官印使用的篆体，首先考虑的是人民群众能看得懂，说明中国共产党是人民的政党，政府是人民的政府，同时附印样两种。

据考证，国印"中华人民共和国中央人民政府之印"在31日上午9时即镌刻完成并上交启用。当时在字文排列上要求对称，国印字文中加入"之"字，为的是使15个字能够整齐、美观地框在正方形印面内。在具体制作方法上，国印使用的铜料比其他政府印信的密度大、黏度大、兑铵多，质地较硬。国印的柄与印体是分别制作旋接上的，铜色柔和，制作精细，印体厚2.5厘米、柄长10.9厘米，印柄中间略凹进，整体造型庄重而有气势。

改革开放后，人们开始关注开国大印

"中华人民共和国中央人民政府之印"印文

中华人民共和国中央人民政府之印

的镌刻者，一些相关报道先后露布于报端，却难免有失实之处。国印镌刻者，曾存有三种说法，即"顿力夫镌刻国印说"、"张樾丞镌刻国印说"和"王景华镌刻国印说"。最早有人著文提到治国印者为杭州西泠印社成员顿立夫，此一说法甚为流行。然而不久，著名史学家史树青却著文认为是篆刻大师张樾丞镌刻的，我们曾当面向史先生询问核实了此事。但后来北京印钞厂有人提出张樾丞不能刻铜章，国印有可能是1949年解放前后调入该厂的王景华刻的。

本着实事求是、对历史负责的态度，我们邀请了北京印钞厂当年参与治印的师傅来我馆对国印等文物进行鉴定和座谈，以后又走访了张樾丞之子张幼丞。我们通过国印文物鉴定，走访当事人、知情人，查阅历史档案，加以综合分析，可基本认定"张说"。

篆刻大师张樾丞在治印

张樾丞，1883年生于河北省新河县贫苦农民家庭。14岁入北京琉璃厂益元斋刻字铺学艺。他刻苦读书习字，钻研印艺。出师后，1903年至1909年间，自定润格，专以刻字为业。后因镌刻了梁启超所书的"龙飞虎卧"四字，一时名声大噪，被誉为"铁画银钩"，得"铁笔圣手"之美名。

1912年，张樾丞在西琉璃厂开设"同古堂"，其治印闻名遐迩，京津名人都以能拥有张氏刻印为荣。宣统皇帝的"宣统御览之宝"、"宣统御宝"和"无逸斋精鉴玺"等，北京大学授学位印章、中央银行纸币上"中央银行总裁印鉴"均为张樾丞所刻。据《鲁迅日记》载，1917年至1918年间，鲁迅曾3次到同古堂，刻"会稽周氏藏本"、"俟堂石墨"等木印5枚，石印3方，颇为鲁迅喜爱。周作人的"周作人印"、"山上水手"、"启明读书"等，也出自张樾丞之手。

张樾丞的刻铜技艺也为京城一绝。早在1910年，他在琉璃厂明远阁墨盒店时，就兼事刻铜，琉璃厂各南纸店都挂有他的笔单。1912年，张樾丞开设了同古堂，当时琉璃厂经营刻铜墨盒的店铺首推同古堂，刻出的铜墨盒极为精美。他是同时代刻铜艺术中成就最高的艺术家之一。

关于具体刻治开国之印的过程，由于当时是保密的，只有张樾丞与其长子张少丞、幼子张幼丞知情。新中国成立后，由于各种"运动"不断，加上张樾丞老人不爱吹嘘、炫耀，张家人对国印之事一直缄口不言。1961年1月15日老人病逝后，他亲自设计和镌刻共和国第一大印的详细情况，几乎无人知晓。

据张幼丞回忆，1949年政协筹备会期间，齐燕铭的小汽车曾到他家接走了张樾丞，回家后，张樾丞便开始翻阅资料、找印谱，画出了隶、宋、汉篆、秦篆四种字体的印文，送到北京饭店。最后确定用宋体。在张樾丞镌刻中央人民政府大印时，张少丞、张幼丞参加了打光等原料的粗加工。之后，张樾丞开始了画

沈钧儒的最高人民法院院长任命通知书

样、写字、凿字和修字等工序的操作。几天后，国印镌刻好了。按照规定，不许打样留底，而且印章的四个角都留有高台，待正式使用时磨平，即"开封"。

　　这枚国印，比政务院、中央军委、最高人民法院、最高人民检察院等印在铸造工艺、铜料成分组成、背款刻字形式、交付使用时间等方面都存在着明显差异，应不是在同一处浇铸、镌刻的。其他政府印信是在中国人民印刷厂（现为北京印钞厂）浇铸的。据张幼丞回忆，国印是在北京琉璃厂一家专门加工铜章的小厂现浇铸的。在镌刻刀法上，国印的刀口有倾斜，是尖錾挑的。背款刻有印文和启用时间、序号："中华人民共和国中央人民政府之印 一九四九年十一月一日 第一号"，字口清晰、纤秀。其他政府印信背款的序号数字用法不同，如"第贰号"。北京印钞厂两位老师傅仔细观看了国印后，也认为国印从技艺上和刀口上看不像王景华所刻。

　　这批政府印信是由众多治印高手分别刻治，经统一编号后启用的。中央档案馆中收藏的关于颁发人民革命军事委员会铜质印信壹颗的"中央人民政府令"（10月31日9时签发），是目前发现最早的钤有国印的文件。而中国首任驻苏联大使王稼祥递交的国书未及钤有国印，是10月20日由毛泽东主席签署、周恩来外长副署的。中国国家博物馆收藏的"中央人民政府任命沈钧儒为最高人民法院院长的任命书"和"中央人民政府命令颁布《中华人民共和国土地改革法》的发文稿"等数十件文物，也都钤有开国大印。外交部珍藏的1950年我国首任驻瑞典大使耿飚呈递给瑞典国王的国书上，除了由毛泽东、周恩来签署外，也钤有国印。这说明国印在共和国建立之初，即行使了赋予它的神圣使命，发挥了重要作用。

　　1954年9月，第一届全国人民代表大会第一次会议召开，制定了《中华人民共和国宪法》。按宪法规定，全国人民代表大会为国家最高权力机关，国务院为最高国家权力执行机关。至此，中华人民共和国中央人民政府及其所属和下属行政机关几十枚印信也完成了它们的历史使命，全部上缴给新的中央人民政府——国务院。1959年5月，国务院秘书厅将这批珍贵的政府印信拨交中国革命博物馆（现为中国国家博物馆）珍藏，其中包括这枚珍贵的开国第一大印——"中华人民共和国中央人民政府之印"。

（刘艳波）

群贤协力绘国徽

国徽是一个国家的正式标志,象征着国家的主权和尊严。国徽一般是以简明概括、富有寓意的图案,反映本国的政治、经济、文化、历史、地理、宗教等特征。国徽通常由宪法或专门法律加以规定。我国宪法规定:"中华人民共和国国徽,中间是五星照耀下的天安门,周围是谷穗和齿轮。"

一、开国大典时为何没有悬挂国徽

中华人民共和国国徽的制定始于1949年6月,负责拟定国旗、国徽、国歌方案的是新政治协商会议筹备会第六小组,组长马叙伦,副组长叶剑英、沈雁冰。7月15日,新政治协商会议筹备会发布征集启事,公开向全国人民征集国旗、国徽、国歌方案,并提出国徽设计"应注意:(甲)中国特征;(乙)政权特征;(丙)形式须庄严富丽"等3项具体要求。短短一个多月时间,收到国内群众和海外华侨的国徽应征稿件112件,图案900幅,充分体现了人民群众对新中国的热爱和对国徽设计工作的关注。

中华人民共和国国徽石膏模型

但是,在中华人民共和国开国大典上,当国歌奏响,第一面五星红旗冉冉升起时,天安门城楼上并没有悬挂国徽。原来,由于时间太仓促,大多数应征稿都不合乎要求,可参考的图案仅四五个。于是,第六小组便邀请设计过政协会徽的画家张仃和钟灵，根据代表们的意见拟制国徽图案，以新政协筹备会的名义编为《国徽图案参考资料》，这5幅图案大致仿照政协会徽，上方为齿轮，下方为写有国名的绶带，中央为大五角星照耀下的地球，还根据一位代表的意见，将麦穗改为麦稻穗，但代表们对这几幅图案仍不满意。

9月25日晚，毛泽东、周恩来在中南海丰泽园召集国旗国歌国徽方案协商座谈会。马叙伦说明了国徽图案还不成熟等情况。最后，毛主席说："现在国旗决定了，国徽可以慢一点决定。我看原小组可以继续设计国徽，等将来再交政府去决定吧。"此前毛主席曾说过："国旗上不一定要表示工农联盟，在国徽上可以表明。"因此，9月27日人民政协第一届全体会议只决定了国旗和国歌，而没有决定国徽。人民政协大会主席团指示马叙伦、沈雁冰二人在会后继续担任拟制国徽的任务。

二、群贤协力，设计国徽

新中国成立后，马叙伦、沈雁冰根据人民政协大会主席团的指示，在周恩来的直接领导下继续负责制定国徽的工作。先后被邀请参加设计工作的专家有中央美术学院实用美术系主任张仃、周令钊和张光宇，青年艺术剧院的张正宇，清华大学营建系主任梁思成、高庄、林徽因和莫宗江等。钟灵担任国徽组的秘书，负责联络、接待，齐燕铭、余心清也参与了一些工作。

此时的图案可分为三种方式，第一种是原有的《国徽图案参考资料》仿政协会徽的5幅图案；第二种是1950年6月前张仃、周令钊等新设计的以天安门为主要内容的图案；第三种是1949年10月23日林徽因、莫宗江、梁思成等拿出的以大孔玉璧为主要内容的两幅修正图案。后两种图案都加上了国旗的五颗星，还有国名、齿轮、嘉禾、绶带等题材。据张仃回忆，是马叙伦首先提出国旗上有五颗星，国徽上也应该加上，周总理也这样指示。

1950年6月全国政协一届二次会议召开前，国徽审查组再次开会讨论，并将3种8幅国徽设计图案送交6月10日召开的全国政协常委会审议，然而经过审议，"常委会认为均未恰当，指示以第二种方式为主，加以修正，另制图案。"

6月11日下午，马叙伦召集国徽组会议，讨论以第二种方式（中央美院张仃等的仿会徽形式而以天安门为主要内容的图案）为主，修正设计国徽图案的问题。会上争论得十分激烈。马叙伦传达了常委会的决定，张奚若、沈雁冰等多数人认为天安门代表了五四运动和中华人民共和国的诞生，沈雁冰提出,有天安门,不要写国名,梁思成坚持认为天安门和华表是封建皇权的象征,无论如何不能变成人民政权的象征。最后会议原则上通过国徽采用天安门为主要内容。会后,清华大学和中央美院的专家都按这一要求修正和重新设计国徽图案。

梁思成是戊戌维新领袖梁启超之子,我国著名建筑学家。北平解放时,曾为解放军炮兵在地图上作标记,为保护古都文物建筑立了大功。梁思成的图案表现出了强烈的民族特色,他所在的清华大学营建系是当时国内最有实力制作标准的国徽图案并能将天安门图案画得十分准确的单位。因此,11日晚上,周恩来亲自找梁思成做工作,要求他在清华大学组织教师,按照政协常委会的要求,改以天安门为主要内容设计国徽图案。

6月12日,梁思成和夫人林徽因在清华大学家中召集系里教师莫宗江、李宗津、朱畅中、汪国瑜、胡允敬、张昌龄等组成设计组,投入到新的国徽图案的设计之中,参加工作的还有罗哲文。在设计中,他们的指导思想逐渐明确。一开始他们人人动手,画了一二十个图案,林徽因感到某些五彩图案与商标很相似,就提出"徽"与"标"要有所区别,要有象征意义、要有民族特色、要程式化、要图案化,使大家深受启发。修正后的图案有很大的创新,如朱畅中提议天安门采用建筑测绘用的正立面图,他从系里保存的原营造学社古建测绘图中抄了一个1%的天安门正立面图,并向外移动华表的位置使图面更开阔;图案上方采用了经艺术处理的五星红旗;齿轮也采用机械制图形式,这是请机械系的人画的;颜色只用红、金两色,这是中国吉祥喜庆和古建筑崇尚的民族传统色彩,可与外国国徽相区别。

此时张仃等也提出一幅新图案。国徽审查组几次开会审查图案,或言张图美丽,梁图完整,但觉得两图都不理想,有人认为他们两位的意见需要统一起来,请梁先生再整理绘制。

清华大学营建系的同志夜以继日地推敲、修改图案,梁思成、林徽因两先生也抱病一起讨论研究。由于清华远在城外,很自然形成城里城外两个工作班子,城里都是美术家,城外都是建筑师,风格自然不同。梁思成有小汽车,联络很方便。他们

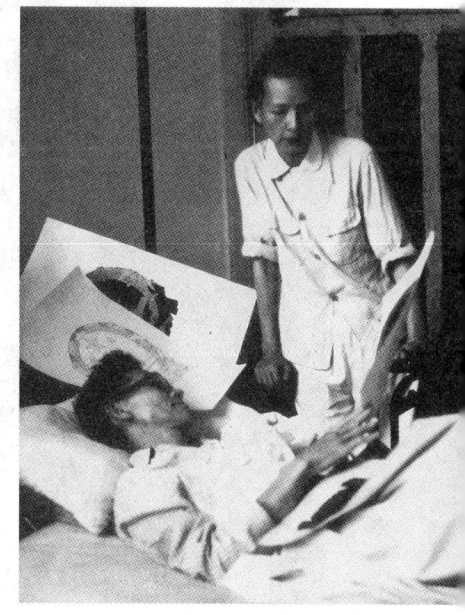

梁思成在病榻上与林徽因探讨国徽设计图案

奔波于清华与中南海之间,听取大家的意见,加以改进,有时还带上颜料、画笔到中南海瀛台的待月轩去修改图案到深夜,先后绘过的图案不下20个,大家有过激烈的争论,但最后终于集中了集体智慧,设计出大家比较满意的平面图案。

6月20日晚,沈雁冰主持国徽审查组第二次全体会议审定国徽图案,怀仁堂会场上摆放着多幅图案。左一和左三两块大板子上是清华最后修正完成的两幅图案,左二和左四是美院的图案,张仃等人的图案中天安门形象仍为五彩的透视图。到会12人多数赞同梁思成等修正过的两幅图案,认为它庄严,有中国特色;也有人赞同张仃的图案,认为它明朗美观。大家议论纷纷,从晚上8点一直争论到10点多,仍无定论。这时周恩来来了,征求大家的意见。田汉首先发言,列举美院方案的种种优点,认为它明朗美观。接着张奚若、邵力子发言,认为清华方案庄严,有中国特色。发言者多数支持清华的方案,只有李四光等几个人仍在沉思。周恩来走到李四光背后,双手扶住沙发问道:"李先生,你看怎么样?"李四光指着清华图案说:"我看这个气魄大,天安门广场很深远很大,天空一样大的五星红旗挂在天安门后面,伟大,有气魄,有民族特色。"周恩来又认真审视了一下图案,果断地说:"那么好吧,就这

1950年6月20日,周恩来参加审查国徽设计图案。

样定了吧。"他认真听取大家的意见后,提出以清华的图案为基础再加适当修改,大家纷纷表示赞成。接着,周恩来又问,清华的梁先生来了吗?张奚若答,来了个助教。周恩来问朱畅中,稻穗能不能改挺起来?郭沫若等也提出要表现"金瓯无缺"的意见。方案选中后,梁思成等人又根据大家的意见对图案的细节部分作了多次修改才定稿。

毛泽东主持会议通过了国徽审查组拟定的国徽图案

6月21日,马叙伦、沈雁冰向政协一届二次会议提出《国徽审查组报告》(政协会议秘书处同时印发了梁思成等绘制的《国徽图样》)。6月23日,全国政协一届二次会议通过了国徽审查组拟定的国徽图案。

6月28日,毛主席主持中央人民政府委员会第八次会议,通过了政协一届二次会议提出的《中华人民共和国国徽图案及对设计图案的说明》。国徽图案的主要内容为国旗、天安门、齿轮和麦稻穗,象征中国人民自五四运动以来的新民主主义革命斗争和工人阶级领导的以工农联盟为基础的人民民主专政的新中国的诞生。

国徽图案通过后，清华设计组合影。

三、让国徽的艺术性提高到国际水平

图案通过后，塑造国徽立体模型（浮雕图案）的任务经梁思成举荐交给了清华大学营建系副教授、工艺美术家高庄。高庄在工艺美术方面造诣很深，木刻、浮雕和素描功力尤为深厚。用张仃的话说，"高庄手很准，眼很准，尺寸观念很严格，做东西可以只凭眼睛，不用尺子，差不了几毫米。"因此把塑造国徽模型的任务交给高庄，大家都很放心。

高庄是国徽立体造型的唯一设计者。他的突出贡献是没有机械地按平面图案做一个浮雕图案，而是以艺术家的高度责任感，把立体造型作为一次艺术再创造，精益求精地进行修改，使我国国徽的艺术性达到了一个很高的水平。因此有的同志说，国徽是集体创作的，但高庄做了最重要的成型工作。

一开始，对塑造国徽模型的要求是快，高庄也是完全按原图案去做的。但做了一个星期就做不下去了，他发现原图案比较松散，整体和局部形象不协调，形式和内容相互矛盾，必须作较大的修改。当时有人强烈地反对修改图案，说我们设计的图案是政协通过的，你不能改，你改就是非法的。但高庄感到自己有责任把国徽应表达的内容更好地用艺术语言表现出来，使所有的人一看就能感觉到。他大胆地提出国徽造型还要推敲改进，不能太快，他向毛主席写信，经由梁思成向上反映。中央领导同志采纳了这一意见。在修改时，彭真曾前往清华大学新林院，先去西边看望因肺病卧床的梁思成，再去9号高庄家中看望，在听完修改理由后，鼓励他说："你大胆地改好了。祝你成功！"

高庄在修改和塑造中坚持了政治性、艺术性、自然性和历史性四个标准的统一，遵照了周恩来总理提出的国徽形象要"向上"（表达新中国蓬勃向上）和"响亮"（色调要明快）的要求。并注意以实物（如麦稻穗、齿轮）比较，即以自然为基础，再加以艺术加工（如国徽上的麦稻穗是平面的），高于自然；借鉴古代浮雕的传统表现技法，如采用45度角斜面立体浅浮雕的技法借鉴了古代铜镜，为此还买了仿北魏的石刻佛像和几方古代铜镜。他关起门来，全身心投入到模型的塑造之中，不画图，只是在泥巴上凭自己的感觉修改。从体型设计到斜边，一个麦粒一个麦粒地推敲，甚至塑了一个麦粒后，要静静地审视半天才改动一刀。泥稿完成后再翻成石膏母模。经过一个多月的探索、试做，心中的构思逐渐成熟，于是三日四夜废寝忘食连续苦干，终于一气呵成，将国徽立体模型一次塑造成功。但由于连续承受强烈的反射光，他的眼睛被严重灼伤，有一段时间右眼竟失去了视力。

高庄的修改，一是将麦稻穗重新组合，分行并列挺直向上环绕，麦稻粒大小一样，昂头向上，显得更匀称、饱满、挺拔、整齐；二是改变绶带折法，删繁就简，红绶带从齿轮中心的交结点向左右穿过麦稻秆中间下垂，两个边稍向外倾，更有稳定感，纹饰采用古代佛像衣服褶纹"曹衣出水"技法，更沉稳、肃穆；三是将非正圆改为正圆，并解决麦稻穗缺口问题，巧妙地将接口处设计为上小下大的"钉拔"形，下衬以完整的金环。国徽浮雕图案，比较平面图案更加刚劲、统一、成熟、稳定和程式化，不愧为政治上、艺术上都十分成功的浅浮雕作品。

8月18日，在中南海政务院会议室召开的《关于国徽使用、国旗悬挂、国歌奏唱办法及审查国徽图案座谈会》上，高庄即席发言说："各位同志：国徽模型的塑造，让我耽误了很多时间，非常抱歉！不过耽误时间是由于我的一种愿望，

33年后，年近80的高庄教授谈当时塑造国徽模型的过程。

这种愿望就是想使我们的国徽更庄严、更明朗、更健康、更坚强、更程式化、更统一、更有组织、更有规律、更符合于应用的条件，并赋予更高的民族气魄和时代精神，以冀我们的国徽的艺术性提高到国际水平和千万年久远的将来。因此，在我塑造的中间作了些修改。是否妥当，请予裁夺。"到会领导和专家们在传看和比较了两种国徽模型后，一致同意高庄修正的国徽浮雕图案，认为："国徽图案最后定稿，在浮雕过程中，有部分的修改，大家一致同意这个修改……总的来说，修改稿较原稿严肃、统一、有组织、有规律，在艺术上更完整。"并报送周总理和毛主席审核同意。

1950年9月20日，《人民日报》发表了中央人民政府主席毛泽东公布中华人民共和国国徽的命令，同时刊登了国徽石膏模型的照片和莫宗江据此绘制的"国徽方格墨线图"、"国徽纵断面图"。庄严富丽的国徽终于在中华人民共和国第一个国庆节前夕诞生了！这也是中国数千年历史上的第一个国徽。

8月18日审查会后，高庄和助手徐佩贞赶制了四五十枚国徽石膏模型，供驻外使馆等重要机关和制作单位使用。由于时间太紧，来不及做金属国徽，余心清便叫中央美院美术供应社（在北池子北口现景泰蓝厂）制作了一批木制国徽。在中华人民共和国第一个国庆节前夕，张仃亲自率领美术供应社的师傅们用传统的搭凉棚的土办法，把他们制作的一枚直径3米多的木质国徽用人力牵引悬挂到天安门城楼二层檐下。高庄翻铸国徽模型用的母模曾被中国人民银行用于铸造人民币硬币，1959年母模和审查时用的国徽石膏模型（素色、彩色各1）一起由国务院拨交中国革命博物馆（现中国国家博物馆）保存。

国徽是在周总理直接领导下，由人民政协国徽审查组邀请一批专家共同努力，在广泛听取各界人士意见的基础上制定的，它是集体智慧的结晶。

国徽是中华人民共和国的标志和象征，是中国人民革命胜利和民族团结的象征，也是中华民族的悠久历史和民族精神的象征。我们要敬重国徽，热爱祖国，为我国的现代化建设和统一大业而努力奋斗！

（季如迅）

跨越两个不同历史时期的货币

——第一套人民币的诞生

人民币诞生于人民解放战争的烽火之中。1947年下半年,中国人民解放军转入战略反攻,原来分散的各解放区迅速扩大逐渐连成一片,各解放区原有的分散发行、种类庞杂、比价不一的货币,已不适应新形势发展的需要,市场货币流通中残留的国民党政权货币和外币也急需清理。在新的形势下,成立新中国的中央银行,统一发行新中国的本位币,成为迎接全国解放的一项重大措施。

中国人民银行于1948年12月1日起陆续发行的第一套人民币,从筹备到发行经历了一年多时间。

1947年4月,中共中央根据北方许多解放区已连成一片的态势,决定成立华北财政经济办事处(简称华北财办),实为中共中央财政经济部对外行文名称,主任是中央工委常委、主持中央财政经济部工作的董必武同志。

8月1日,董必武草拟上报了包括"筹办中央财政及银行"的华北财办组织规程。8月16日,中央批准筹建新中国的中央银行后,他们开始考虑中央银行的名称。张鼎丞和邓子恢提议叫"联合银行"或"解放银行",而董必武赞同晋察冀边区银行副经理何松亭的建议,叫"中国人民银行",他认为这个名称既表示这是人民的银行,又有别于蒋介石的中央银行,也不失将来作为新中国国家中央银行的格局。不久,中央复电同意。

12月下旬,经华北财办决定,"中国人民银行筹备处"在离西柏坡1里许的夹峪村成立,1948年秋迁到石家庄。南汉宸任主任,何松亭主持日常工作。其任务是调查研究,了解各解放区的财政、经济、金融情况,研究怎样统一解放区货币、建立中央银行、印制发行人民币、管理城市金融、接收国民党银行等，并从各解放区筹集了大量粮食、布匹、食盐、印钞纸等，作为人民币发行基金。

1948年4月，华北金融贸易会议讨论了创设中国人民银行，发行统一货币，整理地方货币问题，决议"先是东北和华北，其次是西北和中原，然后是华东和华南，最后以中国人民银行之本位货币之发行实现全国之大统一"。至1948年10月，陕甘宁、晋绥、晋察冀、晋冀鲁豫边区、山东、华东六大解放区的货币，均依固定比价，相互流通，为中国人民银行的成立和人民币的发行创造了良好条件。

中央原定于1949年1月1日成立中国人民银行并发行人民币，并指示"由华北财经委员会指导人民银行负责计划，委托华北、华东印刷10元、50元、100元之新币（即人民币），尽可能于年前完成50亿元"。印刷厂开始了人民币的制版工作。

但是，解放战争的形势发展太快，1948年11月2日，东北全境解放，平津解放在即。平津周边货币有8种之多，且有6种比价，急需统一货币。当时各项准备工作均已就绪，设计出的钞票版面已请中央领导审定，由晋察冀边区印制局印制出一批，城工部还派人携带印版进入北平，准备印制人民币，北平解放后即上市流通。

11月18日，在华北人民政府第三次政务会议上，南汉宸报告说："必须发行统一的钞票，只准一种票子进平津，事关华北、华东、西北、东北等区。已电商各区统一发行。"会议决议："发行统一货币，现已刻不容缓；应即成立中国人民银行，并任命南汉宸署理中国人民银行总经理。"

经中央批准，1948年12月1日，华北人民政府发出金字第四号布告："华北银行、北海银行、西北农民银行合并为'中国人民银行'，以原华北银行为总行"，"于本年十二月一日起，发行中国人民银行钞票（下称新币），定为华北、华东、西北三区的本位货币，统一流通。所有公私款

中国人民银行第一任行长南汉宸

华北人民政府金字第四号布告

项收付及一切交易，均以新币为本位货币。新币发行之后，冀币（包括鲁西币）、边币、北海币、西农币（下称旧币），逐渐收回。旧币未收回之前，旧币与新币固定比价，照旧流通，不得拒用。"布告还规定了新旧币的比价。中国人民银行行址设在原华北银行总行所在的石家庄市中华北街11号。

同日，《人民日报》刊发了中国人民银行布告：本行本年12月1日，发行50元、20元、10元3种钞券。但实际上当日只发行了50元、10元两种，即：左灌溉、右工矿图面值10元人民币和左水车、右煤矿运输图面值50元

中国人民银行1948年12月1日发行的面值10元人民币

中国人民银行1948年12月1日发行的面值50元人民币

人民币。董必武将刚刚印出的人民币送给毛主席观看时，自豪地说："主席，我们现在可以带着人民币进北京城了！"

为了设计印制人民币，南汉宸请董必武题字，董必武书法根底深厚，在延安时就为人们所称道。董必武以横、竖两种形式写下了"中国人民银行"，"中华民国"及"一、二、三、四、五、六、七、八、九、十、年"，"壹、贰、叁、肆、伍、陆、柒、捌、玖、拾、百、千、万"、"圆、角、分"等端庄秀丽的汉字。第一套人民币，除东北银行印钞厂的双马拉犁图面值1000元的一种外，钞票上汉字皆为董必武所书。

根据董必武的意见，票面图案主要反映解放区工农业生产的蓬勃发展，票面除必要的阿拉伯数字外，全部使用中文，不用英文，花边力求朴素大方。

第一套人民币上本来曾设计有毛泽东像，但中央复电说："毛主席不同意在票子上印他的像。毛主席说，票子是政府发行的，不是党发行的；现在，我是党的主席，而不是政府的主席，因此，票子上不能印我的像。"

开国大典后，南汉宸趁到中南海开会之机，当面向毛泽东请示说：你已是政府主席了，票子上是否可以印主席像了。毛主席回答，政府主席嘛是当上了。但是当上政府主席也不能印了，因我们进城前开会（即七届二中全会）作了决定，禁止给党的领导人祝寿，禁止用领导人的名字作地名、城市名、街道名、建筑物和工厂的名字，以防一些同志因胜利而产生骄傲自满、歌功颂德、贪图享受、不求进步的情绪，以使同志们保持艰苦奋斗、全心全意为人民服务的作风。故当上政府主席也不能印了。所以在毛泽东生前，人民币上一直未印他的像。

中国人民银行成立后，即着手在全国范围内设立分支机构，运用各种手段统一全国货币，建立全国统一的人民币市场。首先是对各解放区的"旧币"采用固定比价、混合流通、逐步收回、负责到底的政策，同时彻底肃清国民党政权货币，对外币、外汇统由国家管理，禁止私下买卖和流通黄金、白银和银圆，但允许个人保存和卖给人民银行。

第一套人民币的发行、流通时间跨越了两个不同的历史时期。它的发行不仅统一了各解放区的货币，而且清除了国民党政府发行的各种货币，结束了中国近百年外币、金银于市场流通买卖的货币制度紊乱的历史，初步实现了中国货币制度的统一。它有力支援和保证了人民解放战争的胜利，为新中国成立初期迅速恢复发展国民经济和实现金融物价的基本稳定发挥了重要作用。它是新中国本位币诞生和新中国货币制度、货币体系确立的标志，在中国金融货币史上占有重要地位。

由于第一套人民币诞生于战争年代，必然带有战争年代货币的种种特征以及新旧政权交替时期过渡货币的痕迹，同时也存在一些缺陷和不足。如分地区设计、制版、印刷发行，印刷工艺多样，石版、凸版、胶版、凹版及凹版套合均有，印制所用纸质和技术复杂，图案设计思想不统一，面额大，票种多、年号年代不一、质量参差不齐等。

面额大是由于当时通货膨胀严重，物价高涨，故第一套人民币没有角、分面额的辅币，也没有金属货币，均为纸币。印刷工艺多样是由于战争的需要，仗打到哪里人民币就印到哪里，不断有新接收的工厂参与，有时同一块票版分由两个厂印制，参与印刷的厂家多达20多个。受各厂技术、物质条件制约，印刷工艺、油墨牌号和号码型号均有不同，存在同版异色、发行时间有先后、尺寸稍有差异，编号位数、字体大小、粗细不统一等。以致后来收藏界对第一套人民币的版别存在着60种、62种、64种、78种之争。

第一套人民币到底发行了多少版别？比较权威的说法是，自1948年12月1日至1953年12月，共发行1元、5元、10元、20元、50元、100元、200元、500元、1000元、5000元、10000元、50000元12种面额、57种原版的多种版别的人民币。

解信琮捐赠的钱塘江桥图面值1000元人民币

1988年为纪念中国人民银行成立40周年，特请有关专家、老同志座谈研究，最后审定第一套人民币共发行62种版别。

1955年3月1日，中国人民银行开始发行第二套人民币并逐步收回第一套人民币，至此，第一套人民币完成了它重大而独特的历史使命，于同年5月10日退出流通领域。记录下共和国初创时期的发展历程，极具特色与魅力的第一套人民币，已成为极为珍贵的文物藏品。

中国国家博物馆收藏的第一套人民币及票样中，有一枚1949年印制、1950年1月20日发行、钱塘江桥图案的人民币，品相基本完好。捐赠者名叫解信琮，他在给我馆的信中写道："新中国刚刚诞生时，发行使用的当时的货币，面额壹千元，现已不使用，它亦成为历史文物。本人也保管作为纪念35年，一直精心收藏护理至今。觉得个人（收藏）的价值不如馈献给国家……去参观的人都能看到，也可供研究货币的部门参考更有价值和意义。"

（姚 杰）

共和国的记忆：文物见证历史
The Stories of People's Republic of China

一幅油画与一段历史
——记一代名作《开国大典》

董希文1953年作油画《开国大典》

迄今为止，在中国现当代美术浩如烟海的画作中，能成功地反映重大历史题材，并且产生了深远影响，几乎无人不知的作品，无疑当属1953年董希文创作的油画《开国大典》。这幅现实主义巨作现收藏于中国国家博物馆。作品纵230厘米，横402厘米，以宏大的场面、恢宏的气势及民族化的艺术语言，传神地描绘了1949年10月1日中华人民共和国开国庆典这一伟大的历史瞬间。作品一经问世，即以其强大的艺术感染力产生了巨大的社会影响。1953年5月23日，《人民日报》在头版头条发表了油画《开国大典》，同年10月，《人民画报》发表了这件作品，人民美术出版社随后出版发行了该画作的单幅画页，印数超过100万张。

一、油画《开国大典》的诞生

油画《开国大典》是中央革命博物馆筹备处（原中国革命博物馆前身，下文简称革博筹备处）组织创作的。1951年"革博筹备处"在故宫武英殿筹办庆祝中国共产党建党30周年党史陈列时，有关领导在审查展览时提出开国部分的气氛还不够热烈。于是，"革博筹备处"便策划创作一幅大型油画《开国大典》，以烘托展览开国部分的气氛。1952年，"革博筹备处"委托中央美术学院创作这幅作品，中央美院把这项艰巨的任务交给了时年37岁的董希文教授。

董希文（1914—1973），浙江绍兴人，青年时期先后就读于苏州美专、上海美专、国立杭州艺专等院校，师从著名美术家林风眠等人，打下了坚实的中西绘画基础。抗日战争爆发后，董希文随杭州艺专辗转迁徙于贵州、云南，后又到西北进行研究和创作。1942~1945年，在敦煌艺术研究所担任研究员的3年中，通过大量临摹，他从气势磅礴、色彩艳丽并富有民族特色的敦煌壁画中汲取了丰富的营养。在后来

董希文在长征路线写生途中

创作的许多作品中，从线条的运用、色彩的处理和画风的装饰性等诸多方面，都进行了油画民族化方面的有益探索。这些，也为他后来成功创作油画《开国大典》做了必要的准备。

接受创作任务后，董希文激动地说："能有机会创作这样重大的革命历

共和国的记忆：文物见证历史
The Stories of People's Republic of China

开国大典时毛泽东在天安门城楼上宣读中央人民政府公告

史画，是千载难逢的好机会！"为此，他在参考大量照片和影视资料，并广泛征求美术界专家意见的基础上，以满腔的创作热情和严谨的创作态度，在较短时间内就完成了这幅划时代的现实主义巨作。作品完成后，即被布置在"革博筹备处"党史陈列的序厅。

《开国大典》在构图上采用了中国传统的"大团圆"的方式，在画中的天安门城楼上，毛泽东高大的身躯居于靠近中间的位置，其他国家领导人安排在左侧，其中第一排领导人均是中央人民政府副主席，从左至右为朱德、刘少奇、宋庆龄、李济深、张澜、高岗，人物形象既生动传神又洗练概括。画面右边是宽阔的天安门广场，广场上欢腾的人民群众，与城楼上的领袖集体遥相呼应。

为了构图的需要，画家大胆地去掉了毛泽东右侧建筑结构上的一根柱子，使广场看上去更加开阔，整个画面也显得更为疏朗。著名建筑大师梁思成曾评价道："画面右方有一根柱子没有画上去……这在建筑上是一个大错误，但在绘画艺术上却是一个大成功。"作品在绘画语言上，在运用欧洲传统油画技法的同时，注意从中国古代工笔画的技法中吸收营养，以追求一种民族化的油画风格。整个作品既有细节的刻画，如为了表现地毯的质感，画家特意在颜料中掺进了锯末和沙子；同时为了表现大场面、大气象，又在用光和设色上进行了大胆取舍，特别是在色彩的构思和运用上，别具匠心地采用大块的碧蓝与夺目大红和耀眼金黄色相搭配，使整个画面充满了明朗、吉祥和喜庆的热烈气氛，饱含着浓郁的民族风情。

作品完成后，曾送到中南海请中央领导同志审查，毛泽东看后，高兴地说："是中国，是大国，我们的画拿到国际上去，别人是比不了的，因为我们有独特的民族形式。"由于画面只出现了董必武脸部的一角，毛泽东风趣地说："董老，这里还有你一部分……"

二、修改与复制

多年来这幅作品一直受到社会广泛的关注，除了与它的艺术魅力有关外，还与它的多次修改有关。

1955年初"高饶事件"后，应中央革命博物馆筹备处的要求，董希文来到故宫武英殿的浴德堂，第一次对《开国大典》进行修改。由于作品画得较薄，为了不使画面受到损坏，董希文在其他油画上做了多次实验后才开始动笔，将画中的高岗去掉，补上了菊花。在当时的政治形势下，画家也只能这样做。为此，董希文在修改时曾打趣地说：从画面上看，高岗的位置显得有些局促，删掉也好。修改后，人民美术出版社出版的《革命历史画册》中刊载了此画。

"文化大革命"初期，刘少奇被打成党内最大的"走资本主义道路的当权派"，1968年党的八届十二中全会错误地决定永远开除刘少奇的党籍。在这样的历史背景下，1971年我馆为筹备迎接建党50周年党史陈列，要求董希文将《开国大典》上的刘少奇去掉，董希文抱病到馆里对原作进行了第二次修改：把画中刘少奇去掉，在刘少奇位置偏后一点的地方画上了董必武，把原画中董必武只露出半个脸的形象改成了一个不确定的人物。修改地点为中国革命博物馆二楼中厅。

1972年，为庆祝《在延安文艺座谈会上的讲话》发表30周年，国务院文化领导小组在我馆筹备纪念展览时，决定复制《开国大典》。当时请中央美术学院教授靳尚谊、赵域在馆内按照原作的现状进行了复制。其间，董希文曾带病到现场指导复制工作。这次复制工作非常成功，既忠实于原作又有其精道之处。1977年复制的油画《开国大典》在我馆举办的纪念周总理逝世一周年展览中展出。

1979年，为庆祝中华人民共和国成立30周年，我馆决定重新开放《中国共产党党史陈列》。在筹备过程中，为拨乱反正，恢复历史的本来面目，陈列总体小组对陈列的内容进行了调整，并提出要恢复油画《开国大典》的原貌，因作者已于1973年病故，所以拟在复制件上进行修改。此间，董希文的夫人张玲英也托人带口信表示：1. 不同意在原作上修改；2. 希望仍请靳尚谊等同志在复制品上进行修改工作。经过馆里研究，最终决定恢复原貌的工作在《开国大典》的复制件上进行。但因靳尚谊马上要出国考察，他推荐当时正在我馆进行美术创作的阎振铎（中央美院毕业生，时任北京画院画师）、叶武林（中央美院毕业生，时任北京电影学院讲师）二人完成修改的任务。于是，馆里请他们参考《开国大典》最早的印刷品和有关照片资料，在复制件上恢复了刘少奇和高岗的形象，并把董必武同志恢复到原来的位置上。

三、重回观众中间

从1979年9月开始，无论是在我馆的《中国共产党党史陈列》，还是在后来的《中国革命史陈列》、《近代中国陈列》中展出的均是《开国大典》的复制件。原作则被精心地保存在艺术品库房中，但并非像社会上传闻的那样，从此被打入冷宫。

1992年初，中央美术学院为将在中国美术馆举办的反映20世纪中国美术风貌的《二十世纪·中国》美术作品展览来我馆借《开国大典》原作参展，鉴于当时的国内政治氛围，《开国大典》在20世纪中国绘画中的重要地位，以及此次展览的学术意义，馆领导经过慎重的研究，最终同意了中央美术学院的要求。因此，时隔20多年，《开国大典》原作终于又回到观众中间。在展览中，《开国大典》挂在美术馆圆厅正中的位置，边上附有作品原貌的照片，前面还立了一块简短的说明牌，大意为：《开国大典》原作完成于1953年，由于历史的原因，作者在生前对个别的人物形象做过两次修改，故现在前排出现的人

大型主题展览"复兴之路"场景

物与原貌略有出入。"文化大革命"后该画由董希文先生的学生按原貌复制,收藏和陈列在中国革命博物馆,特此说明。

当时,《开国大典》原作公开展出在社会上反响很大,许多画家和观众闻讯后特地赶到美术馆,观看这件久违的艺术珍品,不少人在这幅作品面前流连忘返,既十分欣慰,又难免唏嘘不已……

2003年《开国大典》原作参加法国《东方既白——20世纪中国绘画展》

2003年10月,由中华人民共和国文化部、法兰西共和国外交部、法兰西共和国文化通讯部共同主办的中法文化年系列展览之一,《东方既白——20世纪中国绘画展》在法国首都巴黎金门宫展出,本着实事求是的原则,《开国大典》原作作为重点作品参加了此次展览。由于展览通过一百年来,中国画家对传统的继承与变革,对外来绘画语言的吸收与融合,对以现实主义为主的各种艺术表现手法和艺术观念的追索与探求以及对社会生活的深入反映与广泛介入,第一次全面地向西方观众展示了20世纪中国绘画的发展历程与中国社会的巨大变革。因此,参观的人很多,展览获得了很大成功。而《开国大典》独特的带有东方色彩的油画艺术语言,更让许多观众感到十分新奇。在作品前合影的观众络绎不绝,不仅表达了人们对它的喜爱,也充分表明优秀的艺术品是没有国界的。

一幅美术作品,不仅以其独特的艺术魅力赢得广泛的赞誉,而且以其特殊的经历讲述了一段不平凡的历史,看着它,在得到审美享受的同时,不禁会想起过去、思索现在与展望未来……这,也许就是《开国大典》受到广泛关注、影响经久不衰的原因所在。

(秋 丰)

共和国的记忆：文物见证历史
The Stories of People's Republic of China

矗立在天安门广场上的丰碑

每当我们漫步在天安门广场时，都会被矗立在广场中央的那座雄伟、庄严、肃穆的人民英雄纪念碑深深吸引。它是中华人民共和国成立时，为了纪念自1840年至1949年间为国牺牲的人民英雄而建造的，是百余年来中国人民为争取民族独立而浴血奋战的最好见证。

人民英雄纪念碑位于天安门南约463米，正阳门北约440米的南北中轴线上，在广场中与天安门、正阳门形成一个和谐、完整的建筑群。纪念碑高37.94米，碑身台座为大小两层须弥座，上层须弥座的束腰部四周镌刻着牡丹、荷花、菊花、垂幔等组成的花环；下层须弥座的束腰部四面镶嵌着以虎门销烟、金田起义、武昌起义、五四运动、五卅运动、南昌起义、抗日游击战、胜利渡长江为主题的8块巨大的汉白玉浮雕，在胜利渡长江浮雕两侧，另有两幅以支援前线、欢迎人民解放军为主题的装饰浮雕。这些浮雕共雕刻了170多个人物，生动地表现了中国近百年来人民革命的伟大史实。纪念碑有两层台基，上层台基呈方形，长、宽各32米，下层台基长61.54米，宽50.44米。两层台基四周环绕着汉白玉栏杆，四面均有台阶。

1949年9月30日，政协第一届全体会议通过在天安门广场修建人民英雄纪念碑的决定和毛泽东撰写的碑文。下午6

人民英雄纪念碑

时，全体政协代表在天安门广场隆重举行纪念碑奠基典礼。周恩来代表主席团致词："我们中国人民政治协商会议第一届全体会议为号召人民纪念死者，鼓舞生者，特决定在中华人民共和国首都北京建立人民英雄纪念碑。"之后，全体代表默哀，哀毕，毛泽东宣读碑文。最后，毛泽东和各单位首席代表执锹为纪念碑奠基。

新中国成立后，由北京市人民政府主持，北京市都市计划委员会（主任彭真，副主任梁思成）经办，向全国各建筑设计单位、大专院校建筑系等发出征选纪念碑设计的通知。当时还设立了奖品，一等奖的奖品是小米1500斤，二等奖是1000斤，三等奖是800斤。到1951年，共征集到纪念碑设计稿140多个。经过初步整理，大致可分为四个类型：一是高型，二是矮型，三是集中型，四是分散型。

都市计划委员会讨论后，确定了"高而挺拔"的原则，并组织设计人员将这些设计方案归纳成8个。经中央审定后，将其中的3个做成了模型，一个为1：5的大模型，另外两个为碑顶是坡屋顶和群雕像的小模型，自1951年国庆节起放在天安门广场，征求全国人民的意见。

1952年5月10日，由全国17个单位派代表组成了首都人民英雄纪念碑兴建委员会，北京市委书记彭真任主任，副主任为郑振铎和著名建筑家梁思

毛泽东和各单位首席代表执锹为纪念碑奠基

成，薛子正任秘书长。此外，还设有史料专门委员会，召集人范文澜；建筑设计专门委员会，召集人梁思成。6月19日，美术工作组组成，组长刘开渠，副组长滑田友、张松鹤。由此可见中央人民政府对兴建纪念碑的高度重视。在北京市人民政府的领导下，纪念碑兴建委员会在全国范围内调集了最优秀的人才负责纪念碑的建筑设计与浮雕创作以及工程施工等各项工作。

1952年8月，纪念碑正式动工兴建。但在初期进展十分缓慢，主要原因是对纪念碑的碑形设计意见不统一，特别是碑顶的设计争论较多，一直难以确定，直到1954年才决定碑顶采用民族传统的建筑形式，即上有卷云、下有重幔的小庑殿顶。最终确定的纪念碑方案，是以梁思成为主的建筑家仿北海公园明代建筑"琼岛春荫"石碑设计的。

周恩来总理广泛听取专家和群众的意见后，审批了纪念碑方案，他还考虑到天安门广场人民英雄纪念碑建成后，人们将要从东、西长安街进入广场，因此以朝北的一面作为纪念碑的正面，在最醒目的地方镌刻毛主席的题字。碑身正面朝北，与天安门相呼应，突破了中国传统建筑面南朝北的传统惯例。

整个纪念碑用石料17000余块，在石材的选择上非常严格。在正面的碑心石的选择上，首都人民英雄纪念碑兴建委员会在全国范围内进行了3个多月的实地考察，经过反复采样分析、比对，最后选定青岛浮山所产的花岗岩石。石料在开采后就地进行初步加工，然后在山坡上铺设滑轨，用钢缆捆住石料，由山顶缓慢地将石料放下。几经周折，1953年10月16日运抵天安门广场工地。这块石料重达百吨，称得上是中国建筑史上少有的完整的花岗岩。在施工过程中，采用了先吊装，再将毛泽东题写的"人民英雄永垂不朽"八个字镌刻上去的办法。

毛主席于1955年题写了三幅"人民英雄永垂不朽"，他还托工作人员给专家捎口信：请专家们多提意见，如果不满意还可以重写，也可以从三幅字中选取一些字重新编排。现在纪念碑上的八个大字，就是征求专家的意见后，从三幅字中

毛泽东题词"人民英雄永垂不朽"

选取并重新编排而成的。

　　碑身的背面由七块石材组成，镌刻着毛泽东起草、周恩来题写的碑文："三年以来，在人民解放战争和人民革命中牺牲的人民英雄们永垂不朽，三十年以来在人民解放战争和人民革命中牺牲的人民英雄们永垂不朽，由此上溯到一千八百四十年，从那时起，为了反对内外敌人，争取民族独立和人民自由幸福，在历次斗争中牺牲的人民英雄们永垂不朽！"共150字。毛主席题字后，刘开渠将打好的格子纸交给周恩来。周总理专门在北戴河练了一星期的字，这是从他书写的数十张碑文中选出的最满意的一篇，现藏中国国家博物馆。

　　为了使碑文的字迹坚固持久，纪念碑兴建委员会经过论证，从贴金、镀金、喷金、开金等几种金加工工艺中，最终选定使用鎏金工艺。整个碑题、碑文共用了黄金130余两。碑身两侧装饰着用五星、松柏和旗帜组成的浮雕花环，象征人民英雄的伟大精神万古长存。

毛泽东起草、周恩来题写的人民英雄纪念碑碑文。

　　纪念碑的内部采用了钢筋混凝土矩形筒体，碑体的各花岗岩石块用铁锭榫连成整体，同时与筒体的预埋钢筋用细石混凝土浇灌为一体，这样使碑体更加坚固。碑顶石悬挑部分下面的筒壁留有细长的缝隙，以利通风。碑顶石块间的缝隙以金属条覆盖，以防长草。

　　纪念碑造型方案决定后，中央领导听取了史学家、美术家的建议，决定在基座饰以中国近百年革命斗争史为题材的浮雕。最后审定了八项内容，并指示每个情节中的人物，只雕刻到连队的干部。

　　美术创作组由郑振铎任名誉组长，常务副组长刘开渠、彦涵分别负责雕刻和画稿设计，吴作人任副组长。

　　浮雕工作组由雕塑家、画家、石刻工人组成，分八个组。

　　第一组《虎门销烟》，绘画设计艾中信，雕塑曾祖韶。
　　第二组《金田起义》，绘画设计李宗津，雕塑王丙召。
　　第三组《武昌起义》，绘画设计董希文，雕塑傅天仇。
　　第四组《五四运动》，绘画设计冯法祀，雕塑滑田友。

纪念碑图案《胜利渡长江》

第五组《五卅运动》，绘画设计吴作人，雕塑王临乙。

第六组《南昌起义》，绘画设计王式廓，雕塑肖传玖。

第七组《抗日游击战》，绘画设计辛莽，雕塑张松鹤。

第八组《胜利渡长江》，绘画设计彦涵，雕塑刘开渠。

此外，还有几位助手、11名石刻艺人均来自河北曲阳。

纪念碑浮雕是集体创作、劳动完成的。从1953年起，八面浮雕画稿三次设计和送审。当时在天安门广场搭起了很大的工棚，设计者和石雕艺人在这里研讨、绘图、翻泥模、铸石膏，最后在汉白玉上完成浮雕。在浮雕创作期间，还组织专家们在国内各大石窟进行参观考察，拍摄了大量照片资料，翻制了大量实物。经过对古今中外许多浮雕进行仔细的分析研究，最终确定了现今的风格：即浮雕人物比例适当，场面宏伟、生动，表现内容深刻，与广场上的其他建筑较为协调。这组浮雕充分发挥了浮雕艺术的独特魅力，刻画精细，在相对平整中表现了立体的深度。在艺术形式上既有相对统一的风格，又发挥了各位雕塑家的长处，从而形成了和谐统一的整体风格。

纪念碑上的浮雕作为建筑的装饰，与整体建筑浑然一体，同时每一组浮雕都具有独立的欣赏价值。所有的浮雕都是整块汉白玉雕成的，石料采自北京房山的汉白玉矿。为了争取更多的创作时间，采取了先进行碑座施工，后安装石雕浮雕的方案。

1958年4月22日人民英雄纪念碑竣工，5月1日在天安门广场举行了隆重的揭幕仪式。人民英雄纪念碑是中国历史上最大的纪念碑，从设计到建造调集了一大批当时全国最优秀的文史专家、建筑家、艺术家，并广泛听取群众意见，它是领导与专家、群众集体创作、劳动的结晶。

（万　婷）

毛泽东访苏

——乌拉尔重型机械厂职工赠毛泽东的青铜驯马雕塑

国家博物馆珍藏着一件苏联乌拉尔机械厂职工送给毛泽东的青铜驯马雕塑，它是毛泽东访苏的见证。为什么毛泽东主席要在新中国成立伊始的百忙之中抽出近3个月时间，不远万里出访苏联呢？这要从当时的国内外形势说起。

一、毛泽东的三句名言

1949年春夏之际，毛泽东用三句名言概括了即将成立的新中国的外交方针，这就是"另起炉灶"、"打扫干净屋子再请客"和"一边倒"。这是中国共产党根据中国的历史和现实以及当时的国际环境作出的重大外交决策。这一决策大体形成于1949年1月至7月。年初，主要的外交政策和基本原则都已提出，但一些重要的外交决策到六七月间才确定和公布。这是因为中共中央和毛泽东主席需要一段时间，冷静地观察各方面的反应，尤其是社会主义国家的"老大哥"苏联和帝国主义阵营的盟主美国的反应。

1949年1月，中共中央政治局会议确定的一项主要的外交政策是"不承认"政策，即不承认国民党政府与各国建立的旧的外交关系，也不急于取得帝国主义国家对我们的外交承认。3月，毛泽东在中共七届二中全会上用简练而生动的语言把它概括为"另起炉灶"和"打扫干净屋子再请客"两句话。"另起炉灶"就是不承认国民党政府与各国建立的旧的外交关系，要在新的基础上同各国另行建立新的外交关系。"打扫干净屋子再请客"是同年一二月份毛泽东在西柏坡同来访的苏联部长会议副主席米高扬谈话中提出来的，即先清除帝国主义在华的特权、势力和影响后，再考虑与他们建交。

联合苏联，站在社会主义阵营一边，是新中国最重要的一项外交政策。为了澄清人民民主统一战线中某些党外人士的模糊认识，1949年6月30日，毛泽东发表《论人民民主专政》一文，旗帜鲜明地宣布中国必须"一边倒"。并指出："中国人不是倒向帝国主义一边，就是倒向社会主义一边，绝无例外。骑墙是不行的，第三条道路是没有的。……我们在国际上是属于以苏联为首的反帝国主义战线一方面的，真正的友谊和援助只能向这一方面去找，而不能向帝国主义战线一方面去找。"

"一边倒"方针的提出，是毛泽东在总结中国革命历史经验的基础上，从当时的国际战略格局，主要是以美国为首的帝国主义国家对新中国采取敌视态度、实行包围封锁的现实情况出发的。新中国"不能同时两面树敌"，公开宣布"一边倒"，有利于消除苏联的疑虑。正因为如此，毛泽东在新中国建立之初做的第一件大事，就是立即出访苏联。

二、毛泽东想要搞个既好看又好吃的

中华人民共和国成立后，苏联是第一个承认新中国的国家。为了与苏联建立新的友好关系，1949年12月16日至1950年2月17日，毛泽东访问苏联。这是他一生当中第一次出国访问。他一生仅出国两次，另一次是1957年，也是访问苏联。当毛泽东带着随行人员陈伯达、师哲、叶子龙、汪东兴开始长达11天的跋涉时，半年前秘密出访苏联、带回200多名专家的刘少奇等到西直门火车站为他送行。与刘少奇出行常坐飞机不同，毛泽东出行的首选是火车专列。

毛泽东此次访苏，一是给斯大林祝寿；二是商谈两国间重大的政治、经济问题，签订新的中苏条约，以取代1945年8月14日苏联政府同国民党政府签订的《中苏友好同盟条约》；顺便还想了解第一个社会主义国家苏联的经济与文化建设情况。其中签订新的条约是主要目的，刘少奇访苏时斯大林曾表示过：1945年那个条约是不平等的，待毛泽东来莫斯科后再解决这个问题。

12月16日中午，专列驶进莫斯科北站，毛泽东在简短的欢迎仪式上发表了书面讲话。当晚10时，中苏两党两国的最高领导人在克里姆林宫斯大林的小会客厅开始了第一次会谈，苏方参加会谈的还有莫洛托夫、马林科夫、布尔加宁、维辛斯基。会谈约两个小时，谈了和平可能性、条约、借款、台湾及毛选出版等问题。毛泽东很快就将话题转到订立新的中苏条约这一棘手的

毛泽东与斯大林在庆祝斯大林70岁寿辰的宴会上

问题上。师哲回忆，毛泽东意味深长地打了个比方说："恐怕是要经过双方协商搞个什么东西，这个东西应该是既好看，又好吃。"师哲在翻译时做了解释："好看，就是形式好看，要做给全世界的人看，冠冕堂皇；好吃，就是有内容、有味道、实实在在。"但苏联人依然目瞪口呆，不能理解。由于斯大林顾虑这会影响到雅尔塔协定中的其他规定，表示不要急于修改条约，双方转而就贷款、贸易和建立航空联系等问题交换了意见，对此斯大林很爽快。

但是，16日后，斯大林没有约定双方下一次会谈的日期。12月21日是斯大林70岁生日。各国共产党领导人都到莫斯科祝寿。在生日庆典上，斯大林对毛泽东热忱相待，特意安排毛泽东坐在他的身边，并安排毛泽东在13个外国代表团中首先致祝词。祝寿大会的第二天，毛泽东邀科瓦廖夫来谈话，并要他把谈话记录交给斯大林，内容是毛泽东希望在23日至24日举行会谈，解决中苏条约和协定等问题，他坚持要把周恩来叫到莫斯科来签订各项协定。

12月24日，双方举行了第二次会谈，莫洛托夫、贝利亚、米高扬、陈伯达、王稼祥、师哲参加。在5个小时的会谈中谈了很多国际共产主义运动的问题，但斯大林只字不提另订新的条约问题。

在涉及国家主权和民族利益的重大问题上，毛泽东从不让步，即使是对在国际共产主义运动中有崇高领袖地位的斯大林也不例外。1956年，毛泽东在中央政治局扩大会议上谈到此事时说，开完斯大林的祝寿会以后，我在莫斯科没事干，我对苏联党的联络员说，我在这里没事。但是我做了很重要的事情，第一吃饭，第二拉屎，第三睡觉。每天做这三件事。他们让我参观，我不去，不答应订同盟条约我哪里也不去。

此时，缅甸、印度相继与新中国建交，英国也想承认新中国。恰在此时，英国通讯社发表消息称，毛泽东在莫斯科被软禁了。这就让苏联方面有些紧张了。经双方协商，毛泽东于1950年1月2日发表了答塔斯社记者问，其中提到要在莫斯科签订中苏条约。这个答记者问是由苏方起草的。

谈话一发表，谣言不攻自破。西方国家制造的挑拨中苏关系的谣言，反而促使斯大林下决心签订新的中苏条约，并同意周恩来到莫斯科来。

1月2日，毛泽东致电中共中央，通报斯大林已同意周恩来来莫斯科，并签订新的中苏友好同盟条约及贷款、通商、民航等项协定，希望周恩来一行于1月9日动身坐火车（不是坐飞机）来。

1月10日，周恩来率领一个不小的中国政府代表团由北京启程。毛泽东也开始到苏联各处走一走看一看。11日，毛泽东拜谒列宁墓，拜会苏联最高苏维埃主席团主席什维尔尼克。15日，毛泽东一行抵列宁格勒，参观了十月革命的遗迹。毛泽东还参观了苏联卫国战争时期的防御工事、基洛夫机器制造厂。后来还参观了飞机工厂、汽车厂和集体农庄。

三、签订《中苏友好同盟互助条约》

周恩来一行抵达莫斯科后，毛泽东、周恩来同斯大林、维辛斯基（苏联外交部长）进行了多次会谈。中方参加会谈的还有李富春、王稼祥、陈伯达等，苏方有莫洛托夫、马林科夫、米高扬、葛罗米柯、罗申等。

在1月22日第一次会谈时，双方在主要问题和原则问题上达成了一致。毛泽东提出应当通过条约和协定巩固我们两国现有的友好关系，在条约中应当把保证我们两国繁荣昌盛的东西固定下来，而且应当规定必须防止日本侵略的重演。新的条约应当包括政治、经济、文化和军事方面的合作，其中最重要的是经济合作。应当规定就国际问题两国进行协商的内容。斯大林表示完全同意。关于贷款协议，斯大林说，我们向人民民主国家贷款利率都是2%，给中国仅为1%,是因为中国经济遭到了严重的破坏。

关于中长铁路、旅顺口、大连三个涉及中国主权的重要问题,由于中方坚持并作了一些让步,大体上获得了符合中方意见的比较圆满的解决。虽然斯大林因担心美国介入,拒绝出动海空军协助解放台湾。但是当2月6日上海遭到国民党空军的轰炸后,苏联便应中方要求,派出一支防空混合集团军秘密进驻上海、徐州协助防空。

在协商新条约时,苏方最初按中方的意见写了一个草案,但中方认为许多重要内容未写进去,遂由周恩来重写了一个草案,获得苏方同意,条约名称也是中方提出的。

1950年2月14日,《中苏友好同盟互助条约》签字仪式在莫斯科克里姆林宫隆重举行。周恩来和维辛斯基分别代表中华人民共和国政府和苏维埃社

周恩来总理代表中国政府在《中苏友好同盟互助条约》上签字

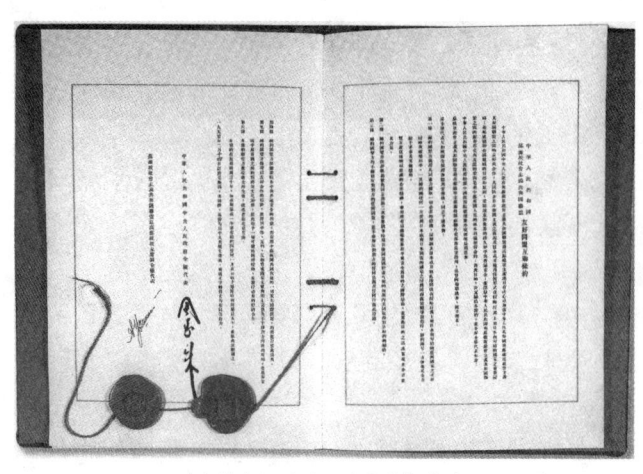

《中苏友好同盟互助条约》文本

会主义共和国联盟政府在《中苏友好同盟互助条约》、《关于中国长春铁路、旅顺口及大连的协定》和《关于苏联贷款给中华人民共和国的协议》上签字。

《条约》共6条,有效期30年。规定:"缔约国双方保证共同尽力采取一切必要的措施,以期制止日本或其他直接间接在侵略行为上与日本相勾结的任何国家之重新侵略与破坏和平。一旦缔约国任何一方受到日本或与日本同盟的国家之侵袭因而处于战争状态时,缔约国另一方即尽其全力给予军事及其他援助。"历史很快证明了这一条对于保障两国安全和世界和平的重大意义。

《条约》还规定:"缔约国双方保证以友好合作的精神,并遵照平等、互利、互相尊重国家主权与领土完整及不干涉对方内政的原则,发展和巩固中苏两国之间的经济与文化关系,彼此给予一切可能的经济援助,并进行必要的经济合作。"这一条对于刚刚结束战争、百废待兴的新中国十分有利。

按照《关于长春铁路、旅顺口及大连的协定》,苏联将把中长铁路的一切权利和财产无偿移交中国政府,苏军从旅顺口撤退。根据《关于苏联贷款给中华人民共和国的协议》,苏联政府给予中国政府3亿美元贷款,年利率1%。

同日,双方发表中苏两国关于缔结友好同盟互助条约及协定的公告,周恩来与维辛斯基互换照会,宣布1945年的中苏条约与协定均已失效;双方政府确认蒙古人民共和国之独立地位;同时,苏联政府将苏联经济机关在东北自日本所有者手中所获得的财产,以及过去北京兵营的全部房产无偿地移交中华人民共和国政府。

至此,毛泽东访问苏联的目的基本达到。毛泽东在回国后谈到条约和协定时说:"这次缔结的中苏条约和协定,使中苏两大国家的友谊用法律形式固定下来,使得我们有了一个可靠的同盟军,这样就便利我们放手进行国内的建设工作和共同对付可能的帝国主义侵略,争取世界的和平。"《中苏友好同盟互助条约》是新中国与外国签订的第一个条约,它奠定了新中国成立初期

"一边倒"的外交政策，增强了社会主义阵营的力量，它使中苏两国人民都备受鼓舞，由此开始了长达10年的中苏友好的"蜜月"时期。

2月17日，毛泽东、周恩来偕胡志明一行乘车离开莫斯科，3月4日回到北京。在列车上，毛泽东兴致勃勃，决定每到一个大站，无论白天黑夜，都下车参观。毛泽东所到之处都受到苏联有关方面和群众的隆重欢迎。车到欧亚交界的斯维尔德洛夫斯克（今叶卡捷琳堡）时，已是深夜11时多了。毛泽东仍下了车，并乘兴参观了乌拉尔重型机械厂、联合电力与热力厂和斯维尔德洛夫大学。机械厂汽锤车间的

苏联斯维尔德洛夫斯克乌拉尔重型机械厂全体职工赠给毛泽东的礼品——青铜驯马雕塑

工人仍未下班，他们为毛泽东一行表演了6吨级的大型汽锤的操作。该厂全体职工还赠给毛泽东主席一件精美礼品——青铜驯马雕塑。雕塑描绘了驯马师摔下马背后仍一手拉着缰绳，一手撑地，双目锐利地观察着野马的举动，准备再次跃上马背的瞬间姿态。它形象地表现了俄罗斯民族英勇顽强、百折不挠的民族精神。此件礼品曾在中南海展出，后拨交故宫博物院，1959年拨交我馆，它是毛泽东访苏这一重大历史事件的见证，象征着中苏两国人民之间的深厚友谊。

（季如迅）

共和国的记忆：文物见证历史
The Stories of People's Republic of China

彻底清除帝国主义在华特权
——北京市军管会收回帝国主义兵营地产的布告

入城部队炮兵行列经过东交民巷美国领事馆门前

1949年1月31日，傅作义的部队撤出后，中国人民解放军接管了北平防务，这座历史名城和平地回到了人民手中。经人民解放军副总参谋长、中共中央华北局第三书记、华北军区司令员聂荣臻提议，2月3日，人民解放军举行了声势浩大的入城仪式。入城部队进入前门后特意调整路线，向右转弯,钢铁洪流般的装甲车、大炮和坦克,全副武装的步兵,浩浩荡荡地通过东交民巷使馆区。美、英等国的使馆门窗紧闭,使馆人员躲在玻璃窗后向外窥探,有的还偷偷拍照。这个自1901年《辛丑条约》以来一直被帝国主义盘踞的使馆区,今天第一次任由中国军队和人民自由出入,大长了中国人民的志气,大煞了帝国主义的威风。

北平群众在紧闭着的美国领事馆门前迎接入城部队

外国列强在中国攫取"驻兵权",在北京等地建造兵营,是旧中国任人宰割、欺凌的象征。1901年9月7日,清政府被迫同列强签订了屈辱的《辛丑条约》,规定"将东交民巷划为使馆界,界内由各国驻兵管理,中国人概不准居住"。当时在东交民巷"使馆界"内单独设立兵营的有美国、法国、德国、英国、意大利、日本、俄国等7国。十月革命后,苏联放弃了俄国在中国的驻兵权,兵营改为民房。1928年各使馆先后迁往南京,在北平只设领事馆,但各国仍驻兵管辖。1943年,中美、中英签订放弃治外法权等在华特权的条约,但规定原兵营房产可为公务目的继续使用。1945年后,中国收回了意大利、日本在中国的兵营。

中华人民共和国的成立宣告了帝国主义列强压迫中国、奴役中国人民的历史从此结束。但以美国为首的帝国主义国家不甘心自己在中国的失败,企图通过政治上孤立、经济上封锁、军事上威胁的政策,扼杀新中国。美国一方面拒不承认新中国,另一方面仍想保持其在华利益和影响。以毛泽东为代表的中国共产党人洞察其谋,提出了"另起炉灶"、"打扫干净屋子再请客"和"一边倒"的外交方针。为了巩固民族独立,维护国家主权和安全,新中国不承认旧中国与外国列强签订的一切不平等条约和协定,彻底清除帝国主义在中国的一切特权和影响。1950年,北京、天津、上海先后收回美、法、荷、英等国的兵营地产,彻底清除了外国列强在华"驻兵权"的遗迹。

根据中央的部署,外交部决定以北京市军管会的名义实施接收行动。各方人员在市军管会召开联席会议,制定了应对措施和"先礼后兵"的行动方针,决定先通过布告和命令,通知对方限期交出兵营,如果对方拒不执行,再强制征用。

1950年1月6日，一张钤有"中国人民解放军北京市军事管制委员会之关防"的布告，张贴到了位于北京东交民巷的原美、英、法、荷等国领事馆门前。

布告全文如下：

中国人民解放军北京市军事管制委员会布告 布字第拾伍号

一、某些外国，过去利用不平等条约中所谓"驻兵权"，在北京市内占据地面，建筑兵营。现在此项地产权，因不平等条约之取消，自应收回。

二、此项地产上所建筑之兵营及其他建筑，因地产权收回所产生之房产问题，我政府另定办法解决之。

三、目前此项兵营及其他建筑，因军事之需要，先予征用。

四、此项征用，自布告之日起，七日后实施。

一九五〇年一月六日

主任 聂荣臻

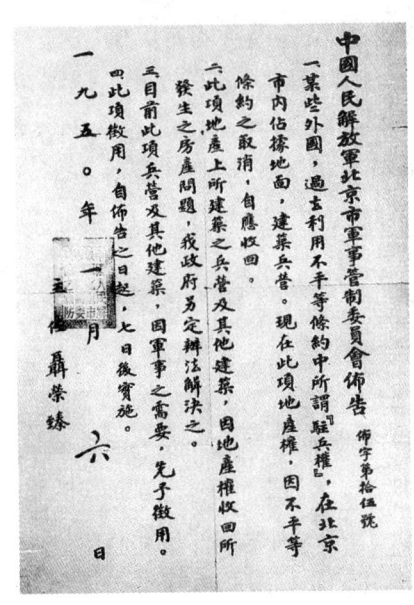

北京市军管会关于收回帝国主义兵营地产的布告

就在布告贴出去不久，外交部得到消息，英国政府已于1月6日宣布承认新中国。出于策略上的考虑，中央决定暂缓征用英国兵营。7日，北京市军事管制委员会向美国、法国、荷兰（占用前德国兵营）前领事发出命令，着其即指派专人负责，按期腾交其兵营，不得延误。美国前"总领事"柯乐博非常紧张，他一面急电美国国务院，一面打电话给各国前领事，邀他们共谋对策。显然，美国人想赖着不走。

1月9日，柯乐博匆匆将一封致周恩来外长的函送到北京市人民政府外事处，转达美国政府对我收回兵营的抗议，试图以帝国主义与旧中国所签订的条约，从所谓"法理上"向人民政府"据理力争"。我方当即以中美没有外交关系为由退了回去。1月13日，柯乐博再次写信给周恩来外长，并请英方从中斡旋，代美国递交此信。随即，英国前领事高来含以谈有关建交问题为由，请求拜会外交部欧洲和非洲司司长宦乡。

在会见时，高来含递交了美方的信，并转达英国外交大臣贝文的话，希望中国当局不要对1943年条约中所规定给予使领馆之权利加以忽视。宦乡当即严正回答：我们现在所征用的兵营，是在过去帝国主义不平等条约下造成的，新中国绝不允许它们的存在。外国兵营在中国的存在不仅是中国的耻辱，而且也是派兵来侵略中国的外国自己的耻辱。只有把它们除掉，才能有助于中外之间关系的改进。

宦乡的话使高来含清楚地意识到，中国政府彻底肃清帝国主义在华特权的决心十分坚决，在事关国家利益和主权的问题上，中国政府是不会含糊、妥协的。

面对美国政府的威胁，外交部及北京市军管会决定按照既定的方案行动，并向中央汇报了情况。13日，正在苏联访问的毛泽东自莫斯科来电指示："同意1月13日电，贯彻征用命令，征用外国兵营并准备着让美国将所有在华之旧领馆全部撤走。"接到指示后，北京市军管会即通知柯乐博，接收兵营的行动将于次日上午9时开始。

14日上午，北京市军管会代表首先来到前美国领事馆，宣布前来接收原美国兵营。柯乐博煞有介事地提出抗议，军管会代表当即严肃警告，如有意违抗军管会的命令，产生的一切后果，应由柯乐博先生负完全的责任。柯乐博只好答应一天之内将院子交出。与此同时，对法、荷等国兵营的接收按计划于当天下午4点全部结束。

1月14日，美国国务院助理国务卿白德华谈话指责中国"违反"了1943年中美条约重申的美方的权利，又说要征用的不是兵营，而是美领事馆的办公用地，并威胁要"撤退所有美国官方人员"。但中国政府不为所动。1950年1月19日，《人民日报》刊新华社北京18日电题为

被收回的北京东交民巷法国兵营

《美国国务院的狡辩、诬赖和威胁》一文中严正指出：中国人民在维护自己的利益及保卫祖国的主权上，是从不考虑一切帝国主义者的意志的。帝国主义者在中国制造的一切不平等条约和侵略特权，必须废除。帝国主义者撤退也好，不撤退也好，叫嚣也好，威胁也好，对中国人民的正义立场丝毫没有影响。

由于新中国政府坚决维护国家独立和主权的严正立场，法国、荷兰和美国前领事不得不于14日和16日，分别将前法国、德国和美国兵营全部腾交给北京市军管会。

经过艰苦的斗争，这次军管会接收的地产是：东交民巷22号前美国兵营33亩8分、东交民巷台基厂3条1号前法国兵营33亩6分4厘、东交民巷42号前德国兵营26亩。

4月4日，北京市军管会又发布命令，限令英国方面于本月11日交出所占兵营。

至4月30日，美国不得不先后撤走在华的800余名外交人员。

6月，天津市军管会征用美国和英国的兵营。

9月，上海市军管会收回法国兵营。

人民政府维护国家主权、代表全国人民意愿收回外国兵营地产的行动，受到了全国人民的一致拥护。至此，帝国主义利用不平等条约在中国取得"驻兵权"的遗迹被彻底地清除了，中国近代以来受帝国主义列强欺凌和压迫的历史永远结束了。

1960年，外交部将有张贴痕迹的1950年1月6日北京市军管会收回帝国主义在北京兵营的布告，拨交我馆收藏。

（黄燕茹）

"为了国家民族,我们应当回去"

——"留美科协"与华罗庚归来

在中国近代史上,一批批有志青年为了民族的存亡、祖国的富强,负笈海外,走上留学之路。他们奋发努力,寒窗苦读,如饥似渴地汲取知识,期盼有朝一日能"以西方之技术,灌于中国","使中国日趋于文明富强之境",使中华民族崛起于世界民族之林。1949年新中国的成立,使无数海外学子看到了民族振兴的曙光,他们毅然放弃获得舒适生活待遇和优越工作环境的机会,迫不及待地要求返回祖国的怀抱。

"为了国家民族,我们应当回去",这是华罗庚先生在《致中国全体留美学生的公开信》中的一句话,它表达了成千上万海外留学人员共同的心声。从1950年到1957年初,大批海外留学生,或单枪匹马,或结伴而行,冲破重重阻力,历经无数曲折,从美国、英国、法国、日本等国返回祖国怀抱,参加新中国的社会主义建设,形成一股海外学子归国热潮。

据高教部统计,到1950年,滞留在海外的留学生和学者有5000多人,分布在美国、英国、法国、日本等国家的大学和科研机构。他们中的大多数人是在抗日战争结束前后,公费或自费出国留学的,也有少数的访问学者和实习生,主要在美国。1949年新中国成立尤其是1950年朝鲜战争爆发后,中国与以美国为首的西方国家关系日趋紧张,美国政府曾一度依据移民法律对许多中国留学人员下过驱逐出境令,尔后又出于自身战略利益,对已经掌握了专业技术知识的中国留学人员采取了阻挠、限制乃至禁止离境的措施,使得大批已经或即将完成学业、正在或准备踏上归程的中国学子被迫羁留海外。他们处于非法地位,行动自由受到限制与监视。

但是,众多中国留学人员并没有在压力和诱惑面前屈服,他们联名写信给当时的美国总统艾森豪威尔、联合国秘书长哈马舍尔德和中国政府总理周恩来，陈述要求返回祖国的愿望。他们还通过《纽约时报》等新闻媒体公开披露被无理扣留的遭遇，对美国政府所实行的阻挠政策进行了英勇不屈的斗争。中国留学生所表现的民族气节和爱国情操赢得了包括中美两国人民在内的全世界人民的同情和尊敬，中国政府为此多次在日内瓦会议期间向美方进行交涉，迫使美国政府于1954年撤销了中国留学人员离境的禁令。著名科学家钱学森、赵忠尧、郭永怀、李恒德、师昌绪、陈能宽、侯祥麟等都是在朝鲜战争后，经过中美多次谈判才得以回国的。

为了动员和帮助海外学子早日归国，参加新中国的建设，1949年6月，留学美国的青年学生和科技工作者，组织成立了"留美中国科学工作者协会"，简称"留美科协"。其宗旨是联络中国科学工作者致力科学建国工作，促进科学技术之合理运用，争取科学工作条件之改善及科学工作者生活之保障。留美科协成立大会的宣言《我们的信念和行动》确定了其目标和任务，指出："我们认为中国人民的革命战争已经接近彻底胜利，新中国的全面建设即将开始，因此每个科学工作者都有了更迫切的使命和真正服务于人民大众的机会，这是我们千载难逢的良机，也是我们这一代中国科学工作人员无可旁卸的责任。我们应该努力加强学习，提早回国参加建设新中国的行列。"

在一年多的时间里，协会开展了丰富多彩的活动，如举办各种学术讨论会、时事学习会和生活联谊会等。他们还编印了自己的刊物《留美科协通讯》，从1949年7月至1950年9月，共编印了13期，发行12期，因科协解散，第13期未能发行。其中第1～9期由费城区会的李恒德、傅君诏、刘叔仪负责编辑；1950年7月14日，《留美科协通讯》编辑委员会成立后，其编辑工作转至明尼苏达区会，由徐水月、蔡强康、钦俊德、蓝天、何诚志负责。《留美科协通讯》主要是介绍和宣传国内各方面建设情况，科研教育情况，鼓动和帮助留学生们回国参加祖国建设。《留美科协通讯》办得生动活泼，起到了很好的宣传、联络作用，为留美学子提供了一个

《留美科协通讯》

交流的平台。1997年，留美科协理事侯祥麟和参与通讯编辑的李恒德两位先生将他们保存多年的《留美科协通讯》捐赠给中国革命博物馆（现中国国家博物馆）收藏。

"留美科协"在美国30多个城市建立了分会，会员发展到800多人。据不完全统计，从1949年8月至1950年12月间，从美国回国的有600人，留美科协会员"大部陆续回国"，成为我国各个学科的开拓者或带头人。

1950年3月16日，留美科协首届理事、著名数学家华罗庚毅然辞去伊利诺伊大学终身教授职务，舍弃洋房、汽车和半年的工资，携全家老小返抵北京。

华罗庚于1946年9月应美国纽约普林斯顿大学魏尔教授的邀请赴美讲学，1948年被伊利诺斯大学聘为终身教授。美国数学家们对于华罗庚教授的才华和成就赞叹不已，其名望在国际上日益显赫。还是在普林斯顿的时候，刚从延安来的司徒慧敏先生的夫人兴奋地对华罗庚讲了在延安的见闻。她说，全中国的解放已成定局，共产党领导的解放战争正在中国大地上势如破竹，蒋介石的统治处在风雨飘摇之中。解放军过江后，他们有可能把一些社会名流及其家眷带到台湾。听了这些情况，华罗庚心里非常不安，心想，无论如何也不能让自己的家眷到台湾去。于是，便火速为妻子和孩子办妥护照。

不久，他的妻子吴筱元带着3个儿子来到美国与其团聚。他把妻子和孩子安顿在伊利诺伊州厄巴纳城的一座舒适的洋房里，过着安逸的生活。但他身在异乡，却无时无刻不在关注着来自万里之外、遥远祖国的信息。唐明照主编的《华侨日报》和《大公报》是他每天必读的报纸。当他从报纸上得知，沉睡了多年的古老中华发出反对列强干涉内政和古物外运的怒吼时，兴奋地对妻子说，共产党领导的中国有希望了，穷人翻身了！

1949年末的一天，华罗庚收到了女儿华顺从国内的来信。华顺在信里说，北京解放了，全城一片欢腾，共产党廉洁奉公，解放军纪律严明……新中国的建设需要一大批爱国的科学家参加，希望父母赶快回国。

新生的祖国给华罗庚这个历尽坎坷沧桑的知识分子带来了无限希望。他与妻子商议后，决定立即回国。他一面积极张罗回国的准备工作，一面照旧到大学上课。寒假很快来到了，他以到英国讲学为名，带着妻子和3个孩子登上一艘邮船，从圣弗朗西斯科出发了。出发前，他在"留美科协"举行的欢送会上袒露心声："我这次回国，完全是凭着我的良心，新中国是大家的，建设新中国是我们大家的事情，因此我决定早日回去，尽我的能力为建设中国而工作。"

华罗庚一家绕道欧洲，然后从地中海，经过印度洋直奔东方。到了香港，别人都忙着探亲访友、逛街购物，华罗庚却关在旅馆里闭门谢客，写下了一封洋洋万言的《致中国全体留美学生的公开信》。1950年3月11日，新华社向全世界播发了这封信。他在信中，情真意切地动员爱国的知识分子放弃国外优越的物质生活，投入祖国的建设事业。他写道："坦白地说，这信中所说的是我这一年来思想战斗的结果。讲到决心归国的理由，有些是独自冷静思索的果实，有些是和朋友们谈话和通信所得的结论。朋友们，如果你们有同样的苦闷，这封信可以做你们决策的参考。"他真诚地呼唤："朋友们，梁园虽好，非久居之乡。归去来兮！……为了抉择真理，我们应当回去；为了国家民族，我们应当回去；为了为人民服务，我们也应当回去；就是为了个人出路，也应当早日回去，建立我们工作的基础，为我们伟大的祖国的建设和发展而奋斗！"

这封公开信，是华罗庚投身新中国建设的宣言书。字里行间，流露出对新中国的无限希望和信念。它通过无线电波迅速传遍全世界，使得许许多多漂泊四海的年轻人不再彷徨和徘徊，他们冲破重重阻挠归来了。

华罗庚回国时戴的"抵羊"牌礼帽

左图为华罗庚回国时戴的"抵羊"牌礼帽，商标处写有一个"华"字。1997年，其次子华光捐赠我馆收藏。

华罗庚回国后，先后任清华大学教授，中国科学院数学研究所所长，中国数学会理事长，中国科学院数理化学部委员、学部副主任，中国科学技术大学数学系主任、副校长，中国科学院应用数学研究所所长，中国科学院副院长，中国优选法统筹法与经济数学研究会会长等职。

华罗庚把自己的毕生精力，投入到发展祖国的科学事业，特别是数学研究事业之中。他是中国解析数论、典型群、矩阵几何学、自守函数论与多复变数函数论等方面研究的创始人与开拓者。他的学术论文《典型域上的多元复变数函数论》，在数学领域内做了开拓性的工作，获1956年国家自然科学一等奖。他的研究成果被国际数学界命名为"华氏定理"、"布劳威尔–加当–华定理"、"华–王（元）方法"。他一生留下了200多篇学术论文和10部专著。作为国际著名科学家，他先后被选为美国科学院外籍院士，第三世界科

"为了国家民族，我们应当回去"

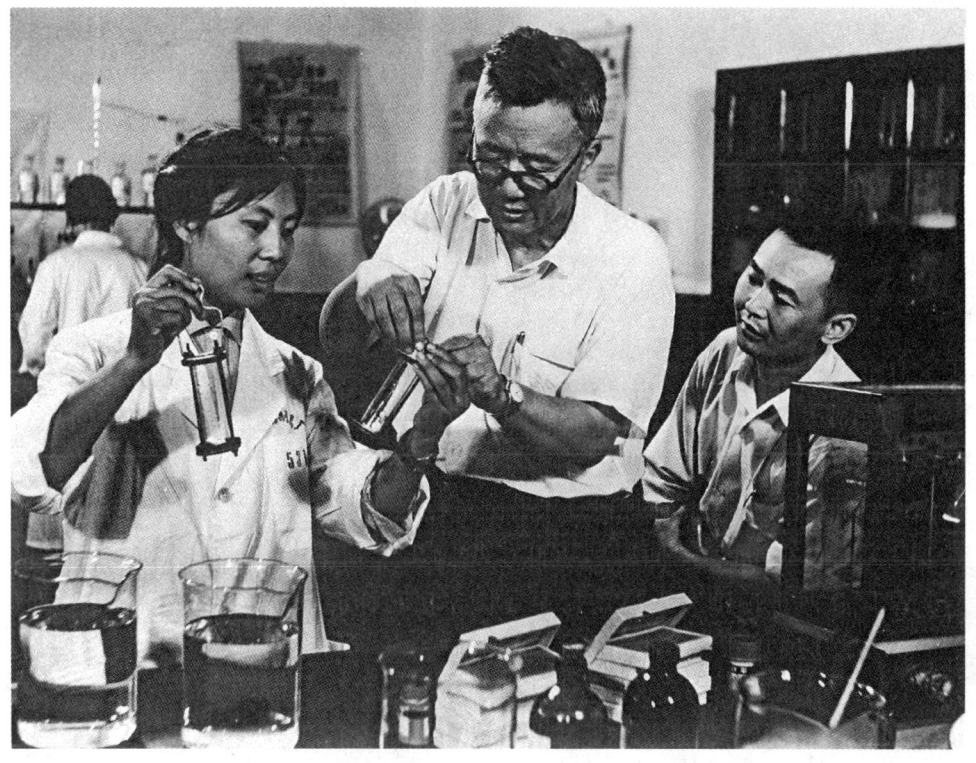

华罗庚同湖北宜昌制药厂工人一起进行"优选法"的应用实验

学院院士，法国南锡大学、美国伊利诺伊大学、香港中文大学荣誉博士，联邦德国巴伐利亚科学院院士。

　　华罗庚还是我国最早把数学理论研究和生产实践紧密结合作出巨大贡献的科学家。50年代末期，他走出书斋和课堂，把数学方法创造性地应用于国民经济领域，筛选出了以改进工艺问题的数学方法为内容的"优选法"和处理生产组织与管理问题为内容的"统筹法"（简称"双法"），并用深入浅出的语言写出了《优选法平话及其补充》和《统筹方法平话及其补充》两本科普读物。为推广"双法"，他的足迹遍及全国20多个省、市、自治区。他组织和领导了数以百万计的工人、农民、战士和工程技术人员参加推广"双法"，使"双法"得到广泛普及和推广。"双法"在国家重点建设项目研究中的运用，不仅节约能源、增加产量、降低消耗、缩短工期，取得了显著的经济效益，而且培养了一支为国民经济服务的科技队伍。

　　为了表彰他的功绩，毛泽东于1964年和1965年两次写信给华罗庚，称赞他"壮志凌云"，"奋发有为，不为个人而为人民服务"，对他在科学上的这

1982年胡耀邦致华罗庚信

一创新给予高度评价。1982年，时任中共中央主席的胡耀邦也给华罗庚写了一封信，信中充分肯定了他把数学理论应用于生产实践，号召更多的同志投身到新技术、新工艺攻关行列中去，从而把我国的四个现代化建设推向前进，共同建造中国的"通天塔"。1998年，华罗庚先生长子华俊东、长媳柯小英将这封信捐赠我馆。

新中国成立初期从海外归来的数以千计的中国留学生，是新中国建设的宝贵资源。他们广泛分布于教育、科研、生产和国防建设等各条战线，满怀对祖国、对民族、对人民的赤胆忠心，始终无怨无悔、兢兢业业地工作，无私地奉献着自己的知识和才华，在国家建设中担当重任，成为各个领域的骨干中坚和学术带头人。这些海归学子汇聚成一股强大的科技力量，极大地推进着新中国社会主义建设的伟大事业。1955年，中国科学院首届172位学部委员中有158人是归国学者，荣获"两弹一星"功勋奖章的23人中有21人是归国学者。他们归国后数十年的科学实践活动都紧紧围绕着国家的需求，为祖国和民族的富强奋斗，和中国现代化的进程同荣辱、共成败，在我国科技界树起了一面面旗帜，为新中国科学事业的奠基、开拓、发展立下了卓越功勋。

（安　莉）

废除千年封建土地制度

——新解放区的土地改革运动

民以食为天,农以地为先。

土地,自古就是农民的生存之本。

在旧中国,占农村人口不到10%的地主、富农,占有70%~80%的土地,而占农村人口90%的贫农、雇农和中农,却只占有20%~30%的土地。地主阶级以地租等方式残酷剥削和压迫农民,占有土地收入的一半以上,而农民终年辛勤劳作,却不得温饱。封建土地制度严重阻碍了农村经济和中国社会的发展,是旧中国积贫积弱的主要原因之一。

没收封建地主阶级的土地归农民所有,是新民主主义革命的基本问题和中心内容。不解决土地问题,就不可能把广大农民真正地发动起来,也不可能完成反封建任务。中国共产党从一开始就紧紧抓住土地问题,在不同时期,根据当时的国内矛盾,分别制定切实可行的土地改革政策。

早在井冈山时期,党就领导了打土豪分田地的斗争。1928年底制定了第一个土地法——《井冈山土地法》。1929年4月的《兴国县土地法》,又将"没收一切土地"改为"没收一切公共土地及地主阶级的土地"。在抗日战争时期,党为适应建立抗日民族统一战线的需要,制定了减租减息政策,既减轻地主对农民的剥削,又有利于调动地主、富农的积极性。在解放战争时期,党根据国内阶级矛盾上升为主要矛盾的变化,发布《关于清算减租及土地问题的指示》,即《五四指示》,将减租减息政策改为没收地主土地的政策。1947年制定了《中国土地法大纲》,在解放区1亿人口的地区消灭了封建的生产关系,农民在政治上、经济上翻了身,大批青壮年参军支前,保证了解放战争的顺利进行。但由于历史条件的限制,一直未能在全国范围内彻底消灭封建土地制度。

新中国成立时,全国3亿多人口的新解放区还没有进行土地改革,广大农民迫切要求进行土地改革,获得土地。在这样的背景下,一场轰轰烈烈且影响深远的土地改革运动展开了。

中央人民政府公布中华人民共和国土地改革法的命令

这是中国国家博物馆收藏的1950年6月29日,中央人民政府命令颁布的《中华人民共和国土地改革法》的发文稿并附《中华人民共和国土地改革法》原稿,长37.5厘米,宽26.5厘米,纸质,铅印。1959年由国务院秘书厅档案科拨交我馆,它见证了新中国土地改革的一段辉煌历程。

1950年6月28日,中央人民政府委员会第八次会议通过了由刘少奇主持制定、经中共七届三中全会和全国政协一届二次会议讨论后提交的《中华人民共和国土地改革法》,6月30日由毛泽东主席正式公布施行。

这部新的《中华人民共和国土地改革法》对《中国土地法大纲》中的若干规定进行了修订,最大的变动就是由征收富农多余的土地财产的政策,变为保护富农所有自耕和雇人耕种的土地及其他财产不得侵犯的政策。

新土改法中的这一变化,有着深刻的历史背景与现实意义。对于新解放区的广大农村,必须通过彻底的土地改革,消灭封建土地剥削制度,实现农民的翻身解放。但是,这些地区由于解放的时间短,无产阶级的政权尚未完全巩固,封建势力仍较顽固。因此,如果土改不慎,很有可能会引起地主阶级的反攻,破坏土改事业。而其中的一个关键因素,就是如何对待富农的问题。

早在1949年11月,毛泽东在政治局会议上就曾指出:江南的土改应慎重对待富农问题。1950年2月,毛泽东、周恩来在苏联访问时,向斯大林通报了我国新解放区土改关于对待富农的这一考虑,斯大林根据苏联的改革经验,对这一提议给予了肯定和支持。之后,毛泽东建议中央对此问题进行深入的调查研究,并在党内展开广泛的讨论,征询各方意见。经过长达三个多月的反复讨论和民主协商,最终将保护富农经济的政策写进了《中华人民共和国土地改革法》中。

新土改法的颁布，产生了积极广泛的影响，首先高兴的无疑是广大的贫雇农阶层，他们说，《中华人民共和国土地改革法》"是我们穷人翻身的印把子，只要掌握了这个法宝，我们就能和地主进行说理斗争"了。富农也感到十分庆幸，《中华人民共和国土地改革法》颁布

农民们热烈欢呼土地改革法的颁布

前，大多数富农认为自己一定是土改的对象，而惶惶不安，土改法公布后，知道对他们采取的政策与地主不一样，就开始远离地主，情绪比较稳定，提高了生产的积极性。中农在听到《中华人民共和国土地改革法》中不动富农的消息后，情绪也提高了，有的说："中农和富农是唇齿相依，以前动富农，中农是唇亡齿寒，说不动也动起来了，现在连富农也不动，中农才保了险。"有的说："连富农都不动，我们更安心了。"彻底消除了"怕冒尖"的顾虑。

《中华人民共和国土地改革法》的颁布，为新区土改运动提供了法律依据

四川金堂农民欢迎土改工作队进村

共和国的记忆：文物见证历史
The Stories of People's Republic of China

翻身农民分到了农具

和指导方针。从1950年秋季开始，全国有计划、有步骤地开展了土地改革工作，各地严格贯彻落实土改的总路线和总政策，依靠贫农、雇农，团结中农，没收地主的土地，分给无地或少地的农民耕种，同时也分给地主应得的一份，让他们自己耕种，自食其力，借以解放农村生产力，发展农业生产。为了加强领导，各地在训练大批干部的基础上，每年组织大量工作团深入农村，培养贫雇农积极分子，建立以贫雇农为核心、吸收中农参加的农民协会。划分阶级，对地主进行面对面的控诉和说理清算。新区土改严格按照"先搞减租反霸，后搞土地改革，土地改革又分两步（土地分配和土改复查）"施行。

从1950年秋至1953年春，占全国人口大多数的新解放区的土地改革运动这一伟大历史任务基本完成。除了部分少数民族地区以外，全国约有四亿五千万农业人口的地区完成了土地改革，封建主义的基础已被打垮，使全国三亿多无地、少地的农民无偿地获得了七亿亩的土地和其他生活资料，免除了过去每年向地主缴纳的700亿斤粮食的苛重的地租。

至此，除一部分少数民族地区外，在中国存在两千多年的地主土地所有制被完全废除了！农民土地所有制的建立，是土地革命和土地改革的结果。它是通过没收、征收地主、富农和村社公用等土地，分配给无地、少地农民和农村劳动者而实现的。它的特点是土地所有权和经营、使用权高度统一，农民生产积极性很高；以农户家庭为经营单位，生产规模小，适应当时农村低生产力水平的生产发展要求；土地产权可以流动，允许买卖、出租等交换活动，有利于土地等资源合理流动和优化配置，对促进当时农业生产的恢复和发展起了很大的作用。

我馆收藏了一面四川泸县八区福集乡集通村全体农民赠给政协西南土改工作团川南队的锦旗，上写着："此时荷花遍地开，北京同志来土改，农民分了田和土，翻身不忘毛主席"。另一面苏南区无锡县石塘湾乡全体农民献给毛泽东的锦旗上写着："消灭封建挖穷根，分到土地翻了身，积极生产支前线，抗美援朝争和平"。我馆还收藏了一批类似的锦旗和感谢信，它们真实地记录了获得土地的翻身农民对党和政府的感激爱戴之情和努力搞好农业生产的坚强决心。

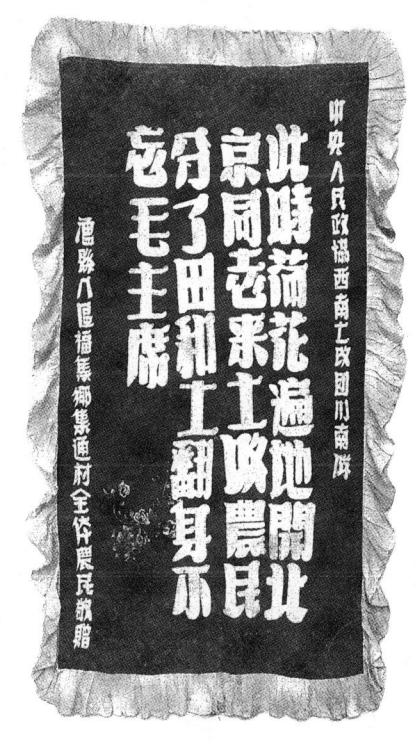

四川泸县八区福集乡集通村全体农民赠给政协西南土改工作团川南队的锦旗

土地改革运动的基本完成，直接解放了生产力，使农村经济得到了迅速的恢复和发展。1952年与1949年相比，我国农业生产总值增长了48.5%，年均增长14.1%，粮食总产量增长42.8%，年均增长12.6%，超过战前最高年产量的90%。农民的政治觉悟和生产积极性空前提高，农业生产迅速得到恢复和发展，农业生产呈现了逐年上升的趋势。

土改的胜利完成彻底摧毁了封建土地制度，消灭了封建地主阶级，农民在获得土地的同时，摆脱了千百年来封建宗法的人身束缚，党依靠在土改中涌现出的干部队伍，完成了对旧乡村政权的改造，为中国社会走向进步奠定了群众基础，为中国现代化得以全面启动创造了良好的条件。

（赵　锋）

五星红旗插上世界屋脊

——签订关于和平解放西藏办法的协议的文具

中华人民共和国成立后,人民解放军继续向全国进军,并以和平方式相继解放了与西藏相邻的云南、四川、西康的广大地区,到1950年6月,除西藏、台湾和少数沿海岛屿外,全部中国领土均已获得解放。为了使西藏民族和西藏人民得以永远摆脱帝国主义的奴役,完成祖国领土和主权的统一,巩固国防,同时使西藏人民免受战争的创伤,中央人民政府根据西藏的历史和现实情况,决定采取和平解放西藏的方针。

1950年1月,中央政府正式通知西藏地方当局"派出代表到北京谈判西藏和平解放"。但是,当时第十四世达赖喇嘛尚未成年,实际控制噶厦(西藏地方政府)的上层反动分子摄政达扎·阿旺松绕等人,在某些外国势力的支持下,不顾国家和西藏人民的利益,拒不接受中央政府进行和平谈判的号召。他们一方面密谋挟持当时只有15岁的达赖喇嘛逃往国外,在帝国主义卵翼下进行分裂祖国的活动;另一方面在西藏东部昌都一线部署藏军主力,妄图凭借金沙江之险,以武力抗拒人民解放军进藏。由于不通信息,无法对话,西藏的上层爱国僧俗官员对中央政府的政策也不甚了解,疑虑重重。

1月2日,正在苏联访问的毛泽东致电中共中央和彭德怀、邓小平、刘伯承、贺龙四人,决定"向西藏进军及经营西藏的任务应确定由西南局担负",并"立即开始布置一切"。中共中央西南局遵照中央对西藏采取政治解决、和平解决的既定方针,通过各种途径,进行了艰苦的工作。根据毛泽东"解决西藏问题宜早不宜迟"的指示,中共中央西南局仅用6天就拿出了进军西藏的方案,确定了入藏部队和进藏方针,以第十八军为入藏主力。1月18日,中共西藏工作委员会成立,统一领导西藏工作。刘伯承、邓小平在重庆召开进藏动员大会，强调注意民族宗教政策，指示第十八军成立政策研究室，研究西藏情况，制定进藏进军守则等。邓小平还根据西藏复杂的民族宗教、地理、气候等难题，提出了进军西藏"政治重于军事、补给重于战斗"的对策。5月27日，西南局将邓小平执笔草拟的与西藏当局进行和平谈判的十条政策报送中央，获得批准。8月下旬，第十八军主力配属第一二六团、青海骑兵支队、新疆独立骑兵师等陆续向西藏进发。

  为了迅速打破僵局，使西藏早日和平解放，西南局决定派遣双方均能接受的代表赴拉萨谈判。甘孜白利寺的爱国活佛格达致电朱德、刘伯承，表示要求去拉萨促进和谈，不惜自我牺牲。7月24日，以西南军政委员会委员、西康省人民政府副主席的身份启程赴藏的格达活佛抵达昌都，他广泛接触僧俗各界，以自己的亲身经历介绍解放军如何尊重藏族群众，并向在昌都的西藏上层人物转达了十条政策的精神，亲帝分裂主义分子对他又恨又怕，特务分子竟在他喝的茶水里下毒，致使活佛中毒后于第二天圆寂。

  在这种情况下，中央政府不得不命令解放军渡过金沙江，以打促谈。10月6日昌都战役发动，至24日一举解放昌都，全歼藏军主力5700人，打开了进军西藏的大门，彻底打破了西藏地方上层统治集团"雪山恶水赛过十万大军"的幻想。

  昌都解放后，中央政府坚持和平谈判的政策，再次敦促西藏地方政府派代表来北京谈判，给西藏爱国力量以巨大支持和鼓舞。当时滞留昌都的阿沛·阿旺晋美和其他西藏官员，目睹解放军的严明军纪，通过与中国共产党、人民解放军领导的多次交谈，了解到党的民族政策和宗教政策，了解到中央政府和平解放西藏的基本政策和方针完全是出于对西藏人民利益和原西藏地方政府处境的考虑。于是，他们联名向噶厦和达赖喇嘛写信，转达中央政府和毛泽东主席和平解放西藏的意图，希望尽快派代表和中央举行谈判。他们认为了为西藏本身利益，不能采取武力对抗的办法，唯有进行谈判，才能真正给西藏人民带来好处。

  藏军在昌都战役的彻底失败，使西藏上层人士深受震动，布达拉宫内乱成一团，无人能提出切实可行的办法。不久，摄政达扎被迫下台，十四世达赖喇嘛提前亲政。此后阿沛·阿旺晋美等爱国人士从昌都来信关于进行和平谈判的主张，为上层多数人所赞同。不久我国驻印度大使又向暂居亚东的十四世达赖喇嘛辗转递交了毛主席给他的希望和平解放西藏的信。

  在现实的教育下，1951年1月，达赖致信中央人民政府，信中说"余此次接受西藏全体人民热烈而诚恳的要求执政","决定和平达成人民之愿望",派代表"向中央人民政府谋求解决西藏问题"。1951年2月,达赖喇嘛委派噶伦阿沛·阿旺晋美为首席全权代表,僧官土登列门、第二代本桑颇·丹增顿珠为全权代表,经昌都、康定、雅安、重庆、西安等地走陆路于4月22日抵达北京;同时,从亚东派出藏军马基(司令)凯墨·索朗旺堆、僧官土登丹达为全权代表转道印度、香港等地走海路,于4月26日到达北京,赴北京全权处理和中央人民政府谈判事宜。4月27日,班禅额尔德尼·确吉坚赞及随行官员抵京,并表示坚决拥护中央人民政府和毛泽东主席和平解放西藏的政策。

西藏地方政府全权代表全部到达北京后,中央人民政府当即指派李维汉、张经武、张国华、孙志远为全权代表,并以李维汉为首席全权代表,于4月29日与西藏地方政府全权代表开始进行关于西藏和平解放事宜的谈判。在谈判所要解决的根本问题上,即增强汉藏民族团结和维护祖国统一的问题上,双方的立场是一致的,中央人民政府全权代表尽量听取和采纳了西藏地方政府全权代表的建设性的意见,虽然在一些问题上有争论和不同意见,但谈判始终在友好真诚、充分协商的气氛中进行。当时有些条款的协商颇费周折,如一开始西藏代表不同意解放军进藏这一条,担心解放军到拉萨后会夺权包办一切。中央代表也不勉强,而是建议休会两天,在此期间,向他们介绍解放军进藏的目的任务,并拿出清代历史文件,证明中央政府有权派军队入藏,且早有先例,说服了西藏代表。经过细致的工作和坦率认真的讨论,5月21日,双方就有关西藏和平解放的一系列问题达成协议。

1951年5月23日,中央人民政府全权代表和西藏地方政府全权代表,在北京中南海勤政殿隆重举行《中央人民政府和西藏地方政府关于和平解放西藏办法的协议》(简称"十七条协议")签字仪式,仪式由朱德、李济深副主席和陈云副总理主持。24日,毛泽东主席致信达赖喇嘛,指出协议符合西藏和西藏人民的利益,也符合全中国各民族人民的利益。当晚,毛主席设宴庆祝协议的签订。

西藏地方政府首席全权代表阿沛·阿旺晋美在《关于和平解放西藏办法的协议》上签字

中央人民政府全权代表在《关于和平解放西藏办法的协议》上签字

协议共17条，主要内容为：西藏人民团结起来，驱逐帝国主义侵略势力出西藏，回到中华人民共和国祖国大家庭中来；西藏地方政府积极协助人民解放军进入西藏；在中央人民政府统一领导下西藏实行民族区域自治；对于西藏的现行政治制度中央不予变更，达赖喇嘛的固有地位及职权中央亦不予变更，各级官员照常供职；班禅额尔德尼的固有地位及职权应予维持；实行宗教信仰自由的政策，尊重西藏人民的宗教信仰和风俗习惯，保护喇嘛寺庙，寺庙的收入，中央不予变更；藏军逐步改编为人民解放军；有关西藏的各项改革事宜，中央不加强迫，西藏地方政府应自动进行改革；由中央人民政府统一处理西藏地区的一切涉外事宜；中央人民政府在西藏设立军政委员会和军区司令部等。

和平解放西藏的"十七条协议"受到西藏人民的赞成和拥护。7月16日，中央人民政府驻西藏全权代表张经武在亚东会见了达赖喇嘛，并递交了毛主席给达赖的信。在张经武代表的敦促下，达赖一行终于返回拉萨。在9月28日召开的讨论是否接受"十七条协议"的西藏地方政府官员代表会议上，阿沛·阿旺晋美介绍了和平谈判的情况和协议的重点内容后说，如果西藏人认为我们签订的协议是错误的，那么你们尽管处置我们五位（代表）的身体、生命和财产。最后会议建议达赖喇嘛接受"十七条协议"。

10月24日,达赖喇嘛致电毛主席,表示拥护和平解放西藏的"十七条协议"。电文说:"双方代表在友好基础上已于1951年5月23日签订了关于和平解放西藏办法的协议。西藏地方政府及藏族僧俗人民一致拥护,并在毛主席及中央人民政府领导下积极协助人民解放军进藏部队,巩固国防,驱逐帝国主义在西藏的势力,保护祖国领土主权的统一。"

根据"十七条协议"规定,人民解放军于八九月间分四路进藏,10月26日顺利抵达拉萨,实现了西藏的和平解放。至此,祖国大陆全部解放。

"十七条协议"的签订,是西藏历史发展一个划时代的转折点。它宣告了西藏和平解放,粉碎了帝国主义分裂中国的阴谋,永远结束了近代帝国主义、殖民主义侵略西藏的历史,西藏人民从此回到中华人民共和国各民族友爱合作的大家庭里来,为国家统一、民族团结的大业,为西藏的民主改革、民族区域自治和社会进步、经济发展奠定了坚实的基础。

西藏和平解放后的社会发展实现了两个深刻的历史性转变:一是由封建农奴制到社会主义制度的社会历史性转变;二是由贫穷落后到初步繁荣的历史性转变。西藏经济社会发展进入了历史最快时期,经济增长速度多年

中央人民政府全权代表签订协议时用的印章、文具。

西藏地方政府全权代表签订协议时用的印章、文具。

来高于全国平均水平，2007年西藏国内生产总值超过300亿元人民币，人均达到1.2万元人民币，绝大多数贫困人口解决了温饱问题，部分群众达到小康水平。

中央人民政府全权代表和西藏地方政府全权代表签订《关于和平解放西藏办法的协议》时用的印章、文具，包括石质印章9枚，毛笔4支，藏族习用竹笔5支，笔架2个，铜墨盒2个，铜镇尺4个，均为中央政府为本次签字仪式特制，制作精美，每件均刻款："和平解放西藏办法的协议签字纪念 一九五一年五月二十三日"。其中中央人民政府全权代表李维汉等4人的印章为汉字，西藏地方政府全权代表阿沛·阿旺晋美等5人的印章为藏文；中央人民政府全权代表签字用的是毛笔，西藏地方政府全权代表用的是西藏民族习惯使用的竹质硬笔。从这个细节也可以看出中央政府对西藏民族文化和习俗的尊重。1951年7月通过文化部文物局拨交中国革命博物馆（现中国国家博物馆）永久珍藏，作为对签订《和平解放西藏办法的协议》这一历史性事件的永久纪念。

（纪远新）

一条修了40余年的铁路

——记成渝铁路通车

成渝铁路是新中国成立后，由中国人自行设计、自行建造、全部采用国产材料零件修筑的第一条铁路。

铁路是近现代国民经济的重要命脉。火车、铁路作为工业革命的重要产物，在鸦片战争后进入中国，成为帝国主义列强掠夺中国资源财富的得力工具，烙上了帝国主义侵略的印记。旧中国铁路交通十分落后，自1876年英国人建的吴淞铁路通车，到1949年的73年间，中国大陆仅建成铁路2万多公里。

我国西南的四川自古有"天府之国"的美称，境内资源丰富，但周边多崇山峻岭、坡陡谷深，除长江水运外，陆上通道几乎都在悬崖峭壁上穿行，人员物资交流十分不便。因此从20世纪初开始，四川人民就为修建一条出川的铁路而不懈努力。

修建成渝铁路的动议可追溯到1903年，经留日四川学生倡议，川督锡良奏请拟自修川汉铁路，以"辟利源而保主权"。清政府同意修筑成都至汉口的川汉铁路，成渝铁路即为其中四川成都到重庆的一段。1904年，川汉铁路公司在成都成立，翌年改为官商合办，1907年改为商办有限公司。1909年12月，川汉铁路分路段开工。为筹集筑路资金，川民纷纷捐款入股。然而1911年，清政府却因列强的贪婪索取和蛮横阻挠，拱手将"筑路权"出卖给英、法、德、美四国，并悍然宣布"干路均归国有"，四川人民为争路权发起了"保路运动"，遭到清政府的残酷镇压，由此激起了更大的反抗——四川各县同志军纷纷起义和全国人民的愤怒抗争，清政府急调鄂军入川镇压，造成武昌空虚。保路运动成为辛亥革命爆发的导火索。同年8月，修筑近两年的川汉铁路宣告停工。

20世纪30年代,四川地方当局曾两度倡议修筑成渝铁路,均因军阀混战未果。后国民政府于1937年6月复工修建成渝铁路,又因抗日战争爆发和经费问题停工。至1947年,工程陷入瘫痪状态。四川解放时,成渝铁路仅完成工程量的14%,连一根铁轨也未铺上。一波三折的成渝铁路修建,是旧中国社会动荡、民生凋敝的典型事例。

在进军西南之前,刘伯承、邓小平常说,我们到了四川一定要把成渝铁路修好。1949年11月重庆解放后,中共中央西南局第一项重大决策就是"以修建成渝铁路为先行,带动百业发展,帮助四川恢复经济"。12月,西南局第一书记邓小平,将搁置近半个世纪的成渝铁路作为建设大西南的一件大事提上了议事日程,他指出:迅速修建铁路,打通四川的大动脉,是中国国民经济建设的大事,是关系西南人民经济繁荣、物资交流、促进发展的大事,是对川西、川东金融、交通、钢铁工业的大启动,更是为中国人民争气。他还多次邀请有关专家参加筹划修建铁路和物色技术人才。

新中国成立之初,百废待举,经费十分紧张。但毛主席、中央人民政府还是将修建成渝铁路列为新中国成立后的第一项重大工程予以大力支持。

1950年6月15日,成渝铁路开工典礼在成都举行,邓小平致词,西南军区司令员贺龙将一面"开路先锋"的旗帜,授予由军区直属部队组成的军工筑路第一总队,他们即日开赴九龙坡、油溪工地,揭开了修路的序幕。接着,2万多解放军战士又组成4个总队开赴修路工地,后又组织10余万农民和失业工人参加筑路。此前3月21日,重庆铁路工程局成立,6月改为西南铁路工程局。7月8日,西南军政委员会又成立了以西南军区副司令员李达为主任的西南铁路工程委员会。

几代川人的梦想要在新中国变为现实,工人们的热情像火山爆发一样喷涌而出,当年的筑路工人热泪盈眶地讲述那时的劳动场面:"每天早上天刚发白,我们就起床了。晚上大家自觉留下来加班。有的人1条扁担挑4个土筐,快步如风;有的一个人扛两个人抬的枕木。没有鞋子,就打光脚;没有工具,就手工凿石头开隧道,好像有使不完的力气。"他们共挖掘土石方1460余万立方米,开凿隧道14个,修建大桥28座、小桥189座、涵洞446个。

那时,民工每人每天补贴4斤米,没有工钱,但大家都不计报酬。沿线的群众更是无私地支持,征地、拆迁不计费用,划哪给哪。四川人民献出枕木129万根,有的不惜砍掉自家的老树,按规格加工好送来,甚至是香樟木、紫檀木。

　　成渝铁路的修建得到了全国各行各业的大力支持。在四川没有轨道铁路，火车头进不来的情况下，贺龙亲自向总参报告，派来登陆艇，将火车头、车厢的零部件从汉口通过长江运到重庆九龙坡。长江航运局员工，在长江遭遇30年来未有的特枯水位时，在有着"天险"之称的600多公里的川江河段，成功首开船舶夜航先河，运输成渝铁路所需钢坯。重庆101钢铁厂（今重庆钢铁公司）在苏联专家帮助下，重新启用了废置10余年的设备，成功轧制出了成渝铁路所需的全部钢轨，这是我国第一次轧制重型钢轨。

　　1950年8月1日，成渝铁路从重庆开始铺轨。1952年6月13日，经过两年的艰苦努力，全长505公里的成渝铁路，终于在西南人民的期待中，从重庆延伸到成都，将川东和川西连接在一起。

成都人民像过节一样庆祝成渝铁路正式通车

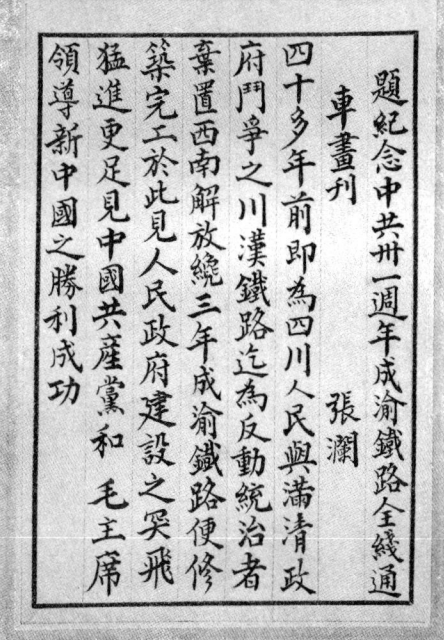

刘伯承为成渝铁路通车的题词　　张澜为成渝铁路通车的题词

    1952年7月1日，在中国共产党成立31周年之际，成渝铁路提前建成通车，盛大的通车庆典在重庆和成都两地同时举行，四川人民像过节一样庆祝。

    为庆祝成渝铁路建成通车，毛泽东、朱德、周恩来、张澜、刘伯承、邓小平等领导人挥毫题词，原件1959年由铁道部拨交我馆收藏。因篇幅有限，仅介绍其中两位川人的题词。

    时任西南军政委员会主席的刘伯承命令嘉奖西南铁路工程局两年修通成渝路。他的题词为："四川人民为了要一条铁路而发动了辛亥革命，但辛亥革命并没有成功，而铁路连影子也见不到。毛主席为首的共产党领导人民大众取得了全国革命的胜利后仅两年多，就修好了成渝铁路，使四川人民直接受其福利。经验就是：人民若果不把帝国主义封建主义官僚资本主义的反动统治推翻，若果不建立人民自己的政府，则人民就不能获得任何福利。人民的成渝铁路通车典礼"。

    时任中央人民政府副主席，曾领导保路运动的著名爱国人士张澜的题词为："四十多年前即为四川人民与满清政府斗争之川汉铁路，迄为反动统治者弃置，西南解放才三年，成渝铁路便修筑完工，于此见人民政府建设之突飞猛进，更足见中国共产党和毛主席领导新中国之胜利成功"。

共和国的记忆：文物见证历史
The Stories of People's Republic of China

西南铁路工程委员会颁发的"建筑西南铁路纪念章"

西南铁路工程局颁发的"成渝铁路通车纪念章"

我馆还收藏了有关部门为表彰修建成渝铁路建设功臣制作颁发的数枚纪念章。

其中一枚是西南铁路工程委员会1950年12月颁发的"建筑西南铁路纪念章"，铜质、彩漆，直径3.5厘米，周边齿轮状。图案上方为奔驰的火车，车头前方有"八一"军徽。右下方镌刻一位大力士持镐奋力劳作的形象，生动地表现了筑路军民奋战工地的场景。

该章既是一枚开工纪念章（背面有开工日期1950年6月15日），又是重庆至江津段铺轨通车纪念章（有通车日期1950年12月31日），同时也是颁发给前期参加筑路，后赴抗美援朝前线作战的解放军指战员的纪念章。

另一枚是西南铁路工程局1952年颁发的"成渝铁路通车纪念章"，铜质镀金、珐琅，直径3.7厘米，上方镌刻党徽，下方镌刻铁路路徽和绶带，两边麦穗环绕，是颁发给参加成渝铁路建设所有员工的纪念章。

小小的纪念章，凝铸了10多万铁路建设者的血汗，讲述了新中国铁路建设者们可歌可泣的故事，是成渝铁路建设的缩影。

成渝铁路是新中国成立后一项伟大的壮举，展示了中国共产党及其新生的人民政权驾驭、领导经济建设的能力与智慧，拉开了新中国大规模经济建设的序幕。成渝铁路及其后修建的宝成铁路的通车，实现了巴蜀人民近半个世纪的夙愿，结束了"蜀道难"的历史，对新中国成立初期四川乃至西南地区国民经济的恢复和发展，具有重大的历史意义。

（姚 杰）

为了保卫和平

——记录上甘岭战役的"弹片土"等文物

  1950年6月25日,朝鲜战争爆发。第三天美国就宣布武装干涉朝鲜内战,并派遣第七舰队进驻台湾海峡,公然干涉中国内政。9月15日,美军在仁川登陆,侵入朝鲜北方。侵朝美军不顾中国政府的多次警告,悍然越过"三八线",出动飞机轰炸中国东北边境的城市和乡村,战火烧到了中朝边境。

  唇亡齿寒,情势万分危急!尽管经济实力和军事装备上的差距过于悬殊,尽管刚刚建立的新中国特别需要休养生息,但为了捍卫中朝两国的独立和安全,为了保卫亚洲与世界的和平,中国党和政府还是应朝鲜党和政府的请求,于10月上旬毅然作出了"抗美援朝、保家卫国"的战略决策。10月19日,中国人民志愿军分三路跨过鸭绿江,伟大的抗美援朝战争开始了!

  中国人民志愿军入朝后,与朝鲜人民军并肩作战,以运动战为主要作战形式,在极端困难的条件下,取得五战五捷,将以美国为首的"联合国军"和南朝鲜军队赶到"三八线"附近,初步稳定了朝鲜战局,迫使对方转入战略防御,并于1951年7月坐下来进行停战谈判。

  上甘岭战役是停战谈判开始后,志愿军依托坑道粉碎"联合国军"进攻的一次著名战役。在43天的激烈战斗中,志愿军中涌现出了黄继光、胡修道、孙占元、龙世昌等许多著名战斗英雄,小小的上甘岭成了中国和朝鲜乃至全世界瞩目的焦点。

  1952年秋,正值美国总统选举和联合国第七届大会召开前夕,"联合国军"方面为了政治斗争需要,片面宣布停战谈判"无限期休会",并于10月14日至11月25日发动了一年来规模最大的"金化攻势",企图先拿下上甘岭两个山头阵地,再进一步向北推进,压迫志愿军后退,伺机占领中部战线要地五圣山主峰阵地,扭转其在正面战线上的被动局面,并迫使中朝方面在停战谈判中接受其无理要求。

五圣山位于朝鲜中部,海拔1061.7米,南面山脚下五个高地犹如五指,上甘岭战役中双方殊死争夺的597.9高地(又称三角山)和537.7高地北山(又称狙击兵岭)是其中的拇指和食指。西侧是斗流峰和西方山,三座山如唇齿相依,如果五圣山失守,那么斗流峰、西方山就失去了依托,整个中部战线便有全线崩溃的危险。在一次军事会议上,彭德怀指着地图说:"五圣山是朝鲜中部的关键,失去了五圣山,我们在两百公里范围内将无险可守。谁丢了五圣山,谁就要对朝鲜、对历史负责!"

此次战役,美韩军为夺取上甘岭地区两个山头阵地,先后投入兵力6万余人,3000余架飞机,170余辆坦克。志愿军也先后投入3个多师4万余人,火炮近500门,发射炮弹35万余发。交战双方先后动用兵力达10万余人,反复争夺43昼夜,其激烈程度与单位面积火力密度为世界战争史上罕见。

仅14日一天,美韩军各出动一个师,使用300门火炮、27辆坦克和40架飞机,对志愿军仅有两个连加一个排把守的五圣山前沿只有3.7平方公里的597.9高地和537.7高地北山狂轰滥炸,发射炮弹30万余发,火力密度高达每秒落弹6发。通讯天线一次次架起又被一次次炸断,以致我守军一度未得到炮火支援。4个多月苦心修筑的野战防御工事在敌军猛烈的炮火下荡然无存!强烈的冲击波激荡着坑道,坑道中的守军宛如乘坐小船在大海上颠簸,许多人的舌头、嘴唇被牙齿磕破了,一个17岁的小战士竟被活活震死!

由碎石、沙、弹片、子弹头组成的上甘岭阵地一铲土。

据统计,此次战役,"联合国军"共发射炮弹190万余发,投下航空炸弹5000余枚,以至上甘岭阵地上没有一块完整的岩石,没有一棵直立的树木,炮火把总面积不足4平方公里的两高地的土石炸松了1至2米。这铲从上甘岭阵地上取回的弹片土,由碎石、砂、弹片、子弹头组成,其中弹片、子弹头的重量约占一半,碎石最长不过二三公分,它是当年激战的见证,至今仍在国家博物馆的陈列中,无声地向人们讲述着战争的残酷,讲述着志愿军战士的伟大与光荣。

志愿军防守部队贯彻"坚守防御、寸土必

志愿军在上甘岭战役中发起冲锋

争"的作战方针,依托坑道工事,坚决抗击敌军的进攻。战役经历了争夺表面阵地、坚持坑道斗争和实施决定性反击三个阶段。

在反复争夺表面阵地战斗中,我军平均每天打退敌人30至40次的连续进攻,杀伤大量敌军后再转入坑道坚持作战。18日,上甘岭表面阵地第一次全部失守。当晚,某部八连以疏散队形,仅伤亡5人便进入597.9高地一号坑道。19日晚,在猛烈的炮火掩护下,我15军45师在守军三个连配合下转入反攻,一度夺回全部阵地。黄继光、赖发均、欧阳代炎、龙世昌等的壮举就发生在这一天。当时,黄继光的三人爆破小组炸掉了三个地堡,战友一伤一亡,黄继光在向主堡跃进中也中弹倒地,但他仍带伤匍匐前进,爬到主堡前投出手雷,但只炸塌主堡一角,里面又开始射击,此时黄继光已七处负伤,已经没有武器了。但是他坚持爬到地堡的射击死角,向后面招了招手,一跃而起,张开双臂用自己的胸膛堵住了主堡的射击孔,牺牲后的黄继光全身伤口都没有流血,地堡前也没有血迹,血都在路上流尽了!

由于阵地狭小,交战双方都只能添油似的逐次投入兵力,在猛烈的火力下,双方伤亡惨重。我45师在7个昼夜激战中歼敌7000人,自己伤亡也高达3500人,如某部八连仅余15人。我军及时改变了战术,撤入坑道,以坑

共和国的记忆：文物见证历史
The Stories of People's Republic of China

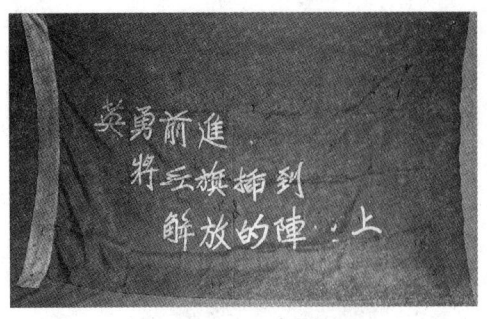

飘扬在上甘岭阵地上的中国人民志愿军某部八连战旗

道斗争与小分队反击为主要手段。此后不久我12军也加入了战役。

这面曾被某部八连插在上甘岭主峰阵地上的红旗，旗面被战火硝烟熏黑，密密麻麻的弹孔竟多达150处，但仍可依稀看出"英勇前进，将红旗插到解放的阵（地）上"字样。它是那次战役残酷程度的历史见证。1958年11月，这面战旗在第二次全国青年社会主义建设积极分子展览会展出后，拨交我馆收藏。

上甘岭战役是对以坑道为主干的志愿军坚守防御体系的严重考验。通过这次战役，充分显示了坑道在敌军优势火力下进行防御作战的巨大作用。如597.9高地共有3条大坑道，8条小坑道和30多个简易防炮洞。志愿军始终控制着3条大坑道和5条小坑道，位于1号阵地下的一号坑道是最大的坑道，全长近80米，高1.5米，宽1.2米，左右各有一个叉洞，顶部是厚达35米的石灰岩。

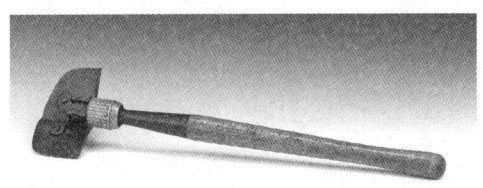

志愿军在上甘岭战役时挖坑道用的工兵锹

据记载，1952年4月，志愿军开始在五圣山、西方山一线挖掘坑道，7月底完成大部分，共挖坑道306条，8800米。这把工兵锹是我军在上甘岭战役中挖坑道时用的，锹头已磨去大半。锹上錾有"US AMES 1944"字样，应为我军缴获的美国1944年造工兵锹；锹柄一面刻"工 二三一 五十一个汉子 二十一个"，一面刻"一三二团二营五连战士张国良"。它是志愿军在上甘岭战役充分发挥坑道作用抑制美军炮火优势的见证。

美韩军除了在白天对我坑道实施破坏，还对上甘岭与后方的交通线实行严密炮火封锁，使我坑道部队粮尽水绝。虽然与后方最近距离只有500米，最远不过1000多米，但要通过10道封锁线。15军后勤部在如此严酷的条件下，靠"匍匐运输"、"接力运输"，将3万发迫击炮弹和大量食品、物资送入坑道，此次战役中火线运输人员伤亡竟高达1700余人，为送一壶水、几袋压缩饼干，甚至要牺牲几条生命。但战士们干渴至极，根本无法吞咽。极端困难时，只得喝尿来解渴，并诙谐地说这是"光荣茶"。后来又想办法送萝卜和苹果，15

军政治部甚至提出谁能送入坑道一筐苹果就给谁记二等功。但送上去的苹果数量太少,战士们推来推去,谁也舍不得吃。"一个苹果"的动人故事后来被写进了小学课本。坑道中的志愿军战士就这样克服缺粮、缺水、缺氧的严重困难,经过艰苦卓绝的坚持,消耗了敌人,赢得准备反击所需要的宝贵时间。

  通过战役的实践,志愿军摸索出一整套坑道战术,主要是"少、近、狠、快"。少是指使用兵力要少,一般以一两人对付敌班进攻,以小组对付敌排进攻,以班对付敌连进攻;近是指将敌放到20米至30米的近距离再开火,既能使敌猛烈炮火失去作用,又能给进攻之敌沉重打击;狠是指对突入阵地之敌要力争全歼,把敌打痛,使其产生恐惧;快是要求从坑道跃出快、战斗结束回撤快,反击距离以不超过100米为宜。这样可以节约兵力,减少伤亡,完成防御任务。

  志愿军依托以坑道为主干的防御体系,解决了在敌军猛烈火力下减少伤亡、保存有生力量的难题,有效地削弱了敌军在技术装备上的优势。即使在暂时失去表面阵地时,守备部队仍能以退守坑道来配合二线部队实施反击,抗击敌军进攻,充分证明了坑道在以劣势装备进行坚守防御中的优越性。志愿军守备部队在地面部队配合下,在20余天的坚持中粉碎了敌军用轰炸、爆破、燃烧、烟熏等毒辣手段破坏坑道的企图,终于在10月30日夜决定性的大反击中与反击部队里应外合,至31日,全歼守敌,恢复了阵地。10月30日也是志愿军战史上最大规模的炮战。此后战役进入恢复巩固阵地阶段。

  至11月25日,"联合国军"的"金化攻势"被彻底粉碎,美方压迫我军后退,夺回战场主动权的企图也彻底破产。在上甘岭战役中,"联合国军"伤亡2万5千人,而志愿军伤亡仅1万1千人,创造了军事史上依托坑道进行坚守防御的光辉范例。美联社的报道不得不承认"这次战役实际上却变成了朝鲜战争中的凡尔登。"

  抗美援朝战争,是新中国诞生后的第一仗,是"中国人民从此站立起来了"这句话具体而生动的诠释。抗美援朝战争的胜利创造了世界现代战争史上弱国打败强国的奇迹,无论对中国,对朝鲜,对东方,乃至对于保卫世界和平,都具有十分重要的意义和深远的影响。上甘岭战役作为抗美援朝战争的辉煌一页将永载史册!

(刘连城)

共和国的记忆：文物见证历史
The Stories of People's Republic of China

迎接中国人民的第一部宪法

宪法是一个国家的根本大法，具有最高的法律效力。它确认了现实的民主政治，规定了国家的根本任务和根本制度，即社会制度、国家制度的原则和国家政权的组织以及公民的基本权利义务等内容。1954年一届全国人大一次会议通过的《中华人民共和国宪法》是我国第一部社会主义类型的宪法。它标志着中国社会主义政治制度的基本形成，为发扬社会主义民主和建立社会主义法制奠定了初步基础。

一、共和国第一部宪法的诞生

中华人民共和国成立时，由于不具备召开普选的全国人民代表大会及制定宪法的条件，因此，由中国人民政治协商会议代行全国人民代表大会的职权，通过了具有临时宪法性质和作用的《中国人民政治协商会议共同纲领》。在《共同纲领》中，没有把中国的社会主义前途写进去。

随着土地改革的基本完成和国民经济的迅速恢复，我国社会发生了巨大的变化，党适时提出了在过渡时期的总路线，即"在一个相当长的时期内，逐步实现国家的社会主义工业化，并逐步实现国家对农业、对手工业和对资本主义工商业的社会主义改造。"形势的发展迫切要求在《共同纲领》的基础上前进一步，制定一部更为完备的真正意义上的国家根本大法。此时，召开全国人民代表大会、制定宪法的条件已经具备。

根据全国政协常委会的建议，1953年1月13日，中央人民政府委员会第二十次会议讨论召开全国人民代表大会和制定宪法的问题，并通过了《关于召开全国人民代表大会及地方各级人民代表大会的决议》，并决定成立以毛泽

宪法起草委员会全体委员合影

东为主席，由朱德、宋庆龄、李济深、邓小平、李维汉等人为委员组成的宪法起草委员会。

人民代表大会制度是我国的根本政治制度。1953年上半年，根据《关于召开全国人民代表大会及地方各级人民代表大会的决议》和《选举法》，我国开展了规模空前的基层人大代表的选举工作。经登记的选民总数为3.2亿人，参加投票的有2.7亿人，占选民总数的85.88%，充分表达了各族人民群众饱满的政治热情。喀什市是南疆第一大城市和经济中心，居民以维吾尔族为主。这是喀什市一区第三选区第二登记站在基层普选中张贴过的选民榜（维吾尔文），1959年由国务院秘书厅拨交我馆收藏。

1953年底，中共中央成立了由毛泽东领导的，陈伯达、李维汉、胡乔木和田家英等参加的宪法起草小组，并组成宪法起草办公室，收集相关资料。12月27日晚，毛泽东亲率宪法起草小组远赴杭州。

1954年1月15日，毛泽东给在北京的刘少奇及中央各同志写了一封电报，通报了宪法起草小组制定的详细的工作计

1953年3月新疆喀什市第一次全国基层选举时的选民榜（维吾尔文）

划,并要求中央委员会参阅各国宪法。毛主席还是战争年代的老习惯,白天睡觉,每天下午3时,到北山街84号30号楼的办公地点,一工作就是一个通宵。宪法起草小组在认真学习和借鉴世界上各种类型宪法的经验基础上,于2月17日完成宪法草案初稿,随即送京讨论。2月20日,刘少奇召集在京的中央委员开会,对宪法草案初稿进行讨论。随后,宪法起草小组又修改出二读稿、三读稿,毛泽东相继派人将其送给在京的中央委员阅看。接着刘少奇两次召开中共中央政治局扩大会议,讨论并通过了三读稿。与此同时,中央决定由董必武、彭真、张际春等同志组成研究小组,并聘请周鲠生、钱端升为法律顾问,聘请叶圣陶、吕叔湘为语文顾问,对三读稿进行了认真仔细的研究修改。3月8日,中央政治局扩大会议通过了四读稿。3月中旬,宪法草案初具雏形,宪法起草小组从进驻杭州到圆满完成宪法起草任务返回北京,历时两个多月。

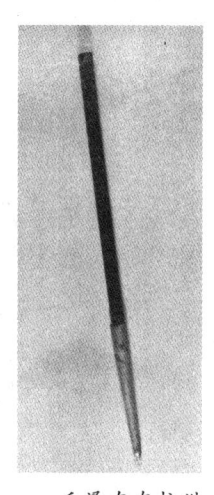

毛泽东在杭州修改宪法时用的毛笔

3月23日,宪法起草委员会在北京召开第一次会议,毛泽东虚怀若谷地说"这个初稿可以小修改,可以大修改,也可以推翻另拟初稿。"宪法起草委员会全体委员对宪法草案初稿进行认真讨论后,将其交给全国政协、各民主党派、人民团体、中央和地方领导机关、社会各方面代表8000余人进行讨论,广泛征求意见。先后收到了5900多条修改意见和建议,仅全国政协委员就分组座谈了14次。宪法起草委员会先后7次召开会议,对上述意见进行了认真讨论,并采纳了其中的100多条。6月14日,毛泽东主持召开中央人民政府委员会第三十次会议,讨论宪法起草委员会提出的宪法草案。在讨论宪法草案的过程中,毛泽东否定了有关突出个人的条文,他解释说,这不是谦虚,而是因为这样写不适当、不合理、不科学。

1954年6月14日,中央人民政府委员会第三十次会议通过关于公布《中华人民共和国宪法草案》的决议。

在会上，毛泽东肯定了宪法草案是"得人心的"，原因有两条：一是总结了历史经验，二是体现了原则性和灵活性的有机结合。这次会议作出了公布宪法草案的决议。

这次有1.5亿人参与的中国历史上第一次全民宪法大讨论持续了近3个月。全国人民对自己的宪法渴望已久，热情高涨。那一年发生了特大洪水，大水冲坏了公路、铁路，交通中断了，当地政府就用飞机把成捆成捆的讨论意见运送到北京，情景十分感人。仅仅两个月，就收到全国人民的118万余条意见和建议，汇集成16本。宪法起草委员会从中博采众长，再次做了一些重要修改。9月9日，中央人民政府委员会第三十四次会议讨论并通过了宪法草案。

第一届全国人民代表大会第一次会议于1954年9月15日在北京召开。会前，由全国第一次普选产生的人大代表，带着神圣的使命从祖国的四面八方云集北京。会前，又一次征求了代表们的意见，并对草案做了最后两处修改。20日，与会代表1197人全票通过了宪法草案，中国历史上第一部社会主义类型宪法从此诞生了。第一届全国人民代表大会的召开和宪法的制定，标志着中国社会主义根本政治制度的确立，促进了社会主义民主和法制的建设。

二、新中国第一部宪法的内容及意义

1954年宪法以新中国成立前夕的政协会议《共同纲领》为基础，又有所发展。该宪法包括序言、总纲、国家机构、公民基本权利和义务以及国旗国徽首都5个部分，共4章106条。

宪法序言把实现国家在过渡时期总任务的具体步骤用根本大法的形式确定下来。它指出："从中华人民共和国成立到社会主义社会建成，这是一个过渡时期。国家在过渡时期的总任务是逐步实现国家的社会主义工业化，逐步完成对农业、手工业和资本主义工商业的社会主义改造。"

关于国家性质和政治制度，宪法首先确认了工人阶级的领导地位，确认了工农联盟是国家的阶级基础，肯定了人民在国家中的地位。宪

《中华人民共和国宪法》（1954年）

法规定"中华人民共和国是工人阶级领导的、以工农联盟为基础的人民民主专政的国家";"一切权力属于人民。人民行使权力的机关是全国人民代表大会和地方各级人民代表大会";"全国人民代表大会、地方各级人民代表大会和其他国家机关,一律实行民主集中制"。以宪法明确人民在国家中的地位,这在中国历史上是第一次,意义十分重大。

关于经济制度,宪法根据当时过渡时期的实际情况,将我国当时各种主要经济成分在国民经济中的地位和前途,国家对农业、手工业和资本主义工商业实行社会主义改造的具体步骤等,都作了明确规定。

宪法还对民族区域自治,公民的基本权利和义务,国旗、国徽、首都作了明确规定。

1954年宪法是中华人民共和国的第一部宪法,也是我国历史上第一部社会主义类型的宪法。无论是其产生的过程,还是内容,都体现了人民在这个国家至高无上的地位。它是一百多年来中国人民革命斗争和新中国建设历史经验的总结;它为发展社会主义民主和社会主义法制奠定了初步基础,为社会主义社会的建立和发展提供了法律保障。由于受历史条件的局限,1954年宪法虽然"是社会主义类型的宪法,但还不是完全社会主义的宪法,它是一个过渡时期的宪法"。随着国内形势的发展,我国又先后制定了1975年宪法、1978年宪法、1982年宪法。我国现行宪法是1982年宪法,但都是1954年宪法的继续和发展。

三、了解我国第一部宪法,增强宪法意识

2002年,胡锦涛总书记在纪念1982年宪法公布施行二十周年大会上指出,我国现行宪法的制定基础是1954年宪法,要"在全社会进一步树立宪法意识和宪法权威,切实保证宪法的贯彻实施"。要增强宪法意识,就必须接受宪法教育,了解我国现行宪法的基本内容及其发展历史,尤其是要了解现行宪法的制定基础——1954年宪法。

中国国家博物馆珍藏了一批关于1954年宪法的文物资料,如毛泽东在杭州起草宪法时用的毛笔、宪法草案几次修正稿、宪法草案讨论意见汇编、宪法草案修改方案、宪法表决票样等。在我馆鉴赏这些历史文物,可以潜移默化地接受宪法教育,增强我们的宪法意识。

(尹 静)

走向军队正规化的重要一步

——记新中国第一次授衔授勋典礼

中华人民共和国成立后，随着国家经济的恢复和发展，中国人民解放军的正规化、现代化建设有了坚实的政治和物质基础。经过几年周密细致的准备工作，1955年秋，与地方供给制改工资制同步，党和国家决定实行军衔制度，同时对中国人民解放军在各个革命战争时期有功人员颁发勋章奖章。

1955年2月12日，全国人大常委会第七次会议通过《关于规定勋章奖章授予中国人民解放军在中国人民革命战争时期有功人员的决议》和《中华人民共和国授予中国人民解放军在中国革命战争时期有功人员的勋章和奖章条例》，根据宪法第31条第14项，规定八一勋章和八一奖章、独立自由勋章和独立自由奖章、解放勋章和解放奖章分别授予中国人民解放军在中国工农红军时期（自1927年8月1日至1937年7月6日）、抗日战争时期（自1937年7月7日至1945年9月2日）、解放战争时期（自1945年9月3日至1950年6月30日）参加革命战争有功人员。勋章由全国人大常委会决定，中华人民共和国主席授予，奖章由国务院批准，国防部部长授予。勋章分一、二、三级，奖章不分等级。授予勋章、奖章的同时发给证书。

八一勋章和奖章，图案为红五角星中有"八一"字样。勋章共分三级：一级授予当时师级以上干部，二级授予当时团级和营级干部，三级授予当时连级以下干部。

独立自由勋章和奖章，图案为红星照耀下的延安宝塔山。勋章共分三级：一级授予八路军、新四军和抗日游击队中旅、支队以上干部，二级授予当时旅、团级及其相当的干部，三级授予当时营级、连级及其相当的干部。

解放勋章和奖章，图案为红星照耀下的天安门。勋章共分三级：一级授予当时军级以上及其相当的干部，二级授予当时师级及其相当的干部，三级授予团级和营级及其相当的干部。

1952年，我军完成全军干部评级工作，从军委主席到副排级共计9等21级，从而为实施军衔制度创造了有利条件。1955年2月，全国人大常委会通过《军官服役条例》。8月，国防部部长彭德怀、总政治部主任罗荣桓下达了《关于军士和兵评定军衔的指示》。我军军衔设6等19级，如下：

元帅——中华人民共和国大元帅、中华人民共和国元帅；

将官——大将、上将、中将、少将；

校官——大校、上校、中校、少校；

尉官——大尉、上尉；中尉、少尉；

军士——上士、中士、下士；

兵 ——上等兵、列兵。

按照当时的干部任免权限，授予元帅、大将军衔的人选由中央书记处提名，经中央政治局审议确定；授予上将、中将、少将军衔的名单由总干部部和总政干部部提出，报中央军委批准；授予校官军衔的名单由各总部、军兵种、大军区提出，报总干部部和总政干部部衡量。至国庆节前全军评衔工作基本完成。但实际授衔时有所变动，如由于毛泽东坚辞大元帅，此衔一直空缺，人们常说的"十大元帅"实际授予的是"元帅"，而不是"大元帅"；总部为解决几十万副排级干部的军衔，又暂设了准尉衔。

1955年9月23日，全国人民代表大会常务委员会第二十二次会议审议了周恩来总理提出的授予元帅军衔和授予勋章的名单，通过了《关于授予中华人民共和国元帅军衔的决议》，决定授予朱德、彭德怀、林彪、刘伯承、贺龙、陈毅、罗荣桓、徐向前、聂荣臻、叶剑英十人为中华人民共和国元帅军衔；通过了《关于授予在中国人民革命战争时期有功人员一级八一勋章、一级独立自由勋章和一级解放勋章的决议》。

1955年9月27日，中华人民共和国主席授衔授勋典礼在中南海怀仁堂隆重举行。下午5时整，全国人大常委会典礼局局长余心清宣布典礼开始，军乐队奏国歌。全国人大常委会副委员长兼秘书长彭真宣读了中华人民共和国主席授予朱德等十人以元帅军衔的命令。

朱德的名字赫然列在元帅名单第一位。当听见宣读他的名字时，朱德从座位上站起，大步走上主席台。随后在京的6位元帅也依序走上主席台（当时林彪在青岛养病；刘伯承在南京因军事学院工作繁忙未能参加；叶剑英在

毛泽东为朱德授勋

大连筹备辽东半岛抗登陆战役演习）。7位元帅身着海蓝色元帅服，气宇轩昂地站成一排。

中华人民共和国主席毛泽东亲自将"授予中华人民共和国元帅军衔的命令状"——授予朱德等功勋卓著的开国元勋。接着郑重地将一级八一勋章、一级独立自由勋章和一级解放勋章分别授予在中国工农红军时期、抗日战争时期、解放战争时期参加革命战争的有功人员，在解放战争时期直接领导原国民党军队起义的有功人员，以及对和平解放西藏地区的有功人员。

朱德庄重地行了个军礼，接过命令状和3枚沉甸甸的金质勋章。

毛泽东伸出手来，同朱德的手紧紧地握在一起。从井冈山会师那时起，历经28年风风雨雨，艰难岁月，两位老战友一直携手并肩战斗。这次握手，彼此没有交谈，但都感觉到这一次的分量。

按照条例，授予元帅军衔的资格是"创建和领导人民武装力量，领导战役军团作战，立有卓越功勋的高级将领"。

朱德是中国人民解放军和中华人民共和国的主要缔造者之一，是中国共产党、中国人民解放军和中华人民共和国的主要领导人,是一位杰出的马克思主义者,无产阶级革命家、军事家、政治家。朱德传奇的一生和中国人民军队发展壮大的历史紧紧联系在一起。从井冈山会师起,朱毛的名字就再也没有分开过,从红军到八路军,到中国人民解放军,他始终是中国共产党领导的人民军队的总司令。朱德排列在十位元帅之首,实在是众望所归。

同日,国务院隆重举行授予将官军衔典礼。秘书长习仲勋宣读了国务院总理授予中国人民解放军将官军衔的命令,授予粟裕、黄克诚、谭政、肖劲光、王树声、陈赓、罗瑞卿、许光达、徐海东、张云逸10人中国人民解放军大将军衔,授予55人上将军衔,授予175人中将军衔,授予802人少将军衔。周恩来将将官军衔命令状一一授予粟裕等在京人员。次日,国防部举行授予校官军衔典礼,彭德怀授予在京部分校官军衔。同年11月至1956年初,各军兵种和各大军区,也先后举行授衔典礼,同时,各部队还举行了授予士兵军衔的典礼。全军共有64万余人获准尉以上军衔。

此次共授予一级八一勋章178枚,二级八一勋章1467枚,三级八一勋章5339枚;授予一级独立自由勋章313枚,二级独立自由勋章4152枚,三级独立自由勋章31098枚;授予一级解放勋章991枚,二级解放勋章4932枚,三级解放勋章54879枚。授予八一奖章、独立自由奖章、解放奖章56万余枚。

授予军人军衔,是为了确定军人在军队中的等级地位,也是国家给予军人的一种荣誉,是我军现代化、正规化建设的一项重要措施。它与同时实行的薪金制、义务兵役制并称"三大制度",对我军现代化、正规化建设起了重要的推动作用。授勋授奖是对我军有功人员的一次总结性奖励,这种殊荣,不仅体现了党和国家对立功受勋人员的关心,也是对中国人民解放军伟大历史功绩的肯定,对激发全军官兵的爱国主义和革命英雄主义精神,弘扬革命传统,推动军队现代化、正规化建设具有巨大的教育和鼓舞作用。

从1955年国庆阅兵起,中国人民解放军三军官兵身着崭新的五五式军衔军服,佩戴军衔肩章、领章和军兵种勤务符号,展示威武严整军容,受到了海内外人士的注目。

1979年,为了更好地缅怀朱德的丰功伟绩,康克清将毛泽东亲自授予朱德的授予元帅军衔的命令状、3枚金质勋章(一级八一勋章、一级独立自由勋章、一级解放勋章)和朱德穿的元帅小礼服,捐赠给中国革命博物馆(现为中国国家博物馆)永久收藏。元帅服肩章为满底金,正红边,镶国徽与元帅星各一枚,军帽上有八一军徽。它们见证了朱德为中华民族的独立自由解放

走向军队正规化的重要一步

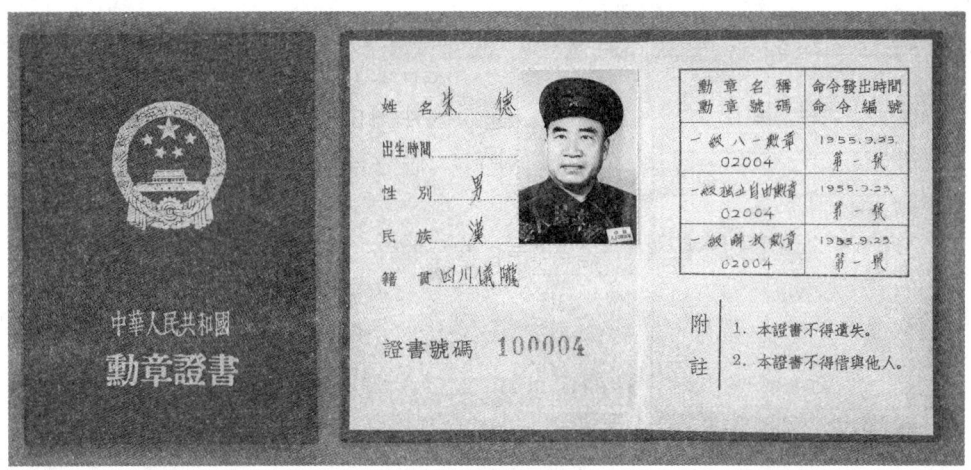

授予朱德的勋章证书

授予朱德的一级八一勋章、一级独立自由勋章和一级解放勋章　　朱德的元帅小礼服

所立下的丰功伟绩,也见证了中国人民解放军从无到有、由弱到强的发展历程。

（张志军）

共和国的记忆：文物见证历史
The Stories of People's Republic of China

新中国汽车工业诞生的见证
——一汽奠基石与最早的"解放"牌卡车

1956年7月14日，这个日子注定要载入中国汽车工业的史册。就在这一天，第一批12辆试生产的"解放"牌卡车披红挂彩地开下了长春第一汽车制造厂的总装配线，永远地结束了中国不能制造汽车的历史。中国国家博物馆收藏的毛泽东为长春第一汽车制造厂题词的基石和一汽生产的首批第三辆

毛泽东访苏期间参观莫斯科斯大林汽车厂

CA10型"解放"牌卡车是中国汽车工业诞生的最好见证。

今天的中国早已进入汽车时代,汽车走进了千家万户,汽车工业成为国民经济的支柱性产业。但在共和国建立伊始,我们面对的却是一个贫穷落后的烂摊子,一辆汽车、一架飞机、一辆坦克、一辆拖拉机都不能制造,汽车工业技术人才也十分短缺。虽然困难重重,但是党和政府仍然及时把筹建汽车工业提上了日程。1949年10月,重工业部成立,由中央财经委员会主任陈云兼任部长,何长工、刘鼎、钟林任副部长,刘鼎负责着手筹建汽车工业。

新中国成立伊始,毛泽东、周恩来出访苏联时,就与苏联领导人商定由苏方援建我国一批重点工业项目,包括建设一座中型载货汽车制造厂。其后由周恩来、李富春等进行具体商谈,引进了苏联援建的156项重点工程项目。至60年代苏联撤退专家时,已建成或基本建成149个。正是有了这些大项目作骨干,使我国有了一个较为完整的工业体系。

1950年3月,重工业部成立了汽车工业筹备组,任命郭力为筹备组主任,孟少农、胡云芳为副主任。同年8月,重工业部副部长刘鼎主持召开了首次汽车工业会议,讨论汽车工业建设的方针与步骤等问题,决定先生产载货汽车,聘请苏联专家承担汽车工厂的设计工作。此后,建设汽车制造厂的准备工作陆续展开。

厂址的选择颇费了一番周折。当时,曾考虑在北京、沈阳、武汉、包头四个地区选址建厂。1951年2月,孟少农等陪同苏联专家前往长春考察,经过再三的调查、勘测、研究,决定将厂址定在地质、水文、气候、交通等条件都比较适宜的长春市西南的孟家屯火车站西北侧的荒郊地带。苏方还建议建厂目标为年产3万辆"吉斯"150载货汽车,由苏联承担交付成套设备。中央财经委员会会议批准了第一汽车制造厂的建厂目标、厂址,兴建时间为1953年。苏联汽车拖拉机工业部全苏汽车拖拉机工业设计院组织数百人,于1951年底编制完成了第一汽车制造厂的初步设计,以后又完成了汽车厂的技术设计。

1952年4月,重工业部任命郭力为长春六五二厂(第一汽车制造厂曾用厂名)厂长,中央财经委员会派孟少农、李刚、陈祖涛、潘承烈组成订货代表小组赴莫斯科,在中国驻苏联大使馆的领导下,办理设计联络、设备分交、聘请专家和派遣实习生等事宜。

1952年8月,重工业部撤销,新成立了第一机械工业部。为了加强一汽建设的领导力量,12月,第一机械工业部任命原中共中央东北局财经委员会秘书长饶斌为第一汽车制造厂厂长,郭力、孟少农、宋敏之为副厂长。1953

共和国的记忆：文物见证历史
The Stories of People's Republic of China

第一汽车制造厂奠基典礼大会

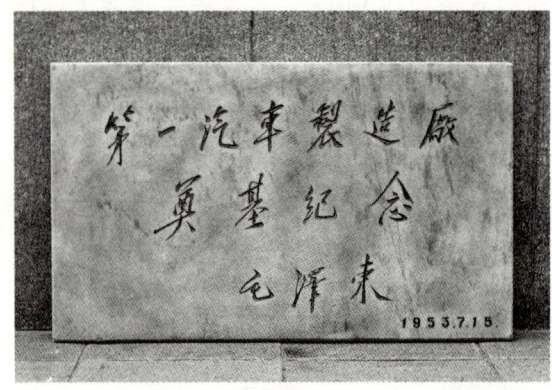

毛泽东题词的"第一汽车制造厂奠基纪念"基石

年1月，在汽车工业筹备组的基础上组建汽车工业管理局，作为第一机械工业部的一个专业局继续筹建汽车工业，行使管理职能。新中国的汽车工业就这样翻开了第一页。

1953年初，一汽的建设计划遇到了一些实际问题，主要是苏方建议提高产量和缩短建设时间，由原定的四年改为三年等。为此，第一机械工业部将此情况报告中央。最终中央决定支持三年建成长春第一汽车制造厂的计划。6月9日，毛泽东主席签发了《中共中央关于力争三年建设长春汽车厂的指示》，指出："兴建第一汽车制造厂，这对我国国防建设、经济建设，积累建设经验，培养壮大建设力量并为接踵而来的其他重要建设工程创造有利条件，均有重要意义。""中央认为有必要通报全国，责成各有关部门对长春汽车厂的建设给予最大的支持，力争三年内建成。"并指示由一机部部长黄敬直接管该厂建设。一机部很快制定了三年建设第一汽车制造厂总体计划上报中央。中央批示各地和国家有关部门，动员全国力量支援一汽建设，并提出了一汽三年建厂的目标：出汽车、出人才、出经验。

1953年7月15日，第一汽车制造厂奠基典礼在厂区举行。参加奠基仪式的有东北局第一副书记兼东北行政委员会第一副主席林枫、一机部部长黄敬以及地方党、政、军、群众团体和苏联驻华商务代表、援建的专家等等。一万多名建设者在一匹红绸上签名，表示决心。林枫、黄敬和6名青年职工，将刻有毛泽东主席亲笔题写的"第一汽车制造厂奠基纪念"的基石，安放在厂区中心广场。至此，中国第一汽车工业基地开始动工兴建。

毛泽东题词的"第一汽车制造厂奠基纪念"基石，长120.5厘米、高70

厘米、厚5.5厘米，重250公斤，汉白玉质地。1987年10月22日，因中国革命史陈列的需要，我馆征集人员赴长春第一汽车制造厂征集该基石。11月21日，该厂派专人将原在该厂一号门展览室展出的基石护送到北京，拨交我馆。

一汽的建设是中国空前规模的建设工程，得到了全国各行各业的大力支援。来自全国二十多个省市，上千个企业、机关、学校的一万多名建设大军，包括从各地抽调的优秀干部、专家，刚刚走出校门的大学生，各地的技术工人以及农民们，为实现三年建厂的目标忙碌着，奋斗着。全国100多个厂家为它生产建筑材料、机械设备和协作产品，每天运载各地支援物资的车皮就有上百节。

该厂所需成套设备约5500台，80%由苏联提供，少数由苏方转口到英国、民主德国、捷克订货。莫斯科斯大林汽车厂还为一汽培训实习了从厂长到科组长、技术人员共500余人的生产骨干。从1953年起的4年间，苏联派出各类专家达200名。

肩负重任的一汽人在全国各行各业的支持和有关国家的援助下，经过3年的艰苦努力，在长春市郊的这片荒地上建起了37万平方米的厂房，安装了上万台机器，铺设了30多公里的铁路、8万米长的管道，完成了各种复杂设备的安装。

随着1956年7月14日CA10型"解放"牌卡车的下线，第一汽车制造厂三年建厂目标如期达到。7月14日上午，在汽车工人俱乐部举行了庆祝会，会后400多名劳模、先进工作者坐上"解放"牌卡车，组成报捷车队，前往省、市委报喜。12辆报喜车绕厂一周后，浩浩荡荡驶向

职工们欢呼簇拥着第一批下线的"解放"牌汽车

市区。长春市到处红旗招展,锣鼓喧天,成千上万的市民聚集在道路两旁,迎接车队的到来。

CA10型"解放"牌卡车是以苏联"吉斯"150为蓝本制造的。C既有长春的意思,也有中国的意思,A是第一的意思。卡车自重3900公斤,装有90匹马力、四行程六缸发动机,载重量为4吨,最大时速65公里,最大功率(KW)为71,全车由2600种、11000个零件组成。整车结构较苏联1955年以前生产的汽车做了部分改进。CA10型"解放"牌卡车具有发动机开动后均匀性好、结构坚固、刹车系统安全可靠、使用寿命长等特点,非常适合我国的公路、桥梁负荷,以及大规模建设的需要。另外,还可以根据需要把它改装成公共汽车、加油汽车、运水汽车、倾卸汽车、起重汽车、工程汽车、冷藏汽车和闭式车厢载重汽车等等。

第一汽车制造厂自建厂开始就严把质量关,无论是厂房建筑还是生产中的各项工作都是如此。以至在后来汽车投产时连苏联专家都禁不住称赞说:一汽生产出来的汽车质量比我们生产的还好。

第一批下线的"解放"牌卡车,参加了1956年的国庆阅兵式。之后一部分汽车留在北京展出,无数群众争相目睹了国产汽车的风采。10月15日,"解放"牌卡车正式投产,年产3万辆。"解放"牌卡车还曾大量出口到阿尔巴尼亚等许多国家,支援了这些国家的经济建设。

我馆收藏的一汽生产的首批第三辆CA10型"解放"牌卡车

我馆收藏的长春第一汽车制造厂生产的首批第三辆CA10型"解放"牌卡车,长670厘米、宽240厘米、高230厘米,是50年代经我馆联系派人从长春第一汽车制造厂专程开回的,并一直完好地保存着,现在仍可使用。

(万 婷)

消逝的票证

在中国国家博物馆承办的大型主题展览《复兴之路》中，许多参观者在一组展柜前久久驻足观看，是什么珍贵文物让他们如此流连忘返？走近一看，原来竟是许多早已作废不用，不过方寸大小的各式各样的票证，有粮票、油票、布票、盐票、工业券、居民购货证等。也许很多年轻人从未见过，更未使用过这些票证，但对30岁以上的人们来说，这些票证则唤起了他们对那段物资匮乏岁月的苦涩回忆。

票证是计划经济时期购买商品的凭证。在票证时代，政府定量发放粮票、油票、肉票、布票、棉花票、工业券、自行车票、肥皂票、香烟票、火柴票等各种票证……粮票分粗粮、细粮，肉票分猪肉、牛肉……还有居民购粮证、购货证、购气证、定奶证等等。逢年过节凭证供应少量的蛋、奶、鱼、茶叶、花生、瓜子、江米、富强粉、豆制品等。票证的种类几乎囊括了所有的生活必需品。中国有句俗语：有钱能使鬼推磨，但在1955年到1993年的很长一段岁月，光有钱而没有票证，有许多吃的用的东西根本就买不到。

由于物资短缺，许多消费品凭票证限量限时定点供应，过时作废，甚至卖完了也作废。老百姓得随时准备去商店排队。粮票还得和购粮本一起使用，以免有人假冒。那时，走在街道上，经常可

计划经济时期某市准备不凭证销售某种紧俏商品时，闻讯赶来的顾客等不及开门就爬铁门进入店内。

共和国的记忆：文物见证历史
The Stories of People's Republic of China

现在超市里粮油肉蛋等都无需票证，敞开供应。

以看到商店门口蜿蜒数十米的购物长龙。

今天的年轻人随时可以走进大大小小的商场、超市，从琳琅满目的商品中随意挑选自己喜欢的东西。还有电视购物、网上购物，送货上门，快捷便利。许多年轻人可能会感到奇怪：为什么那个时代的人们要持票排队购物呢？这要从新中国成立时说起。

新中国成立后，面对长期战乱后几近崩溃的经济，粮食、布匹、棉花、煤炭等物资供应不足。为此，党和政府采取了发展生产、稳定粮价等一系列措施，并对部分物品实行计划供应，以解决全国人民的温饱问题。1950年2月，政务院出台了《全国各级人民政府1950年度暂行供给标准草案》，随即开始印发新的粮秣票（大米票、马料票、柴票、马草票），供政府部门和军队使用。1952年全国工农业产值和主要产品产量都超过了新中国成立前的最高水平。但是由于大规模经济建设的开展、农民粮食消费水平提高和人口的增加，生活用粮和工业用粮都有很大增长，加上投机粮商囤积居奇等原因，粮食购销矛盾在1952年下半年已趋于紧张，到1953年下半年已十分尖锐。

为了从根本上解决粮食问题，党和政府决定改变只依靠市场收购粮食的办法，实行统购统销政策。1953年10月16日，中共中央作出《关于实行粮食的计划收购与计划供应的决议》，规定四项基本政策：在农村向余粮户实行计划收购（简称统购）；对城市人民和农村缺粮人民实行计划供应（简称统销）；由国家严格控制粮食市场，对私营粮食工商业严格管制，严禁自由经营粮食；由中央统一管理，中央和地方分工负责。从11月起，除少数偏僻地区和某些少数民族地区外，全国各地同时实行粮食统购统销政策。随后，国家又陆续对油料、食用油、棉花、棉布实行了统购统销。1953年粮食统购统销政策实施后，机关、团体、学校、企业人员，可通过其组织进行供应，一般市民可发给购粮证或暂凭户口簿购买；农民的余粮可在国家设立的粮食市场交易，并可在农村间进行少量互通有无的交易。政府干部下乡吃饭一般使用米票或吃粮证明。1954年大中城市实行食油计划供应，10月起，棉布实行凭票供应，全国按地区每人每年1.6至1.9丈，同时发放线票、棉絮票。

在实行粮食统购统销政策的初期，主要注意力放在统购上，保证了购粮计划的完成。但在统销方面太宽，初始实行凭证买粮，由居民自订用粮计划报有关机关审批,缺乏管理。有的居民重复购买,套购国家粮食,一些城市对居民粮食供应几乎没有管理。导致全国粮食销量出现了不正常的上升,许多农村出现了要求供应粮食的现象。

针对粮食统购统销工作的不完善之处,1955年8月25日,国务院又发布了《市镇粮食定量供应办法》和《农村粮食统购统销暂行办法》,规定对各类粮食供应对象实行凭票证定量供应,在农村实行定产、定购、定销的"三定"政策。城镇居民口粮标准规定为,体力劳动者根据劳动强度,平均每人每月32至50斤,机关团体公教人员平均不超过28斤,大中学生平均不超过32斤,一般居民不超过25斤,未成年人按年龄规定供应标准。为此,同年9月5日,粮食部发布了《市镇粮食定量供应凭证印制使用暂行办法》,从此,粮食等各种票证便逐步覆盖了整个社会生活。

从1955年到1982年粮食部共印制了9种年版33枚全国通用粮票,还有军用粮票。全国24个省、市、自治区及下属县市也自行印发粮票,只限本地区使用。1958年到1959年,北京、上海、天津等大城市开始对肥皂、碱面、鸡蛋、鱼、糕

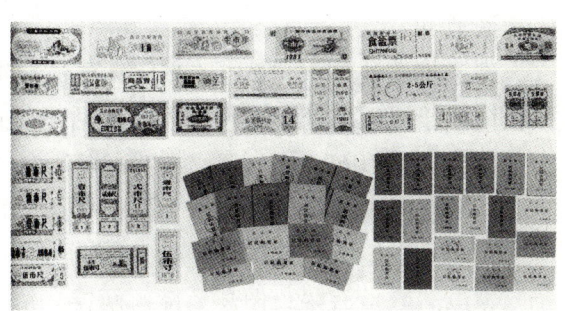

粮票、布票、油票、盐票、工业券、购货本等票证。

点、香烟、自行车、手表、毛衣等商品采取计划供应,凭票证购买。

计划经济又被称为短缺经济,计划经济时代最大的特征是所有的生活必需品都要凭票供应,大到自行车手表缝纫机、小到食油白糖生猪肉,不要票的只有白菜、萝卜和水。其中粮票是第一位的,正是粮票的发行揭开了计划经济时代的序幕。

1959~1961年我国进入三年严重经济困难时期,由于"大跃进"、农村人民公社化运动和"反右倾"的错误,国民经济陷入严重困境,农业大幅度减产,粮食库存减少,造成全国范围的大规模饥荒。据胡绳主编的《中国共产党的七十年》一书记载,当时"许多地区因食物营养不足而相当普遍地发生浮肿病,不少省份农村人口死亡增加。……据正式统计1960年全国总人口比上年减少一千万"。

在严峻的形势下,党和政府采取一切可能的措施,来缓解粮食困难,实行严格的口粮、副食品和其他生活物资的控制在所难免。1960年7月,全国最后

共和国的记忆：文物见证历史
The Stories of People's Republic of China

1961年底，刘少奇在广州温泉附近的山上树林中拣毛栗子、橡子和苦桔子，寻求解决经济困难时期的代食品问题。

一个不收粮票的地区——北京也因粮油副食供应紧张，宣布饮食业将实行凭票供应。8月，政府规定对高级干部和知识分子实行临时特供。1961年又按职工工资高低发行了工业券。三年困难时期发行的票证种类和数量迅速上升，标准有所降低。随着国民经济的逐渐恢复，到1965年，除粮、布、棉、油、糖、烟及购货券等十几种重要物资还须凭票供应外，其余商品的供应逐渐放开。

但紧接着我国又进入了"文化大革命"时期，国民经济再次遭受重挫，商品供应陷于匮乏状态，老百姓购买生活用品再次必须凭票证供应。当时最小面额的粮票是1960年南京发放的一钱粮票，因为饭店卖炸油条，每根收三钱粮票，粮食那么紧张，人家拿一两粮票买三根油条你不得找他一钱粮票吗？

记得小的时候，最盼望过年，因为过年有新衣服穿，有糖果、花生、瓜子吃，虽然数量有限，但总算能解解馋。俗话说"新三年旧三年缝缝补补又三年"，那时大多数人穿的都是打过补丁的衣服，孩子多的家庭中小孩子都是捡大孩子的旧衣服穿。

在中老年人的记忆中，票证是与物资匮乏的艰难岁月联系在一起的，票证制度和短缺经济可以画等号。民以食为天，粮票是票中之王。每个人的粮食定量根据工种、男女、年龄都不一样，要是家里男孩子多，那粮食可就紧张了。家里最怕乡下的亲戚进城，因为自己粮食也不够吃。一位老同事告诉我，那时出差是件麻烦事。因为各地都只用本地发放的粮票，出差就得换全省粮票，出省就得换全国粮票。除了单位证明，还得拿上粮票、油票，因为全国粮票是含油的。你瞧麻烦不麻烦？全国粮票还可以跨年度使用，因此全国粮票特别吃香。农民进城更麻烦，没粮票就吃不了饭，只能带点干粮。困难时期流传很广的一个故事是，有一次城里开农村基层干部会议，一位很久没吃过饱饭的生产队长却因一次吃得过饱，竟撑死了！

后来最困难的时候过去了，江浙等鱼米之乡吃饭和买点心也可以不要粮票了，但每斤要加两角钱。无价的票证似乎变成了有价票证，于是有人又开始倒腾票证，赚取差价或换东西。农民往往拿鸡蛋跟城里人换粮票、工业券。那时农民羡慕城里人，很大程度是因为城里人每月可以发一大堆买东西必不可少的票证。

那是一个限制消费的年代，人人均等，人与人不容许有过大的资源占有差距。不可否认，在物资匮乏的历史条件下，票证制度对于缓解生活物资的供需矛盾，保证人们"虽吃不饱，但饿不死"，保障人民基本生活，保持物价稳定，支持国家经济建设发挥了积极作用。

改革开放后，农民的生产积极性大大提高。1979年夏粮上市时，国家上调粮食统购价格20%，超购加价幅度由30%提高到50%，使粮农收入有很大的增加，促进了粮食生产的发展。1980年1月，国家颁布了《关于粮食和食用油料议购议销试行办法》，随后出现了议价粮，调剂了粮食余缺。同时，商业系统对部分荤食及副食品也实行了议价供应，大大活跃了副食品市场供应。

随着计划经济向市场经济发展，与百姓生活密切相关的统购统销政策及票证逐步退出了历史舞台。1982年购货券率先取消，1983年底，布票正式取消。80年代末期以后，各种工业品以及油、肉、蛋、糖等先后放开供应。

过去发行的票证现在进入了文物收藏品市场

继广东在1992年4月全面放开粮价之后，1993年1月1日，浙江也取消了粮票，三四个月后，上海、江苏、安徽、福建、江西、北京也宣布粮食购销价格全面放开，取消粮食凭票证供应，年底，全国95%以上的市县都完成了放开粮价的改革。这样，粮票最后退出了历史舞台，并以藏品的身份进入收藏领域，成为众多藏家和博物馆的宠儿。长达38年之久的票证时代终于宣告结束。

小小票证就像一页页散落下来的历史书，记载了几代中国人太多的酸甜苦辣故事，记载了中国经济走向繁荣、社会走向开放的历史。在社会主义市场经济已高度发达的今天，抚今思昔，我们应该倍加珍惜改革开放带给我们每一个人的实惠。

（尹　静）

伟大的社会变革

——社会主义三大改造有关文物选介

1953年，中共中央提出党在过渡时期的总路线和总任务，就是要在一个相当长的时期内，逐步实现国家的社会主义工业化，并逐步实现国家对农业、手工业和对资本主义工商业的社会主义改造。当时有一种通俗的解释："好比一只鸟，它要有一个主体，这就是发展社会主义工业；它又要有一双翅膀，这就是对农业、手工业和私营工商业的社会主义改造。"到1956年底，我国基本上完成了对农业、手工业和资本主义工商业的社会主义改造。社会主义三大改造的完成又促进了大规模工业建设的开展。中国国家博物馆收藏的一批有关文物，见证了这一中国历史上最伟大、最深刻的社会变革。

一、见证农业合作化的土地入股登记簿

农业社会主义改造也称农业合作化运动。土地改革完成后，我国农村仍然是农民个体经济的汪洋大海，农村中的贫富分化也开始了。对此毛泽东的回答是"农村这个阵地，社会主义不去占领，资本主义就必然要去占领"。而占领农村阵地的办法就是大规模的合作社化，把农民的土地私有制变为国有制和集体所有制。因此在土改后不久，党和政府就着手积极引导农民走上互助合作的道路。

对农业的社会主义改造大体上可分为三个阶段：从新中国成立到1953年底主要是组织互助组，同时也试办初级社；1954年到1955年上半年在全国普遍建立初级社；1955年下半年到1956年进入大办高级社阶段。在农业合作化运动中党遵循自愿互利、典型示范和国家帮助的原则，创造了从具有社会主义萌芽的临时互助组和常年互助组，发展到以土地入股、统一经营为特点的

半社会主义性质的初级农业生产合作社，再发展到土地和主要生产资料归集体所有的完全社会主义高级农业生产合作社的过渡形式。

1955年7月31日，毛泽东在省市自治区党委书记会议上作了《关于农业合作化问题》的报告。他说："在全国农村中，新的社会主义群众运动的高潮就要到来。我们的某些同志却像一个小脚女人，东摇西摆地在那里走路，老是埋怨旁人说：走快了，走快了。过多的评头品足，不适当的埋怨，无穷的忧虑，数不尽的清规和戒律，以为这是指导农村中社会主义群众运动的正确方针。"毛泽东的报告传达后，农业合作化运动加速发展，出现了农业合作化高潮。

到1956年底，参加合作社的农户占全国农户的96.3%，其中参加高级社的农户占全国农户的87.8%。至此，我国基本上完成了农业社会主义改造的历史任务。通过农业合作化运动，我国农村实现了生产关系的变革，确立了生产资料集体所有制和按劳分配原则，这是农业社会主义改造的主要成果。

在农业合作化运动中，有一个闻名全国的"穷棒子社"，即河北遵化县第十区西四十里铺农业生产合作社。1952年秋后，西四十里铺村23户穷汉办起了农业生产合作社，王国藩任社长。我馆收藏的这本该社1953年的土地入股登记簿，记载了从1953年1月2日到年底的土地分红：全社共有23户，土地229.45亩，土地入股，按地五、劳五分红，应付地租16334.5斤（按原产量计算），反映了初级社以土地入股、统一经营为特点的半社会主义性质。

河北遵化县第十区西四十里铺农业生产合作社土地入股登记簿

该社刚成立时，只有230亩贫瘠的山地，三条驴腿（另一条驴腿归中农所有，没有入社），被富裕农民和其他人讥笑为"穷棒子社"。"穷棒子"们没有被困难吓倒，他们发扬艰苦创业精神，上山砍柴换取农具等生产资料，依靠组织起来的力量，到第二年就发展到83户，粮食亩产也从120多斤增长到了300多斤。1954年秋该社又发展为户有千斤余粮的148户（全村154户），并于1958年9月发展为建明农林牧生产合作社（高级社），成为全国农业合作化的典型。在"穷棒子社"的带动下，西四十里铺村由1952年前的每年由国家发放5万斤以上的救济粮，三年后发展为每户有上千斤余粮。毛泽东主持编写的《中国农村的社会主义高潮》一书中介绍了该社。

二、关于手工业合作化的几件文物

党和政府对手工业的社会主义改造,采取了积极领导,稳步前进的方针,组织形式为从手工业生产小组、手工业供销合作社发展到手工业生产合作社,从供销入手,由小到大,由低到高,把分散、落后的手工业者个体私有制逐步改造为社会主义集体所有制。

手工业合作化运动的发展大致经历了典型试办、普遍发展和合作化高潮三个阶段:1949年到1952年的恢复时期为典型试办、摸索前进阶段,对有代表性的手工业劳动者试办合作社,对一般个体手工业者则从供销环节入手组织加工订货;1953年春到1955年冬为普遍发展、稳步前进阶段;1955年冬到1956年为高潮形成、手工业合作化提前完成阶段。

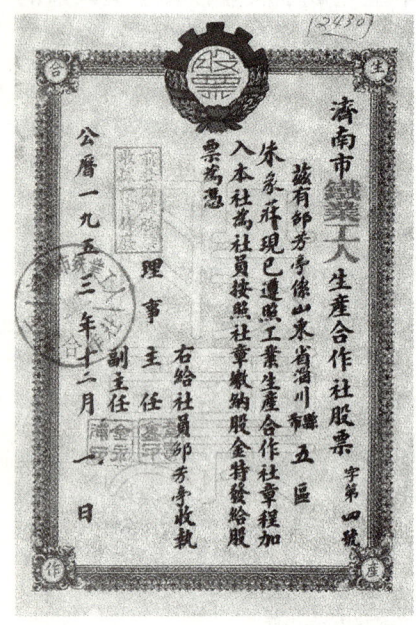

济南市铁业工人生产合作社发给社员的股票

在试办手工业合作社时,出现了一批名社。我馆收藏有上海市铁床生产合作社"起家"的三把锄头。该社于1950年由36名失业工人组织,一无资金,二无厂房设备,只有三把锄头和少量工具,租了一间旧房。但他们发扬白手起家、自力更生的精神,使合作社不断发展壮大,1953年已有社员206人,厂房130间,还安装了一批机床。我馆收藏的1953年济南市铁业工人生产合作社发给社员邵芳亭的股票,上写着邵芳亭入社时按社章规定缴纳股金,特发给股票。生产资料归一定范围的劳动群众共同所有,说明了手工业合作社的集体所有制性质,它是社会主义公有制的一种形式。

1956年初,随着农业合作化高潮的到来,手工业合作化也掀起高潮,采取了手工业全行业一起合作化的办法,成千上万的手工业劳动者、小商小贩纷纷递交申请书,要求入社。到1956年底,已组织了约10万个手工业合作社(组),社(组)员达509万人,占手工业者总数的91.7%,基本上完成了手工业社会主义改造的历史任务。与此同时,渔业、盐业、民间运输业、小商小贩等个体劳动者也基本实现了合作化。正是在基本完成手工业从个体私有制到集体所有制的改造任务的基础上，初步建立起了新型的中国集体工业经济，成为我国社会主义公有制经济的一个基本组成部分。

1956年1月30日，在全国政协二届二次会议开幕式上，全国手工业工人报喜队代表、著名象牙雕刻大师杨士惠向毛泽东主席献了这封报喜信。同年11月由中共中央办公厅秘书室拨交我馆。

中华全国手工业合作社全体社员（组员）为庆祝手工业合作化胜利给毛泽东的报喜信

三、全国工商界献给中共中央的报喜信

我国对资本主义工商业（指民族资本）社会主义改造，采取了和平赎买的办法，通过国家资本主义的各种形式，把资本主义工商业逐步改造成为社会主义国营经济，使资本主义私有制转变为社会主义全民所有制。国家资本主义初级形式在工业中有加工、订货、统购、包销等，在商业中有经销、代销等，特点是国家仅控制原料的供应、产品的计划和销售，但企业的资本主义性质仍然没变；国家资本主义高级形式是个别企业公私合营和全行业公私合营，特点是企业性质已经变成半社会主义或社会主义性质。

和平赎买的客观依据，首先是我们有强大的人民民主专政；其次是日益强大的社会主义经济在国民经济中的领导地位和作用；第三是民族资产阶级政治上的两面性。当时，资本主义工商业只占全国工商业的20%，而且原料市场、产品销售市场、金融市场都被国营经济掌握，不得不依赖于国营经济，等于被牵住了牛鼻子，不跟我们走也不行。正如毛主席所说，这时的资产阶级已经是大势所趋，非走这条路不可了。

过渡时期总路线公布后，许多资本家曾对自己的命运和前途感到深深的不安。党和政府通过细致深入的思想工作，使他们认识到社会主义是大势所趋，只有走社会主义道路才能掌握自己的命运。1955年10月，毛泽东两次邀请党外民主人士、全国工商联委员座谈，系统地阐述了中国共产党的和平改造和赎买政策，希望资本家安下心来，认识社会发展规律，主动掌握自己的命运，接受社会主义改造。

对资本主义工商业的社会主义改造经历了三个阶段：1953年底前主要是

共和国的记忆：文物见证历史
The Stories of People's Republic of China

周恩来在政协礼堂向北京西城区公私合营报喜队职工讲话

国家资本主义的初级形式阶段；1954年到1955年夏主要是单个企业公私合营阶段；1955年秋到1956年是全行业公私合营阶段。

1956年1月，全国出现了资本主义工商业社会主义改造的热潮。1月10日，北京市首先宣布已全部实现全行业公私合营。1月底，全国50多个资本主义工商业比较集中的大中城市相继实现了全行业公私合营。这张全国工商界报喜队在全国政协二届二次会议开幕式上为全国主要城市资本主义工商业实现全行业公私合营献给中共中央的报喜信，上面有李

全国工商界李烛尘等33人为庆祝全国主要城市资本主义工商业实现全行业公私合营给毛泽东的报喜信

烛尘、盛丕华、胡厥文、荣毅仁等33位全国工商界知名人士署名。同年11月由中共中央办公厅秘书室拨交我馆。

在全国私营工商业实现全行业公私合营的过程中，各大中城市都是敲锣打鼓，扭秧歌、游行，欢呼"跑步进入社会主义"。大多数资本家在党的教育下，还是愿意走社会主义的光明大道的。

图为上海市工商界代表手持申请书步入庆祝公私合营会场——中苏友好大厦，这

上海市工商界代表手持申请书步入庆祝公私合营会场（左起：荣毅仁、胡厥文、盛丕华、杜大公）

四个人一式的黑呢子大衣，胸戴红花，从左到右依次为荣毅仁、胡厥文、盛丕华、杜大公。这四位上海滩最知名的大亨都是从抗日战争时起就与共产党有联系的爱国者，在1949年的紧要关头也没有选择迁往海外或港台。

荣毅仁当时曾对新华社记者坦言自己的矛盾心理："我是一个资本家，但是我首先是一个中国人……对于我，失去的是我个人的一些剥削所得，它比起国家第一个五年计划的总额是多么渺小；得到的却是一个人人富裕、繁荣富强的社会主义国家。"只是谁也没有想到，当时40岁的"红色资本家"荣毅仁事隔多年后竟然在工商界东山再起，还被《财富》杂志评为世界50名知名企业家之一，以自己的晚年见证了共和国改革开放的华丽转身。

到1956年底，全国的99%私营工业企业和82.2%的私营商业企业实现了全行业公私合营，标志着国家对资本主义工商业的社会主义改造基本完成。按照1956年全行业公私合营时核定的私股股额，总数为人民币24亿余元，在赎买政策实施过程中资本家所得，包括利润、定息和高薪，共32亿余元，仅利润和定息就相当于其原有的资产总额。

1956年底，随着对农业、手工业和资本主义工商业的社会主义改造的基本完成，社会主义的基本经济制度在中国全面地建立起来了。从土改后仅用四年时间，我国基本上完成了三大改造，实现了从生产资料私有制向社会主义公有制的转变，实现了从新民主主义到社会主义的伟大转变，这是中国历史上最伟大、最深刻的一次社会变革。

尽管在改造中，由于进展急促（原计划18年实际上只用了7年），也有一些缺点和偏差，例如对个体农户、个体手工业者和个体商户的改造要求过急、工作过粗、改变过快，形式过于简单划一，以致在较长时间里遗留了一些问题，对一部分原工商业者的使用和处理也不很恰当。但谁也无法否认，正是社会主义基本经济制度的全面确立，为推进中国的工业化、现代化事业，以及中国以后的一切进步和发展，奠定了根本政治前提和制度基础。正如中共十一届六中全会决议所指出的："但整个来说，在一个几亿人口的大国中比较顺利地实现了如此复杂、困难和深刻的社会变革，促进了工农业和整个国民经济的发展，这的确是伟大的历史性胜利。"

（尹 静）

"跑步进入共产主义"
——从一张《徐水报》说起

天津东郊区新立人民公社用"移秧并田"的方法，虚报亩产干谷12万多斤，并吹嘘在稻子上可以坐人。

1958年的"大跃进"是从农业开始的。这年5月，中共八大二次会议通过了"鼓足干劲、力争上游、多快好省地建设社会主义"的社会主义建设总路线。它反映了从中央领导到广大人民群众迫切要求改变我国经济文化落后状况的普遍愿望。但由于对经济发展规律和社会主义建设的长期性、复杂性严重认识不足，由于急于求成，夸大主观意志和主观努力的作用，在总路线提出后，没有经过认真的调查研究和试点，就轻率地发动了"大跃进"运动和农村人民公社化运动。

"大跃进"和农村人民公社化运动使得以高指标、瞎指挥、浮夸风和"共产风"为主要标志的"左"倾错误严重地泛滥开来，在自上而下不断提高生产指标和批判右倾保守的压力下，各地很快兴起虚报产量、竞放"高产卫星"的浪潮。报刊舆论也大加鼓吹，大刮浮夸风。这是个从上到下都"发高烧"的年代，由于善良的愿望违背了客观规律，结果是欲速则不达，使社会主义建设事业遭受了严重挫折。

徐水县是在此时以"跑步进入共产主义"而闻名的。位于太行山下的徐水，是一个十年九旱、贫穷落后、只有31万人口的小县，直至1957年，还是吃救济粮的三类县。在1957年底全国农村大办农田水利建设的高潮中，徐水县委抓住广大农民根治水旱灾害的迫切要求，提出了"行动军事化，作风战斗化"的口号，集中使用全县能调动的劳

北京玉渊潭人民公社社员在公共食堂聚餐

动力，组织了一支十多万人的劳动大军，编成大队、中队，在工地搭棚宿营，并组织随营食堂，苦战3个月，实现了农田水利化。

1958年3月11日，《人民日报》社论介绍了徐水的经验。21日，毛泽东在成都会议上看到中央农村工作部领导《关于河北省徐水县实现农田水利化情况的报告》后，批示要将徐水县的经验普遍推广。4月17日，《人民日报》刊登了《中共河北省委关于徐水县委组织农业生产大跃进领导经验的总结》。19日，河北省委发出《河北省委关于学习徐水县委组织农业生产大跃进领导经验的总结的通知》。徐水县从此成了河北省乃至全国"大跃进"的典型。

徐水还是大办公共食堂的一面旗帜，并率先喊出了"吃饭不要钱"的口号。1958年5月，县委第一书记张国忠参加中共八大二次会议时听到有的代表谈到办食堂，就立即打电话回县里，要求大办食堂。6月中旬，香家庄村成立了第一个公共食堂。经县委紧急发动，公共食堂在徐水迅速普及，到7月16日，已建立公共食堂1777个，在食堂吃饭的28.5万人，占全县总人口的85%以上。

徐水"大跃进"的事迹和县委书记汇报的"夏秋两季生产12亿斤粮食，平均亩产2000斤"的计划吸引了领袖的目光。8月4日，毛泽东的专列驶入徐水县，毛泽东在河北省委和徐水县委领导的陪同下视察了大寺各庄农业社，在观看了"高产田"和听取县领导关于粮食多了吃不完就用来换机器的汇报后，毛泽东高兴地说，以后人民就主要吃小麦，玉米和山药喂牲口、喂猪，猪喂多了，人民就多吃肉。

多年后，薄一波回忆说，当时北戴河会议的代表们都去了徐水，他也去了毛泽东视察过的那块"亩产1000斤皮棉"（合籽棉3000斤）的高产田，看到满眼一片洁白，有许多人拍照，但是他的同伴拉拉他的衣服，悄悄告诉他那些挂在棉桃上面的棉花全是假的。据安子文回忆，刘少奇稍后也来到徐水，

结果也发现所谓高产全是假的,但是刘少奇把他对于农业产量的常识埋在心里至少三个月之久,直到这年秋季毛泽东对粮食产量产生怀疑时,才敢说出来。

毛泽东的视察是徐水县史无前例的大事。当天夜里,毛泽东的指示传达后,全县30多万人沸腾了。大寺各庄连夜成立了人民公社,树木、房屋都归了公社,社员实行了工资制。8月5日,县委召开共产主义思想文化"大跃进"大会,宣布全县248个农业社转为人民公社。

8月8日,中央农村工作部副部长陈正人在徐水召开了一个有省、地、县委负责人参加的座谈会,通报了中央在徐水县搞共产主义试点的决定。会后专门成立了试点规划小组,这个由中央、省、地、县四级干部组成的小组,很快就于8月22日拿出了《中共徐水县委员会关于加速社会主义建设,向共产主义迈进的规划(草案)》,提出:1959年基本完成社会主义建设,并开始向共产主义过渡,到1963年即进入伟大的共产主义社会。为了实现这一奋斗目标,在工业、农业、交通和文化等方面,都提出了不切实际的目标:"今冬实现灌溉机械和加工机械化,明年实现耕作机械化,农村初步电气化;1963年实现高度机械化和电气化"。"1959年每人平均占有粮食2000斤,食油20斤,肉类50斤。1963年每人平均主要生活资料初步实现各取所需"。"1959年,30岁以下的文盲都消灭,到1963年,达到高小以上文化程度;再过5年,30岁以下的人都达到高等专科以上的文化程度,成为专家。"

1958年8月26日的《徐水报》,在第一版全文刊载了这个加速社会主义建设,向共产主义迈进的规划(草案)。中共河北省委立即予以转发,要求全省各地区认真参照,制定本地区规划。8月23日至9月1日,《人民日报》连载长篇通讯《徐水人民公社颂》,全面介绍了徐水全民皆兵、公社化、供给制、吃公共食堂等经验,还宣布了徐水将要发射的"高产卫星":小麦亩产12

刊载《关于加速社会主义建设,向共产主义迈进的规划(草案)》的《徐水报》

万斤，白菜一棵500斤，皮棉亩产5000斤，山药亩产120万斤……徐水县从此成为"跑步进入共产主义"的典型。

徐水县一跃成为"共产主义试点县"后，来学习取经的人络绎不绝，到当年10月底，有3000多个单位以及40多个国家的930多名外国友人前来参观。连远在莫斯科的赫鲁晓夫也被惊动了，在塔斯社记者专程实地参观后，赫鲁晓夫给出结论：他们喝的是共产主义的大锅清水汤。

徐水的"大跃进"事迹还在不断发展。9月15日，徐水县人民总公社（后改为徐水人民公社）成立，20日，县委发布《关于人民公社实行供给制的试行修正草案》，对全县人民实行"十五包"。干部、工人、职工取消薪金，农民（社员）取消按劳取酬。干部改发津贴，所有生产资料和大部分生活资料归公。农民的房屋准备随时拆除，并很快拆除了3万多栋房子，但新房却无法建起来，有的社员甚至连过冬的房子都没有，有的地方连社员的家具都划为公有。群众说：除了一双筷子、一只碗是个人的，其他都归公了。

然而，没过多久，徐水就从"仙境"回到了"人间"。由于每人发一张券就可以到供销社去领布，结果一夜之间，全县供销社的布一"领"而光。两个月后，徐水的老百姓已不能放开肚皮吃饭了，连基本的生活用品也难以兑现。搞了3个月的供给制，不得不草草收场。仓促建起的1000多所工厂企业、11所大学以及文工团、剧团、医院，纷纷因资金不足垮台，刚刚建起的政社合一的徐水人民公社也流产了。毛泽东视察徐水时，县领导还在考虑粮食吃不完怎么办，但第二年徐水人民已经开始吃糠咽菜了。

针对"大跃进"和农村人民公社化运动中出现的问题，中共中央和毛泽东开始了初步纠"左"的努力。1958年11月，第一次郑州会议开始纠正已经觉察到的人民公社化运动中的错误。毛泽东在会上批评徐水急于过渡把集体所有制混同于全民所有制，说他们是"急急忙忙往前闯"，并批评徐水的浮夸风说："徐水把好猪集中起来给人家看，不实事求是。"1958年12月，中共八届六中全会做出《关于人民公社若干问题的决议》，着重纠正急于向全民所有制和共产主义过渡的倾向，以及过早地取消商品生产和商品交换的倾向，同时决定开展整顿人民公社的工作。

此后，徐水县委多次向省委、地委递交了检查报告，这个"跑步进入共产主义"的典型仅维持了4个月便夭折了。

（吴华良）

"移风易俗,除病去害"

——广东佛山居民用轮流香灯牌改制的卫生值日牌

党和政府历来十分重视开展群众性的卫生运动,以预防和减少疾病,保护人民健康。早在第二次国内革命战争时期,中国共产党就把组织军民开展群众卫生运动,搞好卫生防病工作,当做关系革命成败的一件大事来抓。在抗日战争和解放战争时期,陕甘宁边区政府把开展全地区卫生运动列为施政纲领之一。1941年陕甘宁边区政府成立了防疫委员会,开展以灭蝇、灭鼠,防止鼠疫、霍乱为中心的军民卫生运动。

中华人民共和国成立后,在医治战争带来的创伤、恢复国民经济的同时,为了改变旧中国遗留下来的不卫生状况和传染病严重流行的现实,为了人民的身体健康,党和政府在全国普遍开展了群众性卫生运动,这项伟大的运动被称之为"爱国卫生运动"。在抗美援朝保家卫国运动中,在中央防疫委员会的领导下,各地迅速掀起了群众性卫生运动的新高潮。运动规模之大,参加人数之多,收效之显著,都是空前的。仅半年内,全国清除垃圾1500多

广东某市居民开展爱国卫生运动,清除城市街道上的污泥浊水。

万吨，疏通渠道28万公里，新建改建厕所490万个，改建水井130万眼，共扑鼠4400多万只，还填平了一大批污水坑塘，消灭蚊、蝇、蚤共200多万斤。广大城乡的卫生面貌有了不同程度的改善。

爱国卫生运动得到了全国人民群众的一致拥护和参与，在社会主义建设中，充分显示出它的"移风易俗，改造国家"的伟大作用，取得了丰硕的成果。而在这场轰轰烈烈的运动中，有一个城市取得的成就尤其突出，在新中国成立初期至今的60年当中，它不止一次地被评为"全国卫生红旗城市"、"全国卫生城市"，并被誉以"出名早，巩固牢，很耐看"的美名。这个城市就是广东省佛山市。

佛山居民用轮流香灯牌改制的写有"除害灭病"、"搞好卫生"字样的卫生值日牌。

右图是佛山市居民用木质轮流香灯牌改制的卫生值日牌，长38.7厘米，宽20.7厘米，原来在正面刻有"升平巷"、"轮流香灯"、"周而复始"、"福德"字样，现在又在背面用红漆写上了"升平巷"、"卫生值日员"、"除害灭病"、"搞好卫生"等字样。两面字迹的含义相去甚远，似乎互不相关，但却生动地记录了佛山

原来的正面：刻有"升平巷"、"轮流香灯"字样的轮流香灯牌。

人民在爱国卫生运动中旧貌换新颜的一段历史。1960年，中共佛山市委将这件珍贵的历史文物作为佛山在全国爱国卫生运动中荣获"全国卫生红旗城市"称号的见证拨交中国革命博物馆（现中国国家博物馆）收藏。

佛山是广东省第三大城市，东倚广州，南邻港澳，气候温和，雨量充足，四季如春，自古为鱼米之乡。佛山是一座历史悠久的文化名城和陶都，古称季华乡，东晋时有中亚僧人在此建佛寺传教，唐初重建寺庙，由此得名"佛山"。明清时期，佛山与湖北的汉口镇、江西的景德镇和河南的朱仙镇并称我国的"四大名镇"。中华人民共和国成立后，于1951年1月12日设立佛山市（辖区为现佛山市禅城区）。佛山曾获选2008年中国最具幸福感城市，颁奖词

是"一城人文典故，千年魅力商埠"。

但在旧社会，佛山这样一个人口仅二三十万的城市，竟有两百多个土地庙，居民每天都要轮流烧香，祈求神佛保佑他们平安吉祥，免遭灾祸和疾病。由于劳动人民生活极度贫困，缺乏科学文化知识，掌握不了自己的命运。一旦遇到灾病，因为没钱看病，往往把命运寄托于神佛，靠求神拜佛来祈求平安。这块牌子就是佛山市升平巷居民几十年沿用下来的轮流香灯牌。这条巷子的居住条件极差，地势低洼，每当阴雨连绵时，蛇鼠蚊虫泛滥，因此当地长年流行一种疾病——恙虫病。然而，该巷居民从光绪十年起，烧了60多年香，都未见成效，灾病一而再再而三地夺去居民的健康与生命。

新中国成立后，爱国卫生运动的"福音"也惠及这里。1958年，佛山市升平巷这条老街的卫生终于得到了彻底的清理和打扫，消灭了流行数十年的恙虫病，人民的健康状况得以改善。这使得居民们深切地体会到：只有搞好卫生才是健康的保障。于是，升平巷居民创造性地把轮流香灯牌派上了新用场，"升平巷"三个字不变，但与牌子原有的"轮流香灯"以祈"福德"的字样相对应，在背面写上"卫生值日员"、"除害灭病，搞好卫生"的新内容，表达了人民群众从此不再迷信鬼神、烧香拜佛来寻求庇佑了，而是相信科学，通过自己的努力搞好清洁卫生来捍卫健康和生命。

升平巷的事迹是佛山人民爱国卫生运动的一个缩影和典型代表。1960年3月17日，在周恩来总理的提议下，全国爱国卫生工作现场会在佛山市召开，命名佛山市为"全国卫生红旗城市"。之后，广东省佛山市等地改造旧农村、旧城市卫生面貌的先进典型经验被介绍、推广到全国各地，使各地爱国卫生运动有了新的发展。如今，这块具有鲜明的新旧社会对比特色和强烈的历史感染力的"卫生牌"，依然辉映着佛山人民爱国卫生运动的光荣传统。

（赵 锋）

国家主席和掏粪工都是人民勤务员

1959年10月26日,北京人民大会堂喜气洋洋、热闹非凡,全国工业、交通运输、财贸系统社会主义建设先进集体和先进生产者代表大会在这里开幕了。这次大会又被称作"全国群英会",是新中国成立10年来最为隆重、最为盛大的劳动模范表彰大会。出席大会的6500多名代表和特邀代表,代表着全国近30万个先进集体和360多万先进工作者。朱德代表中共中央向大会致祝词,国务院副总理李富春、薄一波等讲了话。

刘少奇接见全国群英会代表、掏粪工人时传祥。

时传祥和清洁队的伙伴们一起工作

在开幕式上,刘少奇和朱德、周恩来等党和国家领导人,亲切接见了大会主席团全体成员。国家主席刘少奇的手和淘粪工人时传祥的手紧紧地握在一起,刘少奇真诚地对时传祥说:"你淘大粪是人民勤务员,我当主席也是人民勤务员,这只是革命分工不同。"时传祥紧握着刘主席的手,激动地说:"我要永远听党的话,当一辈子淘粪工。"

第二天,《人民日报》在头版刊登了刘少奇与时传祥握手的合影,消息立刻轰动了全国,时传祥也成了闻名全国的劳动模范。时传祥是北京市崇文区清洁队的淘粪工人,他作为全国先进生产者代表,参加了全国群英会,并被选为大会主席团成员。国家主席与一个淘粪工亲切握手,充分说明了我们这个社会尊重劳动者,倡导吃苦耐劳精神,劳动光荣,劳动伟大,它大长了全国环卫工人的志气,大长了普通劳动者的志气,倡导了一代新风。

时传祥,1929年逃荒到北平,由于生活无着当了淘粪工。当时多数人都瞧不起这一职业,他不仅受到社会的白眼,而且还要受行业内部的粪霸等恶势力的压榨和盘剥。

新中国成立之后,粪霸等恶势力被打倒,淘粪工人翻身做了主人,时传祥还被选为崇文区粪业工人工会委员。1952年,他加入了北京市崇文区清洁队,还当了班长,继续从事城市清洁工作。

新中国成立初期,北京城遍布平房、小胡同,道路也差,淘粪要先掏后背,半人高的粪桶装满了有50多公斤,每人每班要背50桶,是个又苦又脏又累的重体力活。人民政府十分尊重清洁工人的劳动,为他们规定了高于其他行业的工资。朴实的时传祥感激政府对他们的关怀和尊重,决心更加勤奋地工作,带领环卫工人为市民服务。他把淘粪当

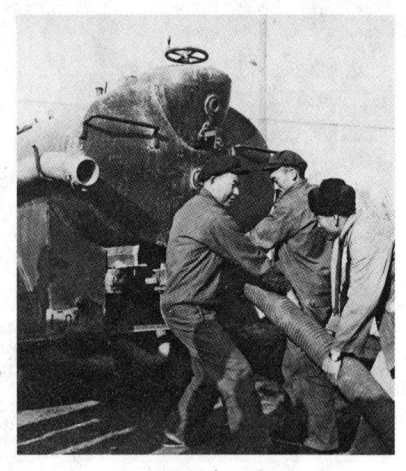

时传祥在工作

做社会主义建设事业的一部分,以苦为乐,"宁肯一人臭,换来万户香",多年来基本上节假日没休息过。1954年,他被评为先进生产者,1956年当选为崇文区人民代表,同年6月加入中国共产党。1959年,时传祥作为全国先进生产者参加了在北京召开的全国群英会,同年被选为北京市政协委员。

在全国群英会上,刘少奇主席紧紧握住时传祥那双整日与粪便打交道、结满老茧的大手,发自内心地说:"你掏大粪是人民的勤务员,我当主席也是人民的勤务员,这只是革命分工不同。"这段名言,深深地刻在时传祥的脑海里,他决心要永远听党的话,当一辈子淘粪工。刘少奇关心地询问淘粪工人的学习情况,时传祥如实汇报:过去淘粪工人很少有识字的,新中国成立后成立了业余学校。现在大家一般都达到了高小程度,能看报、写信了,就是我差点儿,才认识二三百字,连自己的名字也写不好。刘少奇听后说,老时啊,一个先进工作者,一个共产党员,光工作好不行,各方面都得好。我们的事业越来越发展,没有文化哪行?你才40多岁,还不晚,以后要好好学习,阳历年的时候给我写封信。

这番话语,温暖了时传祥这个普通劳动者的心田,他理解和钦佩国家领导人的精神境界。但学文化对半文盲的时传祥并不是件容易事,为此单位专门派人辅导他学文化。在老师的指导下,1960年元旦,时传祥用群英会奖给他的金笔,给刘少奇主席写了他平生的第一封信,以简短朴实的语言汇报了清洁队的工作,表达了"成为有文化的新工人"的决心。北京市委立即将信送到刘少奇主席办公室。刘少奇读过信,高兴地说:"老时开了个好头嘛!"

后来,时传祥又用这支笔,继续进行文化学习。当时很多单位请他作报告,这个身高一米八五、却粗中有细的劳动模范独创了"画报告"的方法:先用笔画出一只茶壶,茶壶的壶嘴、壶把儿、壶底、壶盖就是报告的四个部分,每个部分再画出几个要点……每当走上台来,就按照这个拟定的"茶壶稿"开讲,比如他讲自己提笔写字时说:"我感觉拿钢笔比拿粪勺儿重得多,我用粪勺子干活像拿挖耳勺,非常灵巧;可是拿钢笔就像有千斤重,比粪勺子还沉重。"语言质朴、生动、幽默,获得了"善讲"的美名。

1964年,他当选为第三届全国人大代表。同年10月,刘少奇主席把自己13岁的女儿刘婷婷送到了时

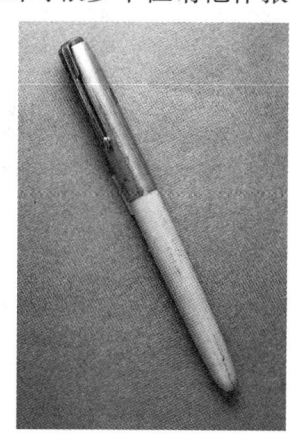

1959年10月全国群英大会奖给时传祥的英雄牌金笔

传祥的清洁队体验生活，参加淘粪劳动。这一举动立刻在社会上产生了巨大的反响。一时间，能去清洁大队跟时传祥一起劳动，成为当年的一个时尚活动。就连当时担任北京市副市长的万里、崔月梨，以及曾打破世界纪录的女子跳高运动员郑凤荣等许多名人，也曾背起粪桶，跟着时传祥学淘粪，学习他身上那种吃苦耐劳的精神和"宁肯一人脏，换来万户净"的崇高思想境界。

1966年国庆节，他被推选为北京市观礼代表团副团长，登上天安门城楼，这是他最后一次见到刘少奇主席。一个多月后，在"文化大革命"的洪流中他身不由己地卷入某个群众组织。谁知不久他竟遭到江青点名批判，造反派诬蔑他是工贼、粪霸、假劳模，无休止的批斗，使他一度瘫痪在床。1971年秋，时传祥全家被遣送回山东老家。1973年8月，周恩来得知这一消息后非常气愤，指示立即派人把他接回北京治疗。9月，时传祥被接回北京。但由于身心摧残过度，医治无效，1975年5月19日时传祥含冤去世，终年60岁。

去世之前他反复叮嘱，让儿子继承父志，也当一名称职的环卫工人。在父亲的影响下，四个子女，除了时纯利走上领导岗位外，其他三人都是在普通的清洁工岗位干到退休。

那支刻款为"奖 全国群英大会 一九五九"的英雄金笔，在"文化大革命"中幸运地躲过劫难，原来时传祥早早就将它交给了儿子。时传祥的长子时纯利回忆起父亲将这支金笔交给自己的经过时说："那是'文化大革命'前夕，我在济南念中学，父亲探家时来学校看我。父子多日不见，他说了很多鼓励我好好学习的话，临走时拿出这支笔让我保管，算是一种鼓励吧。"时纯利知道这支笔的分量，除偶尔拿出来向要好的同学"显摆"一下，其他时间都"深藏不露"。参加工作后，他就把这支笔锁在小木箱里收藏起来。

粉碎"四人帮"后，历史翻开新的一页，时传祥、刘少奇冤案先后平反。1978年6月30日，北京市总工会、北京市环卫局和中共北京市崇文区委联合举行大会为时传祥平反昭雪。1980年，党中央为刘少奇同志平反，中国革命博物馆举办了刘少奇同志纪念展览。那支全国群英大会奖给时传祥的英雄钢笔，由其子时纯利在同年4月捐赠给中国革命博物馆（现中国国家博物馆），在展览中展出。博物馆曾复制了一支笔给时家，1999年，时家又将它捐献给了家乡的"时传祥纪念馆"。

（张玉兰）

人类首次从北坡征服珠峰的见证

——中国登山队从珠峰采集的九块岩石

珠穆朗玛峰海拔高度为8844.43米,为世界第一高峰。珠峰高耸在世界最高山脉——喜马拉雅山脉的最高处,山体呈巨型金字塔状,主要由结晶岩石构成。珠峰位于东经86.9°、北纬27.9°,地处中尼边界东段,北坡在中国西藏自治区境内,南坡在尼泊尔王国境内。"珠穆朗玛"在藏语中意为"神女第三"。

珠穆朗玛峰地形极端陡峭险峻,环境异常复杂,常年冰雪覆盖,北坡的雪线高度为5800至6200米,南坡为5500至6100米。东北山脊、东南山脊和西山脊中间夹着三大陡壁,在山脊和峭壁之间分布着500多条大陆型冰川,面积大、厚度深(达7260米),有高达数十米的冰陡崖和明暗冰裂隙,常有冰崩雪崩发生,险象环生。珠峰上山区气候恶劣复杂多变,冬季漫长,经常是暴风肆虐,高空飓风夹着积雪和砂石铺天盖地而来。山顶海拔高缺氧、气温很低,通常都在摄氏零下30℃至40℃。一年中,只有5月、9月到10月这两时段,海拔八千多米高处的风速较小,且少有雨雪。

珠峰北坡的气候比南坡更加恶劣,地形更加险峻,登顶珠峰有两个必经的最艰险地带——"北坳"和"第二台阶"。北坳顶部海拔7007米,坡度平均70度,有的地段甚至垂直,好像一座高耸的城墙屹立在珠峰的腰部,也被称为珠峰的"大门",其陡险的坡壁上,堆积着深不可测的万年冰雪,是珠峰最危险的冰崩和雪崩地区,曾有登山队员在此丧生。"第二台阶"位于珠峰8570米至8600米之间,相对高度约30米,岩壁平均坡度在六七十度,陡峭光滑,几乎没有可供攀登的支撑点,其顶部是一座约3米高的垂直峭壁。此外,在北坳上面,海拔7400米至7500米之间,风速最大时能把人吹飞,是有名的"大风口"。

18世纪，登山作为一项现代体育运动在欧洲阿尔卑斯山脉兴起。"地球之巅"的珠峰，一直是各国登山队员渴望征服的圣地。从18、19世纪开始，陆续有一些国家的探险家、登山队来到珠峰，探测它的奥秘。19世纪末，中国西藏地方政府和尼泊尔王国禁止欧洲人入境。直至20世纪20年代初，西方人才被获准攀登珠穆朗玛峰。1921年，英国登山队曾从中国西藏境内的北坡攀登世界最高峰，到达6985米高度。这是人类首次正式攀登珠峰。

1922年至1938年间，英国的探险家曾先后七次试图从北坡攀登珠峰，但均失败了，有的登山队员为此献出了生命。因此，北坡被称作是"不可攀援的路线"，"死亡的路线"。

1950年后，作为中国西南边防要地的西藏，不再允许外国登山队进行登山活动。1952年，尼泊尔正式允许外国人攀登珠峰，但一年只允许一支队伍进入。1953年5月29日，英国登山队的两名队员新西兰人埃德蒙·希拉里和尼泊尔夏尔巴人丹增·诺尔盖首次从南坡登顶珠峰。这是人类首次实现征服珠峰的梦想。此次登顶无疑对现代登山运动在中国的发端有着深刻影响。中国有志登顶珠峰者要超越这个纪录，只有从条件更为险恶的北坡登顶珠峰。

世界上14座海拔8000米以上的山峰，有9座坐落在中国境内或边境线上。但登山作为一项体育运动在中国起步比较晚。直到1955年5月，中华全国总工会才第一次应邀派遣许竞等4人赴苏联学习登山技术，并登上了苏联境内帕米尔高原的团结峰（海拔6773米）。史占春成为中国第一个登山队队长。1956年4月，中国登山队登上了位于陕西境内的太白山峰（海拔3767米）。1958年8月中国登山队登上了祁连山的七一冰川和疏勒山主峰。同年我国再次派遣王富洲等到苏联学习，并以中苏混合登山队的名义攀登了列宁峰（7134米）。5年间，中国登山队（前身是中华全国总工会登山队）的13次雪山攀登活动，有7次是与前苏联合作进行的。在那个对外贸易不太发达的年代，中央政府为此专门拿出外汇，从瑞士、法国等国购买了数十万美元的登山装备。

1958年11月，中国登山队派人前往珠峰脚下侦察攀登线路。1960年3月3日，刚刚组建5年的中国登山队由214人组成第一支珠峰登山队，进驻珠峰北侧大本营，开始前期准备工作。这是世界登山史上第18支攀登珠峰的登山队。1960年3月25日，中国登山队在海拔6400米建立前进营地。3月27日，侦查北坳冰壁的攀登线路。4月12日，修通北坳冰壁路线，突破了珠峰北侧攀登的第一个技术难关。经过3次适应性训练，5月17日在第四次适应性行军时正式向珠峰挺进，并在海拔8500米高处建立了夺取主峰的"突击营地"。

根据大本营气象组5月23日送来的"南支西风槽将于5月26日起影响珠峰地区降水"的登山天气预告，中国登山队紧紧抓住了这一天赐良机，于24日9时半，由王富洲（由于突击组长许竞突然病倒，便由王富洲接任）率领刘连满、贡布（藏族）和补充进来的屈银华组成冲顶小分队，从8500米基地出发作登顶攀登的最后冲刺。每人携带2瓶氧气、睡袋、冰抓、岩锥等，加上电影摄影机、胶片、毛主席像、铁锤等公共物资，人均负重14公斤。

中国登山队在攀登珠穆朗玛峰途中经过的巨型冰塔

中午12时，突击组4人到达海拔8600多米的第二台阶下部，遇到一处平均坡度为六七十度的陡坡，他们奋力攀登将到顶部时，又被一处4米多高、曾被外国登山队认为是无法通过的障碍的光滑岩壁截断了去路。4名突击队员轮流攀登十几次都失败了，开路的刘连满在四次攀登失败后，毅然用自己的身体搭成"人梯"，屈银华不顾零下30度的严寒，脱掉8斤重的高山靴，踩着战友的双肩，终于在岩壁上打了几颗岩锥，设定了保护点。下午5点，他们每人只携带1瓶氧气，终于攀上了第二台阶的顶部。到达8700米处时，刘连满出现了体能衰竭和严重的高原反应，多次摔倒后终于不支倒地，被迫留下。

虽然天气将晚，但他们考虑到气象预报说25日天气将变坏，他们的体力与所余的氧气量不容许再拖太长时间，而当天是晴空，星光映着雪光，隐约地可以找到攀登路线。他们想到党和全国人民的期望，决定继续前进不能后退，不能错过时机，不拿下顶峰誓不回头。当3人到达8800米时，已是深夜，基本用完了氧气。在严重的高山反应、极度缺氧和零

三名登山队员

共和国的记忆：文物见证历史
The Stories of People's Republic of China

第一次登上珠穆朗玛峰峰顶的中国登山队队员王富洲（左2）、贡布（藏族）（左3）、屈银华（左4）在庆祝大会上。

从珠峰采集的岩石

下30度的低温下，他们发扬了集体主义和爱国主义的精神，团结互助，克服了高山极度缺氧等重重困难，一步几喘，超越着人类生命的极限继续前进。

5月25日凌晨北京时间4时20分，王富洲、贡布和屈银华终于在季风爆发前30个小时，从北坡成功登上世界第一高峰珠穆朗玛峰的顶端，首次完成了人类从北坡征服珠穆朗玛峰的伟大壮举，充分显示了亿万中国人民无高不攀、无坚不摧，吓不倒压不垮的革命英雄主义气概，它激励了中国人民战胜自然灾害，建设社会主义的信心。在此次登山活动中，中国登山队有29人登上珠峰8100米以上的高度，16人跨越海拔8500米的高度，这在世界登山史上也是第一次。

高山攀登探险运动具有极大的挑战性，它残酷地考验着人类的体能、意志和毅力等。现代登山运动历来受到各国和地区的重视，它显示着一个民族不畏艰险、勇攀高峰的精神境界，它能激发民族的精神和民族的荣誉感。同时，高山运动对地球地理学说、气象学说、冰川学、高山动植物学等科学考察具有推动和完善的重要作用，促进了人类社会的文明与进步。

中国近代登山运动从兴起时，就与科学考察活动紧密结合。首次登上珠峰的王富洲同时也是一名地质工作者。由于登上珠峰时还是夜色朦胧，未能拍照。他们从珠穆朗玛峰顶采集了珍贵的岩石，并于6月底带回北京。经过对这些岩石标本进行的铀－铅同位素年龄测定为414至515百万年，证明珠峰峰顶石灰岩的地质年代为奥陶纪。其中9块通长3至10厘米、大小不一、形状各异的岩石，后由国家体委请中共中央办公厅转交作为给毛泽东主席的献礼。1961年8月8日由中共中央办公厅拨交中国革命博物馆（现中国国家博物馆）。

（刘艳波）

戈壁滩升起"红蘑菇"

——"两弹一星"功勋奖章等文物

共和国成立之初面临的严峻国际形势,使开国领导人深深地意识到,中国不能没有自己的核武器和空间技术。1949年春,中央领导支持核物理学家钱三强为开展原子核科学研究购买仪器和资料的提议。11月中国科学院成立后,钱三强受命筹组近代物理研究所(后改称原子能研究所)。就在中国发现铀矿两个多月后,1955年1月,毛泽东主持了中共中央书记处扩大会议,听取钱三强、李四光等关于中国核科学研究和中国铀矿资料情况汇报,作出了发展中国核工业、研制核武器的战略决策。中国的原子能事业悄然拉开了序幕。

1956年,在周恩来、陈毅、李富春、聂荣臻等主持下,数百名专家共同制订了包括原子弹等在内的《1956～1967年科学技术发展远景规划纲要》。同年,中国第三机械工业部(后改称第二机械工业部,宋任穷任部长)成立,具体组织领导核工业的设计和发展工作。

1958年6月,中国第一个实验性原子反应堆和回旋加速器在苏联援建下于北京建成,10月,生产出33种放射性同位素,标志着中国跨入了原子能时代。这一年,中国第一个核武器研制、实验和生产基地——中国原子城破土动工;新疆罗布泊被选定为大规模的核试验基地。

然而1959年6月,苏联撕毁了全面援助中国原子能工业的协议,撤走专家,中断援助。中国不得不决定走独立自主研制核武器的道路。1960年后,中国原子能研究所在钱三强的领导下,建成了一个比较完整的综合性核科学技术研究基地,汇聚了王淦昌、彭桓武、郭永怀、朱光亚、程开甲、邓稼先、陈能宽、周光召、于敏等众多优秀科学家,形成了中国独立自主研制核武器的骨干力量。

当时,朱光亚主持起草了《原子弹装置科研、设计、制造与试验计划纲要及必须解决的关键问题》,为尽快完成原子弹的研制起了重要的理论指导作用。

二机部理论设计部在邓稼先的组织领导下,用四台老式手摇计算机模拟计算了原子弹爆炸时的物理过程,弄清了原子弹的爆炸原理,完成了原子弹的理论设计方案,迈出了独立研制核武器的第一步。

同时,周光召解决了原子弹内部的所有力学问题;王淦昌和彭桓武在流体力学和数学上合作,成功解决了不定向流体力学的计算方法问题;程开甲解决了原子弹内爆机理的关键问题;陈能宽领导组织了核装置爆轰物理、炸药和装药物理化学等学科领域的研究工作;郭永怀领导和组织爆轰力学、高压物态方程、武器环境实验科学等研究工作,解决了一系列重大问题;江德熙成功研制出原子弹点火中子源——原子弹引爆装置XY小球。

1955年后,中国地质部门发现了具备开发条件的铀矿床。1959年后,在云南临沧获得150吨粗铀原料。1962年至1963年先后生产出合格的铀浓缩物和二氧化铀,解决了原子弹的核燃料问题。1964年,用气体扩散法分离铀同位素又获得成功。

经过4年多大量小试验和数次大型试验,1964年8月,中国第一颗原子弹终于组装完成,运到新疆罗布泊戈壁滩试验场。

1964年10月14日19时,原子弹被吊上为了保证其低空爆炸需求而建的103米高的铁塔。16日上午,XY小球被接上弹体。14时59分40秒,发射现场总指挥张爱萍发出最后指令,主控操作员按下启动电钮。10秒钟后,整个系统进入自控状态,计数器开始倒计时"10……3、2、1,起爆!"随着惊天动地的一声巨响,一朵硕大无比的蘑菇云在戈壁滩上空带着光焰轰然升起,翻滚腾跃!中国第一颗原子弹

1964年中国第一颗原子弹成功爆炸

爆炸成功了！当周恩来向参加大型音乐舞蹈史诗《东方红》的人员宣布这一喜报时，人民大会堂沸腾了！中国成为继美、苏、英、法之后的第五个核国家。更让美国人吃惊的是，中国首次核试验用的不是钚-239，而是铀-235。从此，中国科技领域掀开了新的篇章。

早在1960年，在钱三强的领导下，关于氢弹研制有关的热核材料性能和热核反应机理的基础研究已起步，原子弹研制成功后，1965年1月，毛泽东明确提出："原子弹要有，氢弹也要快"，氢弹研制全面展开。氢弹在理论和制造技术上比原子弹更为复杂，邓稼先等参加中国第一颗原子弹研制的科研人员又很快地投入新的攻坚战中。

为了掌握氢弹的内在物理规律，于敏、周光召等在彭桓武的指导下，分路探索，很快明确了技术攻关的重点。在群体攻坚战中，1965年，于敏率领的小分队在上海率先掌握了打开氢弹奥秘之门的钥匙，形成了一套基本完整的设计方案。经过理论部的反复讨论验算，氢弹研制方案趋于完善，之后，开始了产品的制造和组装工作。于敏被推崇为中国的"氢弹之父"。在氢弹设计、实验、材料、生产、测试设备、试验场地等方面的通力合作下，1966年5月9日，中国成功地进行了一次含有热核材料的核试验，12月28日，又用塔爆方式进行了氢弹原理试验。

1967年6月17日，一架小型战机在新疆罗布泊上空投下携带氢弹的降落伞，降落伞在下降距地面约3000米高度时，伞包爆炸，随着巨大的响声和闪光，空中升腾起巨大的蘑菇云，中国第一颗氢弹空投爆炸试验成功！中国成为继美、苏、英后第四个掌握这种具有更强大威慑力的热核武器国家！从原子弹到氢弹，美国用了7年4个月、苏联用了4年、英国用了4年7个月、法国用了8年8个月，而中国仅仅用了2年8个月。

在核武器处于基础理论研究阶段时，中共中央提出了研制其运载工具——导弹的设想。1956年10月8日，钱学森受命组建中国第一个导弹研究机构——国防部第五研究院。1960年，中国成功地发射了近程东风一型导弹。1964年，中国第一枚自主研制的中近程东风二型导弹发射成功，揭开了中国导弹、火箭、卫星事业发展的序幕。钱学森、赵九章、屠守锷、杨嘉墀、任新民、孙家栋、钱骥、姚桐斌、黄纬禄、陈芳允、王希季、王大珩等众多优秀科学家成为这一领域里的科研骨干力量。

1966年10月27日，罗布泊戈壁滩上空又传出了让世界为之震惊的一声巨响！东风二型导弹携带原子弹弹头，经过894公里的飞行，准确命中目标，并成功实现核爆炸！它标志着中国继美、苏、英、法之后，成为世界上第五个能用自己的导弹发射核武器的国家。

1958年后，钱学森、赵九章等开始拟订中国人造卫星发展规划设想草案。1966年1月，中国科学院成立卫星设计院，开始"东方红一号"人造卫星的论证设计工作。1967年11月，为发射我国第一颗人造地球卫星，中国运载火箭技术研究院开始负责研制长征一号三级运载火箭，1968年初火箭总体设计完成，之后又用了大约两年时间完成了各种大型的地面试验。

1970年4月24日，中国长征号运载火箭成功地发射了第一颗人造地球卫星"东方红一号"，太空响彻"东方红"的乐曲声！中国成为继苏、美、法、日之后第五个能独立研制并发射人造地球卫星的国家。

中国的核武器事业从无到有、从小到大，如今已实现了核武器的系列化和现代化，中国军队已成为核装备种类配套齐全的军队，中国被世界公认为五个独立掌握核技术的国家之一。中国的航天技术也已拥有了完整的地地、地空、海防导弹武器系统，从研制探空火箭到具备发射各种卫星和载人飞船的能力，中国的航天事业已跻身于世界的先进行列。

"两弹一星"作为新中国建设的重要成就，提高了中国在国际上的威望和地位。1971年10月，中国重新进入联合国，作为五个常任理事国成员之一，行使着维护世界和平与人类共同进步的神圣职责。中国政府庄重承诺，无论何时、何种情况，都不会首先使用核武器，不会对无核国家使用核武器。

中共中央、国务院、中央军委追授姚桐斌的"两弹一星"功勋奖章。

为了表彰为研制"两弹一星"做出突出贡献的科学家的光辉业绩，宣传和弘扬老一辈科学家在研制"两弹一星"事业中的"热爱祖国、无私奉献，自力更生、艰苦奋斗，大力协同、勇于攀登"精神，1999年9月18日，党中央、国务院、中央军委在人民大会堂举行隆重的表彰大会，授予为我国"两弹一星"事业做出突出贡献的23位科学家于敏、王大珩、王希季、朱光亚、孙家栋、任新民、吴自良、陈芳允、陈能宽、杨嘉墀、周光召、钱学森、屠守锷、黄纬禄、程开甲、彭桓武"两弹一星"功勋奖章，追授王淦昌、邓稼先、赵九章、姚桐斌、钱骥、钱三强、郭永怀"两弹一星"功勋奖章。

我馆先后征集到了邓稼先、王淦昌从事核武器研制时用过的一批文物，它们见证了中国核武器研制中的那段艰难岁月！

邓稼先（1924—1986），安徽怀宁人。核物理学家，中国科学院院士。1950年在美国普渡大学获得物理博士学位9天后回国。1960年后，邓稼先作为第二

邓稼先领导九院进行"九次"模拟计算分析时用的老式手摇计算机（1963年）

机械工业部第九研究院理论设计部主任，面对苏联专家撤走后留下的残缺不全的核爆大气压数字，邓稼先带头攻关，领导设计部科研人员用四台老式手摇计算机，对原子弹爆炸时的物理过程进行了"九次"模拟计算和分析，在周光召的帮助下推翻了苏联专家撤走时留下的原有结论，解决了中国原子弹试验成功的关键性难题。1962年，设计部完成了原子弹的理论设计方案，迈出了中国独立研制核武器的第一步，被华罗庚誉为"集世界数学难题之大成"，美国《纽约时报》称邓稼先是"中国的原子弹之父"。

当时，理论部所使用的四台计算机的牌子和颜色都不尽相同，有"通用"牌和"飞鱼"牌等，有黑色和灰色等。1999年，北京应用物理与计算数学研究所（前身为二机部九院）将其中一台上海"通用"牌201型老式黑色手摇计算机（第34659号）拨交我馆。

王淦昌（1907—1998），江苏常熟人。核物理学家，中国科学院院士。1934年在德国柏林大学获得博士学位后回国，曾任第二机械工业部九所副所长等职。1961年至1978年间，王淦昌参加了中国原子弹、氢弹原理突破及核武器研制的试验研究和组织领导工作。他在带领科技人员所做的上千个实验元件的爆轰实验

王淦昌秘密从事核武器研制工作时装运资料用的箱子

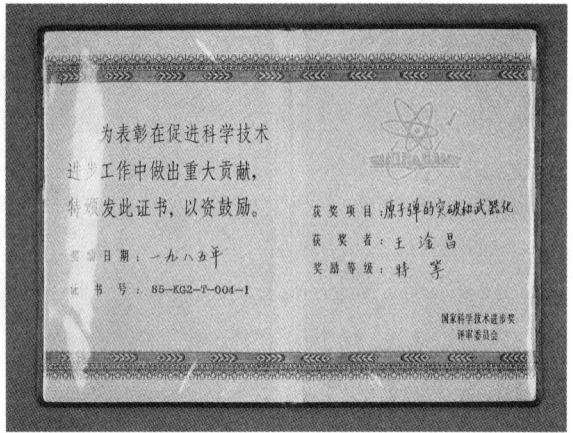

王淦昌的国家科技进步特等奖奖章和证书

中，身先士卒，指导设计实验元件，指挥安装测试电缆等，直到最后参加实验，终于在1962年底，基本掌握了获得内爆的重要手段和实验技术。

为了"两弹一星"的研制工作，许多科学家放弃了在国外的优厚待遇，毅然回国，由于保密的需要，他们在茫茫无际的戈壁荒漠，在人烟稀少的深山峡谷，隐姓埋名，默默无闻，在世界各种学术交流活动中失踪了……如王淦昌从1961年到1978年更名为"王京"达17年之久。

1999年8月，其子王德基将写着"王京"字样的木箱（王淦昌随二机部九院迁到四川工作时装运资料所用）和1985年王淦昌因在中国"原子弹的突破和武器化"研制中做出重大贡献获得的国家科技进步特等奖奖章和证书捐赠我馆。

（刘艳波）

诞生在中国科学家手中的世界冠军
——记人工全合成牛胰岛素的研制成功

1965年9月17日，中国科学工作者经过6年多的艰苦奋斗，在世界上第一个用人工方法成功合成了一种具有生物活力的蛋白质——结晶牛胰岛素，这是当时中国科学家在基础科学领域取得的顶尖成就。这一成果打破了1956年英国《自然》杂志评论文章所说"人工全合成牛胰岛素还不是近期所能做到的"预言，在世界上引起极大轰动。

人和动物胰脏内有一种岛形细胞，分泌出的激素叫胰岛素，具有降低血糖和调节体内糖类代谢的功能。胰岛素的分子具有蛋白质所特有的结构特征，被公认为典型的蛋白质。蛋白质是生物体内不可缺少的物质，是人类生命活动最重要的物质基础。在人体细胞中，蛋白质约占1/3，成年人体内平均约含蛋白质16.3%，皮肤和骨骼肌中约占80%，血液中约占5%，其总量仅次于水分。生命活动主要通过蛋白质来体现。因此，蛋白质研究一直被喻为破解生命之谜的关节点，而攻克人工全合成蛋白质成为各国科学家的一个重要研究课题。

1948年，英国生物化学家桑格（Fredrick Sanger）选择了一种分子量小，但具有蛋白质全部结构特征的牛胰岛素作为实验的典型材料进行研究。1952年搞清了牛胰岛素的G链和P链上所有氨基酸的排列次序以及这两个链的结合方式。次年，他宣布破译出由17种51个氨基酸组成的两条多肽链牛胰岛素的全部结构。这是人类第一次搞清一种重要蛋白质分子的全部结构。桑格也因此项成果荣获1958年诺贝尔化学奖。

我国的牛胰岛素的研制工作开始于1958年8月。刚刚成立的中国科学院上海生物化学研究所的王应睐、曹天钦、邹承鲁、钮经义、沈昭文等科学家，提出了"世界上第一次用人工方法合成的蛋白质在中华人民共和国实现"的宏伟目标，并开始进行艰苦的创造性的科学研究。

1958年12月底，人工合成胰岛素课题正式启动。中国科学院上海生化研究所考虑到工作难度、工作量问题，并且本单位缺乏有机合成经验，人手又不够，所以课题的首倡者就先后请求与中国科学院上海有机化学研究所、北京大学化学系有机教研室合作。北大抽出了一些人员参加此项研究，虽说有些人没有亲临上海的实验现场，但他们也在备战过程中，为此"输了血"。北京大学的邢其毅教授、张滂教授和陆德培等4位青年教师、季爱雪等4位研究生一起，带领有机专业的10多名应届毕业生展开研究。上海生化所则建立了由邹承鲁、钮经义、曹天钦、沈昭文等科学家分别负责的5个研究小组。他们各带一批年轻的科研人员，分头探路。因此，这场人工合成胰岛素的奋战，也被称为"大兵团合作"。

胰岛素分子由A、B两条链组成，A链有21个氨基酸，两条链通过两个二硫键连在一起。胰岛素分子还具有空间结构，也就是说它的肽链能有规律地在空间折叠起来，具有空间结构的胰岛素分子还可以整齐地排列起来形成肉眼可见的结晶体。人工全合成胰岛素，首先要把氨基酸按照一定的顺序联结起来，组成A链、B链，然后再把A、B两条链连在一起。这是一项复杂而艰巨的工作。

按照分工，有机化学研究所和北京大学化学系负责合成A链，生物化学研究所负责合成B链。经过周密研究，他们确立了合成牛胰岛素的程序。合成工作分三步完成：第一步，先把天然胰岛素拆成A、B两条链，再把它们重新合成天然胰岛素结晶，并于1959年突破了这一难题，重新合成的牛胰岛素是同原来活力相同、形状一样的结晶。第二步，在合成了胰岛素的两条链后，用人工合成的B链同天然的A链相连接。这种牛胰岛素的半合成在1964年获得了成功。第三步，把经过考验的半合成的A链和B链相结合。

"大跃进"年代的痕迹也影响到了人工合成胰岛素的研究，甚至出现了中科院上海生化所、北京大学化学系、复旦大学生物系3个单位先后向学部大会献礼，都宣布自己初步合成了人工胰岛素B链、A链以及B、A二链。上海生化所所长王应睐意识到这种费钱、费力而不讨好的研究方式不起什么效果，他的提议得到同意后，大兵团合作告一段落。

1963年中科院再次开始人工合成胰岛素的研究，研究人员精减到了20多人。在以后几年的时间里，20多位科学家废寝忘食、夜以继日地工作，他们

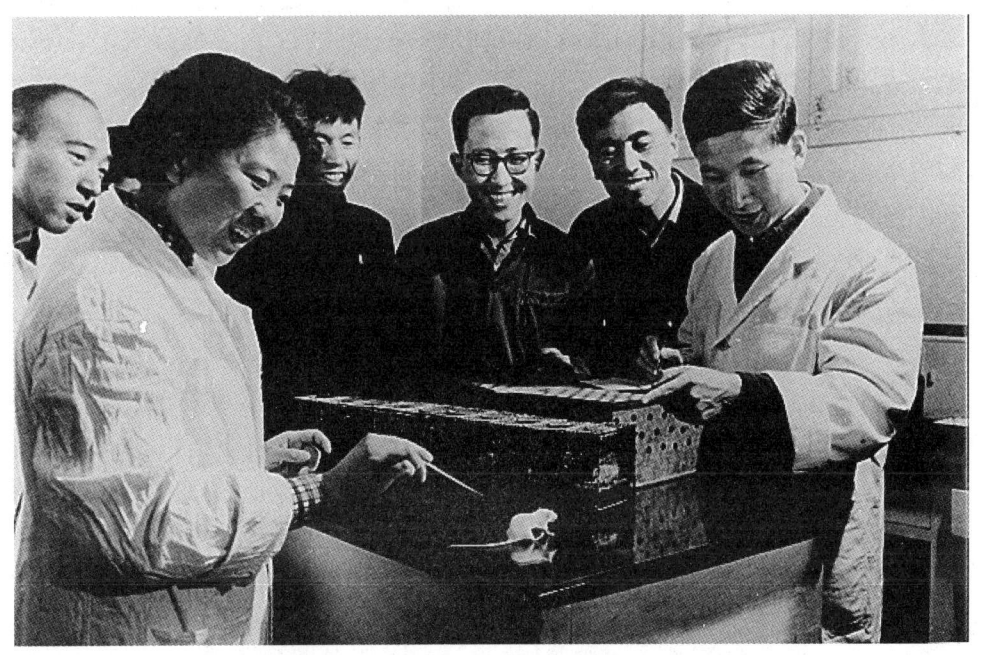

科研人员将人工合成产物注入小白鼠体内，测验它的生物活力。

不断总结经验，肯定成绩，发扬团结协作的精神，在经历600多次失败、经过200多步的化学合成后，1965年9月17日世界上首批用人工方法全合成的牛胰岛素晶体，在新中国科学家手中诞生了。

1965年11月，国家科学技术委员会在上海举行了牛胰岛素人工全合成科研成果的国家鉴定。由中科院副院长吴有训任主任委员、高教部科研司司长吴衍庆任副主任委员，由王应睐、邹承鲁、曹天钦、童第周等26位著名科学家组成的国家鉴定委员会，对人工全合成牛胰岛素的研究成果进行了科学鉴定。他们就该项研究工作的设计方案、试验方法、原始数据及逻辑推理等方面进行严格审查和严肃的学术讨论的基础上，得出鉴定结论，高度肯定了此项科研成果，证明人工全合成牛胰岛素具有与天然牛胰岛素相同的生物活力和结晶形状。这是世界上第一个人工全合成的蛋白质，标志着人类在认识生命、探索生命奥秘的征途中，迈出了关键性的一步，其意义与影响是巨大的。

1966年12月27日，《人民日报》发表了一篇社论，宣布"我国在世界上第一次人工合成结晶胰岛素"。

瑞典乌普萨拉大学生物化学研究所所长、诺贝尔奖获得者、诺贝尔奖委员会主席蒂萨利乌斯（Tiselius）1966年3月到上海生化所参观胰岛素研究工作时说："美国、瑞士等在多肽合成方面有经验的国家未能合成它（指胰岛素），也不敢去合成它。你们没有这方面的专长和经验，但你们合成了，你们是世界第一，这使我很惊讶。"蒂萨利乌斯回国后给曹天钦教授来信，又一次表达了同样的赞叹之情。他在归国途中恰逢我国第三次核试验成功，他就此事答瑞典记者问时说："核能力说明了中国的进展，但更有说服力的是胰岛素。因为，人们可以在书本中学习制造原子弹，但不能从书本中学习制造胰岛素。"1979年，我国人工合成胰岛素研究集体代表钮经义曾被杨振宁等科学家推荐为诺贝尔化学奖候选人。1982年，这项研究成果获得国家自然科学一等奖。

人工全合成牛胰岛素的成功，在国际国内产生了深远的影响。这一成果促进了生命科学的发展，开辟了用人工合成方法研究蛋白质结构与功能的新阶段，推动了我国胰岛素分子空间结构和胰岛素作用原理的研究，使我国的胰岛素研究形成了具有中国特色的体系，并培养了一批优秀的蛋白质和多肽的研究人才。成功合成牛胰岛素也为我国蛋白质的实际应用开辟了广阔的前景，为多肽合成的制药工业打下了牢固的基础。直至今日，胰岛素一直作为治疗糖尿病的特效药物被广泛应用。

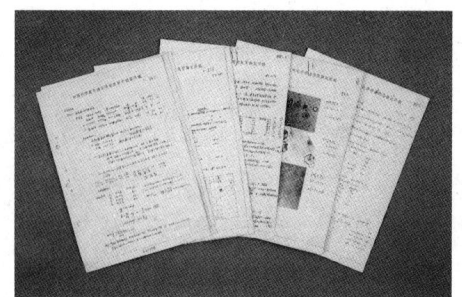

中科院上海生化所进行人工全合成牛胰岛素实验的关键部分记录

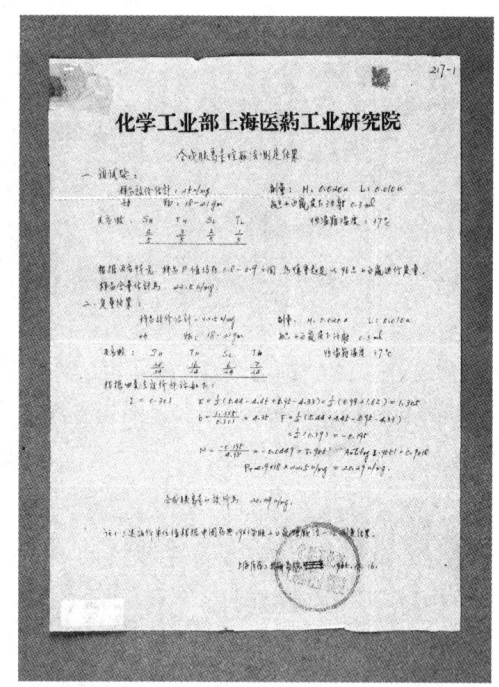

化学工业部上海医药工业研究所作的《合成胰岛素惊厥法测定结果》报告

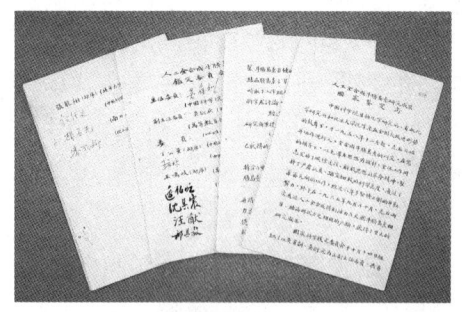

国家鉴定委员会作的《人工全合成牛胰岛素成果国家鉴定书》

2000年，中国科学院上海生物化学研究所将记载着人工全合成牛胰岛素这项辉煌成果的部分科研档案捐赠给中国革命博物馆（现中国国家博物馆），其中包括人工全合成牛胰岛素实验记录、《合成胰岛素惊厥法测定结果》报告（即活力检测报告）和由吴有训、王应睐等22位科学家亲笔签名的该项成果国家鉴定书。在长达6年的科学攻关中，科学家们完成了大量精细的实验，写下了难以计数的实验记录，这10页实验记录和活力检测报告，仅仅是数以万计的实验记录的一小部分，它记载了实验取得成功的关键时刻。第209、210号记录纸记录了从最后一步合成工作到获得牛胰岛素结晶的实验经过。第211、217-1记录了检测人工全合成牛胰岛素结晶活力的过程和结果。第213到217记录了9月21日开始进行重复试验过程。这次重复试验再次获得了具有生物活性的牛胰岛素蛋白。这些记载着中国科学家热爱祖国、献身科学事业、奋勇攀登世界科技高峰的顽强拼搏精神的科研档案，作为历史的见证，将永载史册。

（安　莉）

太平湖的故事
——老舍先生辞世处碑文拓片等

太平湖在北京德胜门外新街口豁口的西北面，现在北京的版图上，已经找不到这个地方了，太平湖早已被填平，修了地铁站。但是一说到北京的文化，人们就会想起一个人，想起他笔下那些活灵活现的京城老百姓：祥子、虎妞、王掌柜、祁老爷子、大赤包、常四爷、程疯子……他就是老舍。他的生和死，都与太平湖这个小地方有莫大的关系。

说起老舍，人们不禁会怀念他亲切的笑容，想起他生命悲壮的绝响。生在北京，长在北京，祖籍也是北京的老舍，是如何成为作家和走完他的一生的？他的作品背后，留下了哪些故事？

老舍，原名舒庆春，字舍予，北京人。1899年2月3日，旧历小年送灶王爷升天时，生于城边离太平湖不远处小杨家胡同一个满族下层人家。父亲舒永寿，正红旗皇城护军，庚子之役中炮牺牲，给老舍幼小的心灵里埋下了仇恨侵略者的种子。不识字的母亲则把善良、勤劳、坚韧的性格传给了他。

老舍是小说家，还是戏剧家、语言大师，是中国现代文学的领军人物。文坛素有"鲁郭茅巴老曹"之说，"老"即老舍，他是京味文化和京派文学的代表。他是周总理亲自派人邀请回国并三次登门拜访过的作家，他曾与毛主席促膝长谈。他曾在伦敦大学任教，被美国国务院邀请到耶鲁大学等名校讲学。他留下了800万字的作品。

1918年老舍毕业于北京师范学校，曾当过小学校长。成为作家，应归功于五四运动浪潮对他的震撼、感

老舍先生（1899-1966）

染，他开始用白话偷偷地写小说。1924年后，老舍在英国伦敦大学东方学院工作了5年。他大量阅读名著，但丁的《神曲》让他明白了什么是伟大的文艺，于是他开始《老张的哲学》的创作，这是他第一部长篇小说。

1930年老舍回国后，受聘于山东齐鲁大学。在济南4年，创作颇丰，《大明湖》、《离婚》、《牛天赐传》、《猫城记》等问世。1934年他辞去教职，来到上海，因上海文艺界被国民党法西斯文化笼罩，他只得折回山东，到山东大学任教。1936年辞职，专职写作。在青岛是他创作最旺盛时期，先写了《月牙儿》，第一部书是《骆驼祥子》。祥子的素材来源于一个朋友不经意间聊到的一段经历：他在北平雇佣过一位车夫，车夫自己买了车又卖掉，三起三落，到末了还是受穷。还有一位车夫被军队抓了去，不想因祸得福，竟乘军队转移之际牵回三匹骆驼来。老舍敏锐地意识到，这是很好的一篇小说素材。他记住了车夫，记住了骆驼，入了迷似的搜索材料，构思着人物和故事情节。从春到夏，每一个字，每一句话，每一个段落都由笔下源源流出，形成了一部十几万字的长篇小说——《骆驼祥子》。小说的成功使老舍蜚声文坛，奠定了走专业作家道路的基础。

卢沟桥事变后，老舍回到济南，面对国家危亡，他毅然决然地抛去自己优越的生活，离妻别子只身奔赴武汉，后又去重庆，投身到抗日战争的洪流中。"中华全国文艺界抗敌协会"在汉口成立，老舍先生是主要筹备人之一，又是文协的会刊《抗日文艺》实际上的主持人、总负责人，他得到了周恩来的支持。

老舍的根扎在百姓之中，他在北京底层市民的生活环境中长大，深知百姓生活的苦难，他的视角始终没有离开过市民生存的环境，那个环境中支离破碎的小事都成为他写作的素材。他擅长以小见大，从小事入手，反映大环境的现状，1944年动笔的《四世同堂》就是这样一部著作。小说的素材来自妻子胡絜青的讲述。小说以整个抗日战争历史为背景，以祁家四世同堂的生活为主线，辅以小羊圈胡同十几户居民为代表的各个阶层、各色人物在日军铁蹄下的荣辱浮沉、生死存亡。近百万字的篇幅，勾画出祁老爷子、瑞宣、大赤包、冠晓荷等一系列栩栩如生的艺术形象。老舍的笔在大社会的表层划开一个口，解剖了里面的一个小细胞，一个不起眼的沦陷了的小胡同，透射出民族和国家的命运。

1946年3月，受美国国务院邀请，老舍和曹禺同赴美国讲学。在美期间，老舍继续文学创作，并把中国新文艺介绍到美国。

1949年新中国成立后，老舍应周恩来总理的邀请，回到了阔别14年的出

话剧《龙须沟》剧照

生地北京，他购得位于北京市灯市口西街丰富胡同19号的一处小套院，此院因老舍种的两棵柿树号称"丹柿小院"，现为老舍纪念馆。50年代，老舍在北京师范大学当兼职教授，给中文系学生讲小说课，新建的校舍就在太平湖北。他担任了北京市第一届至第三届文联主席，北京市第一届、第二届人民代表会议代表，中国文学艺术界联合会副主席，中国作家协会副主席，全国人大第一届至第三届主席团成员，全国政协第三届常委。

要做的事太多，但老舍依然笔耕不辍，他的目光始终关注着普通百姓，在百忙中他构思着三幕话剧《龙须沟》。

龙须沟是北京有名的一条臭沟，沟的两岸住满了勤劳安分的穷苦人民。在旧社会，政府官员侵吞了人们捐献修沟的款项，底层百姓仍然生活在又臭又脏的环境中，却无处诉说。新中国刚刚成立，百废待兴，可政府为人民办事，去污除害，把昔日的臭水沟修成了马路，建起自来水站，肮脏腥臭的贫民区，变成了美丽的花园。老舍有老寒腿，走路很不方便，仍然执着手杖到现场观察，人艺的领导还派年轻同志下去采访，帮他找素材。

1951年上演的话剧《龙须沟》，把新政府为民办事的务实形象和城市贫民生活翻天覆地的变化生动地展现在舞台上，成为献给新中国的一曲颂歌。当年北京市政府授予老舍"人民艺术家"称号。

1957年创作的《茶馆》是他一生话剧创作的高峰，也是我国当代戏剧艺术的杰作。它充分展现了这位"语言大师"的实力，只言片语就能写活一个人物，同时也注入了他对国民的复杂情感。它以北京一座茶馆作为背景，展示了清末、民国初年和国民党垮台前长达半个世纪的三个不同时代尖锐的矛盾冲突和丰富的社会生活。全剧结构严密，一气呵成，通过旧中国的日趋衰微，穷途末路，揭示出必须寻找新的出路的真理。

1961年底他动笔写了以清末北京社会为背景的家传体长篇小说《正红旗下》，老舍在20世纪30年代就开始酝酿这部小说，近30年才动笔，到1962年便因为与当时的政治形势不合而停笔了。有学者把老舍和纳兰性德、曹雪芹并称为中国的三位满族大文学家。可惜这部老舍本打算厚积薄发写来与《红楼梦》相媲美的鸿篇巨著，只写了数万字。

1966年"文化大革命"开始。8月23日，刚刚出院的老舍去市文联"参加运动"，下午，红卫兵闯到市文化局和文联机关，将老舍、萧军、荀慧生、端木蕻良等29人一一挂上牌子，装上两辆卡车，运到国子监文庙。在震天的口号声中，他们被强迫跪在焚烧戏剧服装和书籍的大火堆前，头顶着地，红卫兵用舞台道具木刀、长枪和金瓜锤，几位女中学生索性解下腰里的军用铜头皮带，劈头盖脸地向老人们打去。萧军看到老舍就跪在旁边，脸色煞白，额头有血流下来。整整三个多小时里，没有人出来制止……

之后，老舍被带回文联，并挂上一块"反革命黑帮分子"的木牌，做"喷气式""请罪"，老舍强辩自己不是反革命，写的作品都是歌颂新社会和中国共产党的，换来的是讥笑和继续毒打。人格的侮辱和肉体的摧残，让他倍感痛苦和困惑，对极其看重尊严和气节的老舍来说，反革命的帽子是无法容忍的耻辱。第二天，老舍劝夫人上班，怕她不去"参加运动"要挨整，之后拄着手杖出了门，再也没有回来。

那天夜里，似乎没有星星和月亮，这个性格温和、心地善良的谦谦君子在太平湖畔徘徊良久，烟蒂散落一地。他是否想着也许不能再拿起笔写什么了，不能写的日子就等于没有了生命。他是否想起自己写的话剧《茶馆》里面，常四爷说的"我爱咱们的国呀，可是谁爱我呢？"——"文化大革命"后很长一段时间这是中国文人常挂在嘴边的一句话。黎明之际，他像自己作品的许多主人公的悲剧结局一样，投身太平湖，带着对生命的眷恋，对世事的疑惑，把生命永远定格在瞬间。天明后"遛早"的人在湖里发现了老舍先生遍体鳞伤的尸体，手杖、礼帽、衣服和鞋袜等整齐地放在岸边。他没有戴眼镜，但鼻梁上有两个明显的黑色亮点，有人当即认出了他。

老舍戴过的眼镜

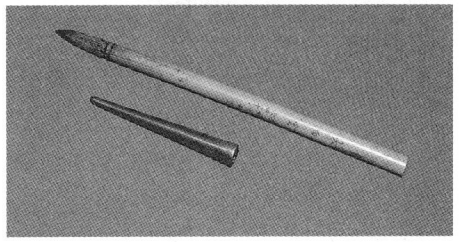

老舍用过的大白云毛笔

第二天，31岁的老舍之子舒乙拿着市文联开出的"我会舒舍予自绝于人民,特此证明"的介绍信,到火葬场办了火葬手续,但被告知,按规定不能留骨灰。这一天,北京被打死、自杀的近百人,第二天增加到100余人,那个月北京被批斗致死的数以千计……

"文化大革命"结束后,1978年6月3日,在八宝山革命烈士公墓为老舍举行了隆重的追悼仪式;舞台上上演了苏叔阳的话剧《太平湖》;舒乙主编了《老舍之死》……人们用各种方式表达着对这位文学巨匠深深的追思。

然而,除了这些平反后的悼念外,还有一块碑,在当年就承载了一位普通人对老舍崇高的敬意。老舍曾说,我是文艺界中的一名小卒,小卒心中没有大将的韬略,可是小卒该做的一切我确是做到了。在我入墓的那一天,我愿有人赠给我一块短碑,刻上:文艺界尽职的小卒,睡在这里。也许,这块碑就是老舍最想要的。

在老舍去世后第二年10月中旬的一天,家住太平湖东北岸的白鹤群像往常一样出来"遛早",他突然发现乱草中有块石碑。碑是白玉石质,状似山形,高1尺9寸,宽7寸,镌7个魏体字:"老舍先生辞世处",上款为"人民艺术家",下款为"六七年周年纪念许林邨敬立"。他迅速取来工具,拓了6张。

几经周折,他找到了这位年近六旬的立碑人。他问:"您为老舍先生立碑,就不怕挨批挨斗吗?"许答:"没有这些先生的教诲,能有我许林邨吗?至于说到立碑之勇,就是从老舍先生那来的。这就是宁为玉碎,不为瓦全,士可杀不可辱的精神。"两人在打捞老舍遗体时都曾在场。

1971年太平湖因修地铁站被填平,碑也不知去向,这些拓片便成为唯一能证明立碑之事的文物。1989年,白鹤群将他拓的"人民艺术家老舍先生辞世处"碑文拓片捐赠我馆。

同年,老舍之子舒乙将一副老舍40年代在美国配的、平时常戴的眼镜,一支老舍平时最爱用的大白云毛笔、两张名片捐赠我馆。

谨以此文纪念老舍先生诞辰110周年。

(奚 敏)

白鹤群拓的"人民艺术家老舍先生辞世处 六七年周年纪念许林邨敬立"碑文拓片

"好在历史是人民写的"
——见证刘少奇蒙冤与平反的几件文物

1980年5月14日下午，一次特殊的骨灰迎送仪式在河南省人民大会堂隆重举行。在一楼南侧的会议室里，中共河南省委领导和王光美等人一起，将刘少奇的骨灰换装到中央为其特制的骨灰盒中。换好骨灰后，王光美将脸深情地贴在了盖着鲜红党旗的骨灰盒上面，又一次流下了心酸的泪水。当天下午，刘少奇的骨灰由专机从河南郑州接回北京。举行追悼会后，王光美和子女们遵照他的生前遗愿，将刘少奇的骨灰，像恩格斯一样，撒到那滔滔的大海里。

中国国家博物馆不但收藏了刘少奇从事革命工作的许多文物，而且还收藏了一批刘少奇追悼会后王光美捐赠给我馆的极为特殊的文物，包括刘少奇遗体火化后装骨灰的骨灰盒，遗体火化的接尸单、"文革"中群众珍藏的刘少奇画像和《论共产党员的修养》、粉碎"四人帮"后群众要求为刘少奇平反的信件等。其中骨灰盒，木质，长16.5厘米、宽28.5厘米、高15.2厘米，放照片的地方嵌着"刘卫黄"字样的纸签，质地极为

王光美深情地将脸贴在刘少奇的骨灰盒上

嵌有"刘卫黄"字样的刘少奇骨灰盒

普通，售价仅18.58元；火化接尸单上，"死者姓名"一栏，写的也是"刘卫黄"，"职业"写的是"无业"。曾经的中共中央副主席、中华人民共和国主席、毛泽东的接班人，为什么在去世后只能以少年时用过的名字示人，职业竟变成"无业"了呢？这与刘少奇在"文化大革命"中的遭遇是分不开的。

长达十年的"文化大革命"，是一场由毛泽东错误发动，被林彪、江青反革命集团利用，给党和人民造成严重灾难的全国范围的内乱。毛泽东发动"文化大革命"的初衷是防止党和国家"和平演变"，"反修防修"，但他对当时国内形势的估计和发动"文化大革命"的主要论点即所谓"无产阶级专政下继续革命的理论"是完全错误的，运动的发展也超出了他原先的估计。

1965年11月10日，上海《文汇报》发表的姚文元《评新编历史剧〈海瑞罢官〉》一文，是发动"文化大革命"的导火索。其后"文化大革命"愈演愈烈，从一场意识形态的批判运动逐渐发展成矛头指向党的领导层的政治运动。

1966年8月5日，毛泽东在中共八届十一中全会上写了《炮打司令部——我的一张大字报》后，全会转入对刘少奇、邓小平的揭发批判。全会通过了《中共中央关于无产阶级文化大革命的决定》(即《十六条》)，成为"文化大革命"的指导方针。根据毛泽东的提议，全会改组了中共中央领导机构，重新选举了政治局常委，刘少奇由第二位下降到第八位，林彪名列第二成为毛泽东的接班人。

同年10月，毛泽东在北京主持中央工作会议。陈伯达和林彪在会上指名攻击刘少奇、邓小平执行的是"一条压制群众、反对革命的路线"。会后，全国掀起批判所谓"资产阶级反动路线"的高潮。

随着运动的逐渐升级，对刘少奇的政治批判和人身摧残越来越严重，受牵连的人也越来越多。1967年元旦伊始，中南海内的造反派在刘少奇住处张贴了"打倒中国的赫鲁晓夫刘少奇"的大标语，并两次围攻、批斗刘少奇夫妇。3月16日，中央印发《薄一波、刘澜涛、安子文、杨献珍等自首叛变材料的批示》和附件，把1936年8月至1937年3月薄一波等经组织决定出狱错定为"自首叛变"，而且是刘少奇背着毛主席策划决定的。此后在全国到处刮起"抓叛徒"的恶风，林彪、江青等还诬称有一条所谓的"刘少奇叛徒集团组织路线"。5月8日，《人民日报》、《红旗》杂志发表经中央政治局常委扩大会议讨论通过的编辑部文章《〈修养〉的要害是背叛无产阶级专政》，以批判《论共产党员的修养》一书为名，不点名地批判了刘少奇。

7月18日，江青、康生、陈伯达趁毛泽东离开北京之机，擅自决定组织批斗刘少奇夫妇的大会，并对刘少奇实行抄家和人身迫害。当天上午，在得到晚上将要开会批斗他们夫妻二人的消息后，刘少奇预感到生离死别的日子可能就要来临，他对王光美说了这样一句话："好在历史是人民写的。"这句话道出了一个真正的马克思主义者的坚定信念！王光美没有想到的是，这句话竟成了刘少奇给她的最后留言。当天晚上，造反派把刘少奇揪到中南海职工食堂，把王光美揪到中南海西楼大厅，分别进行批斗。在批斗会进行的同时，造反派还抄了刘少奇的家。

　　批斗会后，刘少奇被与家人隔离，单独看管。与此同时，林彪、江青一伙为了篡夺党和国家的最高领导权，罗织罪名，对刘少奇极尽诬陷之能事。1968年9月16日，"刘少奇、王光美专案组"整理报送了三本所谓刘少奇的"罪证材料"。江青在批语中诬陷刘少奇是"大叛徒、大内奸、大工贼、大特务、大反革命"。

　　1968年10月，中共扩大的八届十二中全会在党内生活极不正常的情况下，批准了在江青、康生、谢富治等把持下用伪证写成的《关于叛徒、内奸、工贼刘少奇罪行的审查报告》，作出了把刘少奇"永远开除出党，撤销其党内外一切职务"的错误决定。在表决通过审查报告时，中央委员、中华全国总工会副主席陈少敏是唯一拒绝举手的与会代表。此后，她也被扣上了"刘少奇在全国总工会的代理人"、"刘少奇黑线上的重要人物"等帽子。

　　此时，刘少奇的境遇每况愈下，1968年初后，他先后患上了肺炎、糖尿病、高血压、植物神经紊乱、心脏病等多种疾病，但均未得到及时治疗。

　　1969年10月17日晚7时，根据中共中央关于战备疏散的决定，身患重病的刘少奇被抬上担架，专机运离北京，9时30分到河南开封，秘密关押在开封市革命委员会院内原"同和裕银号"旧址。

　　由于转移时刘少奇只裹了被子，未穿衣服，着凉后肺炎复发，高烧39°C，退烧后，专案组下令北京来的人和药于11月8日都撤离。10日，刘再度高烧，病情迅速恶化。到开封后仅27天，11月12日凌晨6时45分，前中共中央副主席、中华人民共和国主席刘少奇在被关押地孤独地含冤死去，享年71岁，身边没有一个亲人，两小时后，抢救人员才赶到现场。

　　从北京赶来的专案组人员于13日夜12时，冒用"刘原"之名（刘少奇之子名刘源），以"患有烈性传染病死亡"为由，将刘少奇的遗体在开封市东南郊火葬场秘密火化，"死者姓名"一栏，写的是鲜有人知的刘少奇少年时的名字"刘卫黄","职业"一栏被填作"无业"。刘少奇的遗物也按专案组指示付之一炬。

刘少奇一案是新中国成立以来最大的冤案。据最高人民法院1980年9月前的统计,"文化大革命"中,因刘少奇问题受株连而错判的案件有22053件,因此而错受刑事处分的有28000余人,其他受批斗、隔离、关押的更是不计其数。如原中共辽宁省委宣传部干部张志新,因在"文化大革命"中批评对领袖的个人崇拜和为刘少奇鸣冤,被"四人帮"及其在辽宁的死党定为"现行反革命",于1969年9月被捕,入狱6年后被残酷杀害。平反后追认为革命烈士。

在刘少奇遭受迫害的同时,他的妻子王光美也被关进了监狱,他的子女们有的被迫害致死,有的被关押,有的被送往农村劳动。正如一位中共党史专家所说的:"刘少奇在'文化大革命'中受到最无理、完全是颠倒黑白和无中生有的批判和污蔑,是'文化大革命'中最大的受害者。他手执宪法,仍不能保护自己作为国家主席的人权。"

1979年2月,中央决定由中央纪律检查委员会和中央组织部对刘少奇同志一案进行复查。经反复调查核实,所谓刘少奇1925年在长沙"被捕叛变"问题、1927年在武汉和庐山进行"内奸活动"问题、1929年在沈阳"被捕叛变"问题,都是污蔑不实之词;所谓刘少奇在新中国成立后"坚持走资本主义道路"、"阴谋颠覆无产阶级专政",也是对历史的歪曲和捏造。

1980年2月29日,中共十一届五中全会一致通过《关于为刘少奇同志平反的决议》,撤销党的八届十二中全会强加给刘少奇的"叛徒、内奸、工贼"等一切罪名和据此作出的把刘少奇"永远开除出党,撤销其党内外一切职务"的错误决议,撤销原审查报告,恢复刘少奇作为伟大的马克思主义者和无产阶级革命家、党和国家主要领导人之一的名誉。这桩新中国成立以来最大的冤案终于得以平反昭雪,因刘少奇案受株连的冤假错案和错判人员也全部得到平反。

5月17日,刘少奇同志追悼大会在北京人民大会堂隆重举行,与此同时全国降半旗致哀。党和国家领导人及首都各界人士1万多人参加了追

天安门广场降半旗悼念刘少奇同志

悼会。邓小平在会上致悼词说："刘少奇同志为共产主义事业战斗了一生。他是受到全党和全国各族人民爱戴的、久经考验的、卓越的党和国家领导人。"

到1982年底，全国大规模的平反冤假错案工作基本结束，约有300多万名干部得到平反。一大批遭到诬陷、迫害的领导干部、民主人士，长期受打击的知识分子和在"文化大革命"中惨遭林彪、"四人帮"迫害的群众得到平反昭雪。

2008年11月11日，胡锦涛在纪

刘少奇追悼大会在人民大会堂隆重举行

邓小平在刘少奇追悼会上致悼词

念刘少奇同志诞辰110周年大会上讲话，全面地评价了刘少奇一生的历史功绩。他说，刘少奇是伟大的马克思主义者，伟大的无产阶级革命家、政治家、理论家，党和国家主要领导人之一，中华人民共和国开国元勋，是以毛泽东为核心的党的第一代中央领导集体的重要成员。刘少奇的光辉业绩、崇高风范、高尚品德，永远铭记在全党同志和全国各族人民心中。刘少奇在"文化大革命"中遭到林彪、江青两个反革命集团残酷迫害，不幸蒙冤致死。在最艰难的时刻，他仍然以一名共产党员的高度责任感，向中央建议"尽早结束

‘文化大革命’，使国家少受损失"，并坚信"好在历史是人民写的"。

　　历史证实了刘少奇所说的"好在历史是人民写的"，刘少奇的英名永远铭记在全党全军全国各族人民心中。我们纪念刘少奇，一定要吸取这个沉痛的历史教训，努力维护、巩固、完善社会主义民主与法制，使类似的冤案永远不再重演。

（何志文）

苦撑危局　展望未来

——周恩来"文化大革命"时期的几件文物

在谈到"文化大革命"时，陈云曾说："没有周恩来同志，'文化大革命'的后果不堪设想。"邓小平说："'文化大革命'时，我们这些人都下去了，幸好保住了他。在'文化大革命'中，他所处的地位十分困难，也说了好多违心的话，做了好多违心的事。但人民原谅他。因为他不做这些事，不说这些话，他自己也保不住，也不能在其中起中和作用，起减少损失的作用。他保护了相当一批人。"

"文化大革命"的十年，是周恩来一生最艰难的岁月。面对极端复杂的特殊环境，他抱定"我不入地狱谁入地狱"的决心，以常人难以想象的大智大勇和自我牺牲精神，忍辱负重，顾全大局，苦撑危局，鞠躬尽瘁，竭力维系国民经济继续运转，尽可能减少"文化大革命"造成的破坏和损失，尽力维护人民的根本利益，同时立足全局，展望未来。中国国家博物馆保存的一批有关文物是周恩来这种精神的形象写照。

"文化大革命"中，原来在中央一线主持工作的刘少奇、邓小平"靠边站"了，一大批领导干部包括周恩来总理的许多得力助手被打倒了或是被整得无法工作了，这些人原来承担的工作落到了周恩来的身上。在极为困难的情况下，周恩来要主持国务院的会议，要召集中央政治局的会议，要接见外宾，要接见红卫兵和群众组织代表，要解决各种问题……

1966年8月，因红卫兵非法查抄爱国民主人士章士钊的家，问题反映到毛主席那里，毛主席让周恩来酌处。于是，周恩来写了一份应予保护的干部名单，将宋庆龄、郭沫若、程潜等知名民主人士和"四副两高"的几百名领导干部列为保护对象。为了限制和约束"红卫兵运动"中出现的日益严重的打、砸、抢等违法乱纪行为，9月2日，周恩来起草了《有关红卫兵的几点意见》，提出"对于在国际和统一战线中具有合法地位的民主人士和对于有贡献的科学家和科学技术人员，只要没有发现反革命活动，应该加以保护"，"要保障厂矿的生产和基本建设不受影响"等10条要求。但因江青等"文革小组"成员反对，《有关红卫兵的几点意见》稿未能发出。

目睹一些知名人士惨遭迫害，周恩来不顾个人安危，采取了一系列措施尽可能保护各界知识分子。为了保护钱学森等科学家和工程科技人员并让他们放手工作，突破国防尖端科技工程的技术难关，1969年8月9日，周恩来主持召开国防工办、国防科委和二机部负责人参加的会议，批准应保护人名单，由军管会起草的重点保护的工程技术人员名单从最初的几十人，增至几百人。在邓小平被打倒后，周恩来尽己所能，给予照顾，后来又大力支持邓小平复出和主持国务院工作。

"文化大革命"中，文教、科研事业，尤其是基础科学和理论研究工作受到很大冲击。大学理科被取消，科研机构被拆散，科技队伍被整得七零八落。1971年"九一三"事件后，周恩来在毛泽东的支持下主持中央日常工作，为恢复教育、科技部门的正常工作做出了不懈的努力，各方面的工作有了一定转机。

1972年，周恩来针对正常升学制度被破坏的情况提出，有发展前途的青年，中学毕业后，不需要专门劳动两年，可以直接上大学，成为后来恢复高考制度的先声。

1972年7月2日，周恩来会见美籍华人物理学家、诺贝尔奖获得者杨振宁博士，对他提出的目前中国应加强基础理论的研究和交流的建议表示赞同。7月14日，他指示周培源，"你回去要把北大的理科搞好，把基础理论水平提高。这是我交给你的任务。"7月23日，他致信国务院科教组和中国科学院负责人："在科教组和科学院好好议一下，并要认真实施。"9月5日，周恩来与科学院院长郭沫若会见巴基斯坦总统科学顾问时，又一次强调理论研究的重要性。

9月11日，他在看了二机部张文裕等18位科学工作者关于发展高能物理研究的建议信后，立即用铅笔给科学院有关领导写信，指出"这件事不能再延迟了，科学院必须把基础科学和理论研究抓起来，同时又要把理论研究与科学实验结合起来，高能物理研究和高能加速器的预制研究，应该成为科学院要抓的主要项目之一"。这封信先送郭沫若、刘西尧阅后转交张文裕、朱光

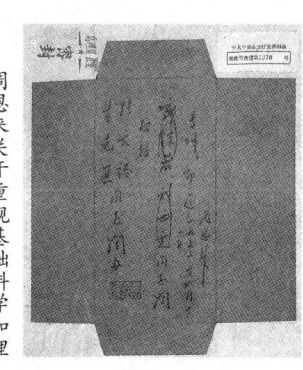

周恩来关于重视基础科学和理论研究等事的信

周恩来关于重视基础科学和理论研究等事的信封

亚阅办,该信对恢复文教科研部门的正常工作起了重大作用。1977年10月5日,中国科学院将此件拨交我馆。

熟悉周恩来的人都惊叹他那过人的精力和记忆力,他可能是天底下睡眠和休息最少的人了。但在"文化大革命"中,周恩来心情很不愉快,直接影响到他的身体状况,加上过度紧张、繁重的工作,使他原本健康的身体急剧衰弱。由于工作安排过于密集,周恩来每天都是在外头忙完,深夜回到西花厅后,再处理各种请示、报告、文件,过于疲劳时,就在额头上擦点清凉油,常常一连十七八个小时不能休息。1967年发现心脏病后,他仍坚持通宵工作,即使被工作人员"强迫"回卧室后,仍用木板或书垫着,批阅文件几个小时才睡觉。

曾在周恩来身边任秘书的张作文回忆说:"身体已经到了疲惫不堪的程度,很难再坚持坐在办公室批阅这些文件,为了不误事,总理只好把这些限时发出的文件抱到床上去批。他背靠在床头上,两腿躬起来,把文件放在两条腿上。这样批不了几份文件就坚持不下去了。后来卫士同志就找来了一块硬纸板,让总理垫在腿上工作,减少点疲劳。"

为了保护周恩来的健康,改善一下工作条件,1971年4月,邓颖超与工作人员商量后亲自设计,并请木工韩致义师傅制作了这张一边高、一边低,造型奇特的斜面小炕桌,使周恩来可以靠坐在床上工作。小桌四周有边框,既可以防止文件散落到床上,又免得用手扶文件。周恩来直到病重住院后仍在使用这张小桌。这张小桌体现了邓颖超对周恩来深厚的感情和对他工作的支持。

周恩来在床上批阅文件用的斜面小桌

共和国的记忆：文物见证历史
The Stories of People's Republic of China

周恩来在四届人大一次会议上作政府工作报告

周恩来在305医院会见金日成主席时穿的特制布鞋

1972年5月，周恩来被确诊为膀胱癌，医生建议他注意休息，减轻工作负担，但他仍然不辞劳苦，日理万机。1974年6月，他病重住进了305医院后，仍带病坚持工作。在1975年1月召开的四届人大一次会议上，他最后一次作政府工作报告，重申实现四个现代化的宏伟目标。

1975年4月18日至4月26日，朝鲜劳动党中央书记、共和国主席金日成率领朝鲜党政代表团访问中国。在这之前周恩来刚做了一次大手术，双脚仍然肿着，但他坚持要下床会见金日成。由于脚肿穿不了皮鞋，19日上午，工作人员高振普到西单长征鞋店为周恩来定制圆口布鞋，鞋店的两位老师傅选了40号的布底，按要求剪了鞋样赶制半日而成。当天下午，周恩来就穿着特制布鞋在305医院会见了金日成主席。这是周恩来手术后第一次下床。此后他又穿着这双鞋几次会见外宾，直至9月7日最后一次会见罗马尼亚外宾。

周恩来逝世后，为支持我馆筹办《纪念周恩来总理展览》，1976年12月23日，邓颖超将小木桌与特制布鞋等一批珍贵文物资料捐赠我馆收藏和陈列，让更多的人通过这些感人的文物，怀念和学习这位伟大的人民公仆。

（吴虹）

传递地球另一面的信息
——尼克松赠毛泽东的"月球岩石碎片摆件"

中国国家博物馆有一件珍贵的国际礼品——美国总统尼克松赠给毛泽东主席的"月球岩石碎片摆件"。它是由美国得克萨斯州休斯敦载人宇宙飞船中心技术勤务处,将美国宇航员带回的7粒月球表面岩石碎片加上美国国旗封闭于有机玻璃座屏中制作而成。1971年7月美国总统国家安全事务助理基辛格博士秘密访问中国时,作为尼克松总统的礼品,请周恩来总理转赠毛泽东主席。这件文物传递了美国领导人从地球另一面给中国领导人的信息,中美两国交往的大门在被人为关闭了20多年后重新打开了!

尼克松赠毛泽东的礼品——嵌月球表面岩石碎片摆件

20世纪60年代末70年代初,国际形势经过战后20多年的发展,发生了显著的变化。美国由于受到越南战争的拖累,产生财政赤字、对外贸易衰退、美元危机……地位大不如前。与此同时,法国、西德和日本等国经济高速发展,在政治方面的独立自主性日益增强,不再像以前那样对美国处处言听计从。在美国看来,要应对苏联的挑战,挽救其世界霸权地位的中落,需要改善与中国的关系。

而此时由于苏联推行地区霸权的外交策略,中苏关系正在恶化。1969年3月,中国和苏联在黑龙江省珍宝岛地区发生了严重的边境武装冲突,称为珍宝岛事件。在苏联陈重兵于中苏边境之际,为了维护国家的安全和独立,抵御国际霸权主义的压力,为了解决台湾问题,为了恢复和扩大国际交往以及更积极地参与国际事务,中国也需要改善与美国的关系。

中美双方出于对各自国家利益和战略形势的考虑,需要开展对话,改善相互间的关系。1969年尼克松就任美国总统以后,美国的对外政策作了重大调整。美国方面通过多种方式同中国方面进行接触,希望通过和中国的对话改善两国的关系。美国接连采取行动向中国示好,先是1969年11月间停止派遣驱逐舰到台湾海峡进行例行巡逻;随后美国驻波兰大使又主动接触中国驻波兰代办,表示希望恢复中美华沙会谈。

中国领导人审时度势,及时对外交工作作出了重大的战略调整。在中国先后收到尼克松通过巴基斯坦和罗马尼亚这两个渠道传递的信息后,1970年12月,毛泽东在会见美国友人埃德加·斯诺时表示愿意接待尼克松访华,不论尼克松是作为旅游者或者总统来都可以。12月9日,周恩来委托巴基斯坦总统叶海亚·汗将信息传给美国,表示如果尼克松总统真有解决台湾问题的愿望和办法,中国政府欢迎美国总统特使来北京商谈。翌年1月11日,周恩来再次通过罗马尼亚渠道传递信息,表示如果尼克松总统本人愿意访问北京,也会受到欢迎。这说明中美两国从自己的利益出发,都在积极调整自己的对外政策。

机会很快出现在1971年3月在日本举行的第31届世界乒乓球锦标赛,美国乒乓球队在与中国队的一次偶然接触中提出了访华的请求。起初中国有关部门准备拒绝他们,因为美国乒协支持台湾以"中华民国"的名义参加国际乒联。外交部和国家体委联合上报了《关于不邀请美国乒乓球队访华的报告》,但周恩来没有在报告上写自己的意见,而是原样报告了毛泽东。经过深思熟虑,毛泽东决定立即邀请美国乒乓球队来华访问。4月,美国乒乓球代表团应邀访华,周恩来在北京会见他们时说:"你们这次应邀来访,打开了两国人民友好往来的大门。"这就是人们所说的"小球转动了大球"的"乒乓外交"。就在周恩来接见美国乒乓球队的同一天,美国总统尼克松宣布取消已经实行20余年之久的对中国的贸易禁运。中美关系在敌对了20多年后,终于有了缓和的迹象。

接着,周恩来于4月21日请叶海亚·汗给尼克松捎信,表示要从根本上恢复中美关系,必须从中国的台湾和台湾海峡地区撤走美国的一切武装力量,而解决这一关键问题,只有通过两国高级负责人直接商谈,才能找到办法。因此,中国政府重申"愿意公开接待美国总统特使如基辛格博士,或美国国务卿甚至美国总统本人来北京直接商谈"。尽管收到这封信时已经是晚上,但第二天一早,尼克松和基辛格就定好了访问中国的行程。并数次以口信方式回复周恩来,提议先派基辛格为尼克松总统特使,于7月9日至11日经由巴基斯坦秘密访华。6月21日,周恩来答复同意。

美国总统国家安全事务助理亨利·基辛格对中国的首次访问,代号为"波罗行动",意即像700年前意大利的马可·波罗那样冒险。基辛格于7月1日出发,对外声称要在亚洲做一次公开的"了解情况的长途旅行",先后到了西贡、曼谷、新德里和巴基斯坦首都伊斯兰堡。经过精心策划,他于7月9日凌晨,神不知鬼不觉地登上了飞往北京的专机,和周恩来一道演出了现代外交史上最富有戏剧性的一幕。

从7月9日下午至11日下午1时,周恩来、叶剑英同基辛格进行了6次会谈,中美双方终于开始了高层接触。基辛格在回忆录中写道:"周恩来从不在小地方讨价还价。我很快就发现,和他打交道的最好办法,是提出一个合理的主张,详细地加以解释,然后坚持到底。我有时甚至将内部研究的文件拿出来给他看,这些文件是我们结论的根据。周恩来也采取同样的办法。"

经过会谈,中美双方商定,以巴黎作为今后秘密联系的渠道,不再恢复华沙中美大使级会谈的渠道。并商定双方同时发表宣布基辛格秘密访华和周恩来总理代表中国政府邀请尼克松总统于1972年访华的《公告》。这一消息立即震撼了整个世界,各国政界和新闻界目瞪口呆,并引发了国际局势的连锁反应。3个月后,联合国第二十六届大会就以压倒多数通过决议,决定恢复中华人民共和国在联合国的合法席位。

基辛格代表尼克松转交的赠毛泽东主席的礼品——嵌月球岩石碎片摆件,传递了美国总统从地球另一面给中国领导人意味深长的信息。岩石虽小,

周恩来会见基辛格

但它却来历非凡。

第二次世界大战后,美国成为世界科学技术的中心。第三次技术革命,主要是在原子能、空间技术和电子计算机三大领域。1957年苏联成功地发射了人造地球卫星,从而开始了美苏两国的空间竞赛。但在1961年,苏联宇航员加加林完成遨游太空的壮举。美国在人造地球卫星和载人太空技术方面落在了苏联的后面。

不甘心落后的美国制定了人类登月的"阿波罗计划",加紧从事人类登月计划可行性的研究与实验。为此,美国动员了40多万人、约2万家公司和研究机构、120多所大学参加。整个计划用电子计算机辅助管理,成为美国继研制原子弹的"曼哈顿计划"之后又一个高度综合性的大工程。在8年时间里,美国先后发射了21个月球探测器和轨道环行器,以研究在月球安全着陆事宜。为了解决人类在空间环境中能否长期生活、在失重条件下能否工作、在宇宙空间能否自由活动等一系列问题,美国还进行了37次载人和不载人的宇宙飞行实验,以取得宇宙飞行经验和参考资料数据。

1969年7月16日,阿波罗人类登月行动开始。7月21日3时51分,登月舱在月球实现软着陆。宇航员阿姆斯特朗爬出登月舱的气闸式舱门后,从5米高的进出口缓慢地走下9级扶梯。4时7分,他的左脚先放到月球表面,静寂的月球尘土上第一次印上了人类的脚印。两名宇航员在月球上停留了21小时18分钟,除安装测试装置外,还采集了23公斤月球岩石和土壤样品,然后驾驶登月舱返回环月轨道与母船会合对接。7月24日,"阿波罗11"号飞船在太平洋夏威夷西南海面安全降落,人类第一次载人登月飞行圆满完成。

1969年11月14日,美国宇宙飞船"阿波罗12"号开始了第2次登月行动。19日降落月球表面,停留了32个小时。20日,两名宇航员进行了两次月球漫步,在第2次月球漫步中,他们收集了50磅重的月球岩石,并架设了一组科学仪器。24日安全返回地球。

两次登月行动的成功,标志着美国的空间技术水平远远超过苏联,迫使苏联中途退出登月竞赛的舞台。用登月取回的岩石小碎片作为礼品,显示了美国世界领先的空间技术和科技实力。尼克松委托基辛格带来这件礼品,可谓意味深长。

1972年2月21日美国总统尼克松访华,周恩来在北京机场欢迎他时,意味深长地说:"你的手伸过世界最辽阔的海洋来和我握手——25年没交往了啊!"尼克松会见了毛泽东主席,并与周恩来就两国关系正常化及双方关心

周恩来在北京机场迎接首次来访的美国总统尼克松

的问题进行了广泛、坦率的会谈和艰苦的谈判,28日,中美双方在上海签订了《中美联合公报》,这标志着两国关系正常化的开始。中美关系的正常化引发了中国与日本、中国与西方资本主义发达国家相继建立外交关系的热潮。中苏关系也趋于缓和。中国的外交格局发生了重大变化,为后来中国逐步实行对外开放政策创造了有利条件。

美国共和党领袖斯科特赠毛泽东的尼克松访华纪念章

1978年5月31日,中共中央办公厅警卫局和人民大会堂管理局将这件美国总统尼克松赠给毛泽东主席的礼品——嵌月球表面岩石碎片摆件拨交我馆。摆件为木座,金属说明牌,有机玻璃板下圆球内嵌7粒岩石碎片及美国国旗,通高28.5厘米、纵18厘米、横24厘米,并附尼克松名片。它既是人类登月的见证物,又见证了中美两国关系从对抗走向对话的历史转折点。

(沈 正)

破解"哥德巴赫猜想"的中国人

——陈景润"哥德巴赫猜想"(1+2)论文手稿

"哥德巴赫猜想"被国际数学界誉为数学皇冠上可望而不可即的"明珠"。1742年6月7日,德国著名数学家哥德巴赫(1690—1764)在给数学家欧拉的信中,提出了一个尚未被证明的数学问题,即:(1)任何大于2的偶数都是两个素数之和(表为"1+1");(2)任何大于5的奇数都是三个素数之和,这就是著名的哥德巴赫猜想。

哥德巴赫猜想中,容易证明(2)是(1)的推论,所以(1)最为基本。曾有人对一个个偶数进行验算,直到3.3亿,结果都是对的。同时,没人能提出猜想是错误的论证。但是偶数和素数(大于1的整数,除了1和它本身以外不能被任何整数除尽)是无穷多的,不可能一一验算。乍看容易,但证明它是正确的却非常困难,许多数学工作者为此毕生殚精竭虑,却仍不得其解。

1900年,德国数学家希尔伯特在国际数学会议上把哥德巴赫猜想看成是以往遗留的最重要的问题之一。1912年,德国数学家朗道在国际数学会上认为要证明哥德巴赫猜想是现代数学家力所不能及的。1921年,英国数学家哈代宣布,猜想(1)的困难程度可以和任何没有解决的数学问题相比。

然而,人们对证明"哥德巴赫猜想"的热情却依然不减。1920年,证明才有了点儿进展,挪威数学家布朗改进古老的筛法首次证明,每个充分大的偶数都是两个素因子都不超过9个的正整数之和,将这一结果记为(9+9)。此后,各国数学家分别用筛法研究"哥德巴赫猜想",德国、英国、前苏联、匈牙利、中国的数学家先后证明了(7+7)、(6+6)、(5+5)、(4+4)、(3+3)、(1+6)、(2+3)、(1+5)和(1+3)等,这些证明在逐渐向"哥德巴赫猜想"靠近……

1966年,中国数学家陈景润发表了"哥德巴赫猜想"证明,即《表大偶数为一个素数及一个不超过两个素数的乘积之和》（1+2）论文，这是"哥德巴赫猜想"的最佳证明结果。至今，陈景润的研究成果仍保持着"哥德巴赫猜想"证明上的国际领先地位，成为"哥德巴赫猜想"研究史上的里程碑。

陈景润（1933—1996），福建福州人。著名数学家。在解析数论的研究领域取得多项重要成果，先后完成了华林问题、圆内和球内整点问题、三维除数问题、区间中殆素数分布问题、算术级数中的最小素数问题、哥德巴赫猜想（1+2）等50余篇论文和《组合数学》等专著。获得全国科学大会奖、国家自然科学一等奖、华罗庚数学奖和何梁何利基金奖等。

早在福州英华书院读初中时，他就被老师讲述的"哥德巴赫猜想"深深吸引，从此萌发了摘取这颗数学皇冠上的宝石的梦想……

1953年，陈景润毕业于厦门大学数学系。1956年发表数学论文《他利问题》，改进了华罗庚在《堆垒素数论》中的结果。

1957年，陈景润被调到中科院数学所。在数学所，他的勤奋节俭、

国家科委颁发给陈景润的自然科学一等奖奖章和证书

陈景润在工作中

陈景润论证"哥德巴赫猜想"（1+2）时用的煤油灯

刻苦钻研和不谙世事为大家公认，数学所至今流传着陈景润因读书入神被关在图书馆里的故事。

在从研究实习员被破格提拔为助理研究员后不久，1963年，陈景润经过10年的准备和积累，开始向"哥德巴赫猜想"进军。他身居斗室，不管酷暑严冬，不顾自己的肺结核病，潜心思考、钻研，完全依靠手工运算，稿纸多达几麻袋。关于陈景润"疯了"的传闻不胫而走。正是靠这种忘我的精神，仅用3年时间，陈景润就找到了解答200多年来悬而未决的"哥德巴赫猜想"的必由之路！

1966年4月，他将（1+2）证明论文投稿于中科院刊物《科学通报》，该刊在5月15日第17卷第9期上予以发表，但刊登的只是简要论文。陈景润在论文首页写道："本简要论文的目的是要给出证明（1+2）提要，详细证明将另文发表。"这篇简要论文在当时并未引起国内外数学家的注意。由于不久"文化大革命"开始，《科学通报》也停刊了，他的详细证明没有了发表机会。

北京大学教授闵嗣鹤在审阅陈景润（1+2）详细证明论文稿时，对200多页的手稿提出建议：篇幅过长，加以简化。在"文化大革命"开始后，陈景润开始修改他的长篇命题证明。他拒绝揭发恩师华罗庚，自己的处境也日益艰难。面对干扰和残酷迫害，面对物质条件的恶劣——住在6平方米的锅炉房里，他仍在煤油灯下、在床板上看书阅读、演算……即使书稿被毁，积蓄被没收，挂着"白专典型、寄生虫陈景润"的牌子受批斗，一时想不开从被囚禁的专政队三楼跳下去未死又被关起来，他仍痴心不改，反而决心好好活下去。他还利用学毛主席语录英文版的机会学英语，除英语、俄语外，还自学了德语、法语、日语。1968年被放出来后，他又执著地投入到钻研工作中。

1971年"九一三"事件后周恩来主持中央日常工作，提出要加强自然科学基础理论的研究，中科院的部分学术杂志也恢复了出版。陈景润不顾身患重病，以常人不可想象的毅力没日没夜地工作。

1973年，陈景润在中科院刊物《中国科学》上发表了论证"哥德巴赫猜想"（1+2）的简化证明论文，证明并改进了1966年在《科学通报》上所提及的全部结果。这一简化竟用了7年！

论文发表后，受到国内外数学界的高度重视和称赞。英国数学家哈伯斯坦和德国数学家李希特把陈景润的论文写进新著的《筛法》中，称为"陈氏定理",认为"从筛法的任何方面来说,它都是光辉的顶点"。中科院也把介绍陈景润为国争光的简报和论文节选本报送了毛主席、周总理等中央领导。使陈景润一步登天的是新华社两位青年记者写的内参,他们明确提出陈景润不应算"白专典型",并反映了他的身体虚弱急需抢救。毛主席圈阅后,陈景润立即被安排住进309医院检查治疗。1975年他当选为第四届全国人大代表,1977年破格晋升为研究员。

1978年徐迟《哥德巴赫猜想》一文的发表,如旋风般震撼了国人的心灵,陈景润成为人人皆知的民族英雄。徐迟写道,对于陈景润的贡献,中国的数学家们有过这样一句表述:陈景润是在挑战解析数论领域250年来全世界智力极限的总和。有人评论:"陈景润成了中国科学春天的一大盛景"。

1978年陈景润参加全国科学大会时,受到邓小平的接见。会后他再次住进了309医院高干病房。从武汉军区派到309医院进修的由昆,被派去当值班医生。接触的机会多了,彼此产生了爱情,他们结婚了。这位被称为"痴人"和"怪人"的数学家终于有了一个温暖的家。1980年他当选为中科院院士。

1984年4月27日,陈景润横过马路时,被一辆急驶的自行车撞倒,后脑着地,诱发帕金森氏综合症。身患重病的他依然坚持工作,在距离破解"哥德巴赫猜想"的光辉顶峰只有咫尺之遥时,1996年3月19日,陈景润因病逝世,终年62岁,留给世人无尽的遗憾。

此后,中科院数学研究所曾多次查找1973年陈景润发表在《中国科学》上的(1+2)简化证明论文手稿的下落,但被明确告知手稿已销毁,而发表于1966年的简要论文手稿又下落不明。1997年初,数学所根据中科院办公厅档案处下发的通知,决定对该所科技档案进行系统整理。4月,数学所档案室从几万页档案中,意外地发现了1966年陈景润(1+2)简要论文手稿。后来,手稿交由陈景润夫人由昆保存。经有关权威人士认定,这份手稿就是1966年陈景润投稿于《科学通报》编辑部的论证"哥德巴赫猜想"(1+2)的简要论文手稿,即"表大偶数为一个素数及一个不超过二个素数的乘积之和"(1+2)论文简要

中国科学院北京天文台施密特CCD小行星项目组颁发给陈景润的小行星命名证书

陈景润论证"哥德巴赫猜想"（1+2）简要论文手稿

手稿（中、英文）。

为了宣传和弘扬陈景润为祖国拼搏、为科学献身的精神，中国革命博物馆（现中国国家博物馆）在陈景润逝世不久后即开始着手征集相关文物。当得知由昆有意将陈景润"哥德巴赫猜想"（1+2）手稿捐献给国家时，我馆当即与中科院联系。很快，陈景润生前秘书李小凝便带着由昆的捐赠委托书和中科院数学所的公函来馆进行接洽。由昆在委托书中写道："先夫景润去世后，国内某拍卖公司曾书面致函有关人士，间接向我探询是否有意拍卖景润的数学手稿。我当即表示，景润一生并不富有，但是为了他所奋斗的数学事业，他始终保有安贫乐道的本色。如有机会我愿意将景润的（1+2）数学论文手稿无偿捐献给国家。如果景润在天有知，也会赞成我的这种做法。因为景润所取得的工作成绩来自于祖国的培养教育，所以他身后的一切理所当然地属于人民。如蒙贵馆接受我的捐赠，我将感到不胜荣幸之至，并全权委托景润生前秘书李小凝先生办理有关事宜。"数学所也在公函中表示，十分钦佩和支持由昆女士，希望在陈景润逝世两周年之际举行手稿捐赠仪式，并愿意提供一切便利。

这份珍贵的手稿为钢笔书写，中、英文各3页，使用"40×15=600（京文电制）"稿纸，纵26.5厘米、横29.8厘米。中、英文部分首页上方各用曲别针别有一张内容提要纸条，因时间过久，曲别针生锈，使手稿与纸条锈在了一起。手稿变旧、变脆、发黄，有装订痕迹，具有鲜明的时代和文物流传特征。

从纸条备注中可以看出此论文于1966年4月投稿于《科学通报》编辑部，论文分为"引言"、"若干引理"、"定理的证明"和"参考文献"四部分。这是目前我们所知道的陈景润（1+2）手稿仅存的一份，其历史价值和文物价值弥足珍贵。

（刘艳波）

小小种子改变世界

——袁隆平与杂交水稻的诞生

2008年9月16日,在长沙举办的一场特殊交易会上,一粒稻种身价给出的市场参考价为1180万元,这个价格甚至高过世界顶级名车——劳斯莱斯幻影近千万的身价,这也是我国首试杂交水稻新品种竞价交易。

一粒小小的种子可以改变世界。像历史上任何一项重大发明一样,杂交水稻在刚诞生时,在世界上并没有引起过多的关注,但随着时间的推移,种

袁隆平在试验田里观察杂交水稻

袁隆平从事杂交水稻研究时用过的国产15倍简易显微镜

子逐步播撒到世界各地,却给世界带来了未曾料到的巨大惊奇。

袁隆平是中国研究杂交水稻的创始人,也是世界上成功利用水稻杂交优势的第一人。他从1964年开始从事这一研究,多年来,不畏艰辛、大胆创新、勇攀高峰,成功研发杂交水稻系列新品种,使水稻亩产量成倍翻番,累计增产5200多亿公斤,不仅解决了中国粮食自给难题,而且为解决世界粮食短缺问题做出了巨大贡献。

1930年9月,袁隆平出生于北平。随父母先后迁居天津、江西赣州、德安、汉口等地。1937年抗日战争爆发后,一家人逃难到重庆,以后到汉口、南京。1949年8月,19岁的袁隆平高中毕业,他回到重庆考取了相辉学院的农学系(今西南农业大学),主修遗传育种学专业。1953年,袁隆平毕业后,被分配到湖南一个偏僻山区——安江农校任教员,一干就是19年。他一边教学,一边搞科研。

那个年代由于照搬苏联模式,米丘林、李森科的"无性杂交"学说——"无性杂交可以改良品种,创造新品种"的传统思想统治着我国科学界。袁隆平最初研究的是红薯、西红柿的育种栽培,照此学说做了许多试验,却没有任何进展。他通过阅读外文杂志,开始怀疑"无性杂交"的一贯正确性,决定改变方向,沿着当时被批判的孟德尔、摩尔根遗传基因和染色体学说进行探索。"三年自然灾害"时,许多人得了浮肿病,袁隆平和他的学生们一样感受到饥饿的滋味。袁隆平看到有人饿死在路边,深切地体会到什么叫"民以食为天",他觉得自己必须做点什么。此后,他义无反顾地选定了培育杂交水稻这项科研课题。

1960年7月,袁隆平在学校试验田发现一株植株高大、颗粒饱满的水稻,它赫然长于稻田中,犹如"鹤立鸡群"。细细一数,这株水稻竟有10余穗,每穗结子多达160多粒。他如获至宝,立刻小心翼翼地把这株特异的水稻做好了标记。第二年,他把收获的稻子育出秧苗插进试验田,可这1024株秧苗长势高的高、矮的矮,从怀胎、抽穗到成熟,有的早、有的迟,没有一株的性状超过它们的前代。"当时我非常失望地坐在田埂上……突然灵感来了,水稻是自花粉的,不会出现性状分离,所以这一定是个天然杂交种!"

袁隆平从事杂交水稻研究始于1964年，他和助手们在教学后的业余时间，头顶烈日，脚踩污泥，弯腰驼背地逐穗察看寻觅那神奇的"不育"稻株。7月5日，在一块"洞庭早籼"田，他的目光在一株雄花花药不开裂、性状奇特的植株上停住了。"啊，这不是退化了的雄蕊吗？"10多天来，还是第一次见到雄蕊植株。经过反复观察，并采集花药进行镜检，进一步证实它是一株天然雄性不育株，这是国内首次发现。1965年7月，他们前后共检查了14000多个稻穗，又分别在洞庭早籼、南特号、早粳4号、胜利籼等4个常规水稻品种中，找到了6株雄性不育的植株。经过连续两年春播与翻秋，共有4株繁殖了1-2代。

1966年2月，他在中国科学院院刊《科学通报》上，发表了第一篇论文《水稻的雄性不育性》，直接抨击了当时学术界公认的"水稻杂交无优势"禁区。但从1964年到1970年，整整6年时间里，研究工作并不顺利。

在漫长的科研道路上，袁隆平经历过"山重水复疑无路，柳暗花明又一村"的忧愁与欢乐，饱尝了失败、成功、再失败、再成功的苦辣酸甜。巨大的成功背后，他付出了太多的辛勤和汗水。无论是烈日炎炎，还是暴风骤雨，他都要到田里去看看，他常说"我不在家，就在试验田；不在试验田，就在去试验田的路上"。他对试验田如此痴迷，被农民兄弟戏称为"袁癫子"。

1968年起，袁隆平课题组成立后，他们春天在长沙，秋天到南宁，冬天赴海南搞实验，为了不耽误育种，在火车上、轮船上、飞机上，他把浸泡过的种子用塑料薄膜包好，白天绑在腰上，夜里抱在怀里，利用体温来给种子催芽。袁隆平和他的助手先后用1000多个品种的常规水稻，与最初找到的雄性不育株及其后代进行了3000多个测交和回交实验，始终没有成功。原本不被看好的"水稻杂交"受到了方方面面的反对。在"文化大革命"中，他的试验田被造反派彻底破坏，并准备把他关进"牛棚"。但痛不欲生的袁隆平却奇迹般地找回了残存的5根秧苗，继续坚持试验。袁隆平在失败——探索——再失败——再探索的反复试验、思索、比较中意识到，他们所用的杂交材料，亲缘关系还是比较近，他随即调整了研究方案，找出了新的思路，用一种远缘的野生稻与栽培稻进行杂交。

袁隆平的试验得到了湖南省有关方面的支持。1970年，湖南省委顶着压力，把他请上了全省农业科技大会的主席台。功夫不负有心人，1970年秋，他们终于在海南岛崖县南红农场附近找到一株"野生雄性不育稻"，袁隆平将它命名为"野败"。他还采用无性繁殖分蘖的方法，把"野败"分成了46蔸

1979年国务院授予袁隆平的全国劳动模范证书和奖章

联合国世界知识产权组织为研究杂交水稻成功授予袁隆平的金质奖章

插在实验田里,扩大培植,并大公无私地公开出来,和全国的同行一起组织攻关。

1973年,袁隆平与他人合作实现了杂交水稻不育系、保持系、恢复系三系配套,在世界上首次育成强优势的三系杂交水稻,成功地将水稻产量从每亩产300公斤提高到每亩500公斤以上。1974年,他又突破制种难关,研究出一套籼型杂交水稻生产技术,从而使中国杂交水稻研究居于世界领先地位。1976年,杂交水稻在湖南乃至全国推广,种植面积达208万亩,经验证,比常规稻增产20%左右,为解决我国粮食问题做出了重大贡献。

1977年,他发表重要论文《杂交水稻培育的实践和理论》和《杂交水稻制种与高产的关键技术》。1978年晋升为研究员。1979年,他被国务院授予全国先进科技工作者和全国劳动模范称号,当选为农业部科学技术委员会委员。1981年6月,他的籼型杂交水稻获得中国第一个特等发明奖。

袁隆平认为,科学研究的本色是创新。1984年,他带领团队,突破三系杂交稻、两系杂交稻、超级杂交稻系列难关,产量逐步提高。1988年,他任国家"863高科技计划"101-1专题组组长。

1998年,国家国资局对"袁隆平"品牌进行了无形资产评估,认定其价值达1000亿人民币。1999年,袁隆平农业高科技股份有限公司成立,翌年在深圳交易所上市。

经过5年的攻关,袁隆平分别于2000年和2004年完成农业部制定的"中国超级杂交稻计划"第一期亩产700公斤和第二期亩产800公斤的指标。

1979年,他应邀出席菲律宾国际水稻研究所召开的科研会议。1980年,杂交水稻作为我国第一项农业专业技术转让给美国。1982年秋,袁隆平再次参加国际水稻研究所的研讨会,当他走上主席台时,屏幕上打出了袁隆平的巨幅头像和"杂交水稻之父袁隆平"一行特大黑体英文字，全场起立鼓掌致意。1985年10月15日，袁隆平首次获国际大奖：联合国世界知识产权组织"发明和创造"金质奖章和荣誉证书。1988年世界首届杂交水稻国际学术研讨会在长沙召开，他在会上提出今后杂交水稻发展的战略设想，被与会专家、学者誉为"袁隆平思路"。1991年，袁隆平被聘为联合国粮农组织国际首席顾问。

他多次赴越南、菲律宾等国指导发展杂交水稻，为30多个国家培养了500多名杂交稻专家。其中越南，2000年种植杂交水稻面积已达65万公顷，每公顷产6.3吨，比其全国平均水稻单产增产40%。在菲律宾，2005年种植杂交水稻面积达37万公顷，平均每公顷产6.5吨，单产提高80%，粮食短缺局面大为改观。印度尼西亚、马来西亚等国引进"超级杂交水稻"，为实现稻米自给带来了希望。从亚洲到美洲，再到非洲、欧洲，增产优势明显的杂交水稻被冠以"东方魔稻"、"巨人稻"、"瀑布稻"等美称。

1995年，袁隆平被聘为中国工程院院士，他先后获得了国家最高科学技术奖等10多项国家奖励和10多项国家荣誉，国际小天体委员会还将一颗小行星命名为"袁隆平星"；2006年，他被美国科学院聘为院士，成为我国农业科学界首位入选美国科学院的外籍院士。

袁隆平用不平凡的科学发现和科技成就，创造了用"一粒种子改变世界"的奇迹。他虽年过七十，仍活跃在科研和生产第一线。田里作业，他是一位地道的农民；高层论坛演讲，他是幽默睿智的科学大师。他精通英语，参加国际会议不用翻译，这一点，要得益于从教会学校毕业的母亲。工作之余他爱好广泛，看书、打排球、游泳、下象棋、听音乐和拉小提琴等。他自称有"70多岁的年龄，50多岁的身体，30多岁的心态，更有20多岁的肌肉弹性"。

袁隆平说："我有两个愿望：一是到2010年，第三期超级杂交水稻能实现亩产900公斤的目标，二是将杂交水稻在全世界推广到1500万公顷，多养活1亿世界人口。"79岁的袁隆平仍在为解决中国和世界的粮食问题而不懈奋斗。

为表彰袁隆平的重大贡献，1992年中国革命博物馆（现中国国家博物馆）举办《奉献者之歌》展览，借用袁隆平的相关资料及实物。展览结束后，袁隆平将他从事杂交水稻研究时用过的国产15倍简易显微镜、全国劳动模范奖章、联合国世界知识产权组织授予他的奖章捐赠我馆。

（李雅兰）

小小工艺品引发的政治风波

——"蜗牛事件"

美国康宁公司赠送四机部考察团的礼品——水晶玻璃蜗牛

在中国国家博物馆的众多藏品中,有一件由美国康宁公司制作的玻璃蜗牛。从外表上看,这件很小很普通的玻璃工艺品,没有什么特别之处,但在当时,它却引发了一场很大的政治风波,被称为"蜗牛事件"。有人可能会觉得疑惑,一件普通玻璃工艺品怎么会引发一场政治风波呢?事情还得从头说起。

20世纪70年代,国际国内形势发生了巨大变化,国际上由两大阵营的对抗向多极化转变。中美关系的解冻,对世界格局的发展产生了重大影响。1972年2月美国总统尼克松访华,发表《中美联合公报》,指出:"双方把双边贸易看作是另一个可以带来互利的领域,并一致认为平等互利的经济关系是符合两国人民的利益的。双方同意为逐步发展两国间的贸易提供便利。"中国与日本、西欧资本主义国家先后建交,中国与西方国家之间的政治、经济、文化交往逐渐活跃起来。

国内局势也趋于缓和。1971年的"九一三"事件,客观上宣告了"文化大革命"的理论和实践的破产,为落实党的干部政策和各方面的政策调整创造了条件。周恩来在毛泽东的支持下主持中央日常工作，采取各种措施对遭受破坏的国民经济进行调整。1973年邓小平复出担任国务院副总理。

国内外形势的变化，为我国发展对外经济技术交流提供了一个有利的时机。70年代上半期，在周总理主持下，我国成功地从西方国家引进了一批成套大型技术装备，包括13套大化肥、4套化纤、1套17米大轧机，共值43亿美元，又称"四三方案"。它对我国基础工业的发展和科技进步起了重要的作用。

1972年，四机部（后为电子工业部）向中央建议，从国外引进一条彩色电视机生产线。国务院很快就批准了这一建议，并决定由四机部、外贸部、中央广播事业局和国家计委负责实施。接到任务后，由四机部对外司牵头，4家单位联合组成了一个12人的考察团，准备赴国外考察彩色电视生产线。

1972年底，考察团首先赴日本，依次对松下、日立、索尼、东芝、三菱和夏普等日本知名电视机厂进行了考察。通过考察，他们发现，以当时国内的生产条件而言，还根本谈不上电视机生产线。要想生产彩电，首先需要显像管，但是，仅生产显像管一项，就需要玻壳、荧光粉、荫罩、石墨乳和总装等好几条生产线。但当时在日本，需要4家公司一起，才能生产出显像管来。

经过调查研究，他们又了解到美国RCA公司4种技术都有。1973年，四机部向中央建议，直接从彩电工业比较发达的美国引进彩色显像管生产线。这一建议获得中央批准。6月，中方向美国生产彩色显像管的公司询价。美方对和中国的这笔贸易十分重视，他们很快给出了报价并邀请中方派人赴美考察访问。

12月，由四机部牵头的12人考察团赴美考察。由于美国生产彩色显像管的各家公司的玻壳都是康宁公司制造的，27日他们抵达华盛顿，参观考察了康宁公司所属的玻璃制品博物馆、研究中心以及彩色显像管玻壳工厂。该公司研制的水晶玻璃制品可与天然水晶媲美，被历届美国总统选为赠送的外交礼品。为了促成这笔生意，康宁公司显示出很大的诚意，考察团所到之处，都悬挂了五星红旗，而且承担了接待考察团的费用。

考察结束后，正值圣诞节，康宁公司国际部经理在机场上送给考察团成员每人一件该公司玻璃工艺品厂生产的礼品。打开礼品盒一看，里面竟然是一只小巧玲珑、栩栩如生的玻璃蜗牛，其水晶玻璃质地极为纯净，没有一点气泡。对于如此精致的礼品，他们很高兴地接受了。12月底，考察团回到北

中国自行设计制造的"风庆"轮下水

京,汇报了考察结果后,开始研究从哪家公司引进彩色显像管生产线。谁都没有想到,就是这小小的玻璃蜗牛礼品在不久后引起的一场政治风波,竟让他们的努力毁于一旦。

1973年党的十大前后,毛泽东多次提出批林要同批判孔子和儒家联系起来。靠"文化大革命"起家的"四人帮"接过这个口号,利用"批林批孔"运动,影射1972年以来进行的调整工作是"复辟倒退"、"右倾回潮",矛头指向周恩来等国务院领导,企图篡夺更多的权力。在"四人帮"煽动的所谓"反潮流"的冲击下,周恩来主持中央日常工作以来出现的各方面工作好转的局面又遭到挫折。

"蜗牛事件"和"风庆轮事件",是当时"四人帮"向周恩来、邓小平发难的两个靶子。

1974年国庆节前,中国自行设计制造的远洋轮"风庆"轮远航欧洲归来。江青一伙借题发挥,组织人在报刊上大做文章,批判所谓的"造船不如买船、买船不如租船的洋奴哲学"和卖国主义路线,江青等人公开攻击交通部乃至国务院领导批准适当买船、租船是"崇洋媚外买办资产阶级思想"。为此,邓小平在政治局会议上和"四人帮"发生了争吵。

在这种背景下,1974年2月,四机部某设计院有位干部写信给江青,反映考察组接受美国康宁公司玻璃蜗牛礼品的事情,主观臆断美方送玻璃蜗牛的意图在于讽刺我国。

江青收到这封信后如获至宝,她马上前往四机部,对考察组接受美方所赠玻璃蜗牛的事情大发雷霆,认为"美方在污蔑我们","说我们在爬行","我们绝不能屈服帝国主义的压力"。江青要求四机部领导立即将这12个玻璃蜗牛收回,说要拿这些玻璃蜗牛去做展览,同时要向美国驻华联络处提出抗议,并把玻璃蜗牛退回去。

面对江青突如其来的讲话和批评,四机部领导顿感事态严重,接连召开扩大会议和全体工作人员大会,传达了江青的讲话,并谴责美方以赠送礼品为名"侮辱"中国人民的行为。在会上，有人强烈要求不再从美方引进彩色电视显像管生产技术，并通过外交途径将玻璃蜗牛退回。同时，有人还严厉批判四机部领导思想右倾，说他们对这一严重政治事件，既没有当作一件大事来抓，也没有及时向中央报告。

紧接着，电力部、邮电部也先后召开声讨大会，传达江青讲话和四机部那位干部的信。在电力部，有一位职工主动贴出大字报，反映她爱人1973年去美国实习时，也接受了美国人赠送的玻璃蜗牛，并当即交出玻璃蜗牛，强烈要求领导将它退给美国方面。在邮电部，有人提出，应该全面检查所有外国人赠送的礼品和资料……

就这样，玻璃蜗牛礼品事件越闹越大，开始波及中央各部门和全国所有涉外单位。这就是喧嚣一时的"蜗牛事件"。

不难看出，江青一伙是想把"蜗牛事件"作为外事方面的一个突破口，将此事与"批林批孔"联系起来，攻击的矛头直指周恩来总理。

身患重病的周恩来顶住压力，沉着应对，他指示一定要查明事情真相。外交部对考察组人员进行了认真的调查，并联系中国驻美联络处，请他们调查美国人送蜗牛的真实意图。经多方调查发现，蜗牛在美国是一种吉祥物，常常被制成工艺品，是美国人挚爱的礼品和陈设品，作为圣诞节的一种传统礼品，毫无恶意。美方送我考察团成员玻璃蜗牛，并没有任何讽刺中国的意思，而是正常的礼节。

根据调查结果，1974年2月21日，外交部上报了《关

周恩来总理带病主持国庆25周年招待会

于美国人送"蜗牛"礼品等事的报告》,认为对礼品或资料中发现的问题,应实事求是、具体问题具体分析。建议对此两起"蜗牛"礼品,不必退回和交涉。周总理看了外交部的报告后,当即批示:外交部这一分析和所提处理意见较为正确。拟同意外交部这一报告,即呈毛主席……批示。毛主席当即圈阅,表示同意。

在此期间,周总理还主持中央政治局会议,对"蜗牛事件"作了研究。会议决定,江青在四机部的讲话都是错误的,不转发,不下达,已下达的立即收回。至此,由江青制造的喧嚣一时的"蜗牛事件"方告平息。这起政治风波虽然暂时平息了,但是,中国老百姓看上彩电的时间却为此被拖延了5年!粉碎"四人帮"后,中国才再次开始引进彩色电视显像管生产技术,价钱当然更高了。

我馆收藏的这个玻璃蜗牛,长8.5厘米,高7厘米,是当时美方送给考察组成员的12个玻璃蜗牛礼品之一。粉碎"四人帮"后,被没收的玻璃蜗牛又退了回来。1988年1月,为了支持我馆举办有关陈列,电子工业部前对外联络司司长邓国军将这件他一直珍藏着的水晶玻璃蜗牛礼品捐赠我馆。

(何志文)

人民的呼声

——悼念周总理的"四五"运动诗抄

群众自发地来到天安门广场悼念敬爱的周总理

1976年1月8日,周恩来总理逝世。周恩来是党和国家的主要领导人之一,他把自己的一生献给了祖国和人民,他为建立新中国不屈不挠奋斗了30年,新中国成立后他一直担任政府总理的重任直至逝世,心系百姓,日理万机,鞠躬尽瘁,死而后已。尤其是在"文化大革命"中,他更是忍辱负重,苦撑危局,尽力维护党和政府的正常运转,减少"文化大革命"造成的损失,并尽自己的力量保护了一大批党内外领导干部、知名人士和知识分子。因此,他的去世使全国人民沉浸在巨大的悲痛之中,人们纷纷以各种方式表达自己的哀思,北京近百万人民群众默立东西长安街两旁送灵,形成十里长街送总理的感人场景,既表达了人民心中的悲痛,又折射出人民对国家命运担忧的心情。

在为周恩来治丧期间,"四人帮"竭力阻挠压制群众的悼念活动,并借开展"批邓、反击右倾翻案风"运动之机,批判和打击邓小平及其他中央领导同志的正确领导,甚至影射周总理,激起了广大干部和群众的强烈不满。1976年清明节前后,一场声势浩大的悼念周恩来、声讨"四人帮"的群众抗议运动,终于像火山一样爆发出来了!

清明节临近之时,天安门广场和人民英雄纪念碑前,悄然出现了一个个小小的花圈,就像是蛰伏后的惊醒,压抑已久的民心开始躁动。3月29日,南京

197

首都钢铁公司的青年工人在天安门广场发表演说

的学生、工人首先走上街头，还贴出了矛头直指张春桥等人的大标语。次日，北京上百万群众自发来到天安门广场和人民英雄纪念碑前献花圈、花篮，贴标语传单，演说、朗诵诗词，抒发对周总理以及革命先辈、革命烈士的悼念之情，痛斥"四人帮"的倒行逆施。杭州、郑州、太原等地也爆发了悼念活动，这一活动在4月4日（丙辰清明）达到了高峰，在天安门广场参加悼念活动的北京和外地来京的群众多达200万人。

"四人帮"极其仇视广大群众的革命行动，他们歪曲和捏造了大量"事实"欺骗中央政治局和毛泽东主席。4月4日晚，中共中央召开政治局会议，在江青等人左右下，把天安门广场的事态错误地定为"反革命事件"，并在当晚开始清理天安门广场的花圈和标语，抓走许多坚持在广场进行悼念活动的群众。当时，作为毛泽东同中央政治局之间"联络员"的毛远新把政治局会议情况写出书面报告，毛泽东圈阅批准了这个报告。

4月5日凌晨，群众来到天安门广场，发现花圈和标语等被清理了，有7名守护花圈的群众被抓走。他们异常气愤，纷纷提出抗议，在"还我花圈，还我战友"的口号下形成了天安门广场大规模的数万群众抗议运动，并同部分民兵、警察和战士发生了严重的冲突，导致车辆和治安岗亭被烧。当晚7时半，当时的中共北京市委第一书记吴德在广播讲话中说，天安门广场有坏人"进行反革命破坏活动"，"要认清这一政治事件的反动性"。9时半，1万名工人民兵，3000名警察和5个营的卫戍部队奉命带着木棍，跑步来到天安门广场，留在广场的部分群众遭到驱赶和殴打，有38人被捕，此事被称为"天安门事件"。

4月6日，中央政治局在京委员听取北京市委汇报，错误地认定天安门事件是反革命暴乱，并要北京市委写成材料

"四五运动"时的天安门广场

通报全国。毛泽东根据毛远新的书面报告同意了中央政治局的决定。4月7日，姚文元组织炮制的《人民日报》报道文章颠倒是非，把群众的革命行动说成是"反革命"政治事件，诬陷邓小平为天安门事件的"总后台"。当日，中央政治局根据毛泽东的提议，任命华国锋为中共中央第一副主席、中华人民共和国国务院总理；同时错误地认定邓小平问题的性质已经变为对抗性的矛盾，决定撤销邓小平党内外一切职务，保留党籍，以观后效。

中国科学院一零九厂制作的"四五"诗牌

在丙辰清明的抗议运动中，人民群众创作了大量的诗词来缅怀周总理，谴责"四人帮"。例如《呐喊》："欲悲闻鬼叫，我哭豺狼笑。洒泪祭雄杰，扬眉剑出鞘"；还有一首《向总理请示》的诗，暗示"四人帮"快要垮台："黄浦江上有座桥，江桥腐朽已动摇。江桥摇，眼看要垮掉；请指示，是拆还是烧？"这首诗把"四人帮"几个人的姓连缀在一起，谐音隐喻，让人心领神会，拍案叫绝。这些诗词，被人们争相传抄，不胫而走，产生了巨大的社会影响。中国科学院一零九厂（现为中科院微电子中心）制作的"红心已结胜利果，碧血再开革命花。倘若魔怪喷毒火，自有擒妖打鬼人"四块诗牌，更是像利剑一样，直斥"四人帮"的倒行逆施，说出了人民群众的心里话，见证了这段不平凡的历史。

这四句诗出自该厂青年工人宋胜均之手，随后制作成4块高达2米的巨型诗牌。在制作中为了斗争策略的需要，将挽诗第三句中原来的"即使"改为"倘若"。4月1日，4块诗牌在厂展出，征求广大职工意见，大家无不拍手称快。4月2日上午，该厂职工400余人，胸佩白花，臂戴黑纱，整齐列队，以4辆大卡车开道，抬着敬献给周总理和杨开慧烈士的花圈，高举四块诗牌，穿过北京最繁华的王府井大街，一路走到天安门广场。在人民英雄纪念碑前，他们举行了隆重的悼念仪式。应天安门广场上广大

"四五运动"时放在人民英雄纪念碑碑身台座上的四块诗牌

群众的强烈要求，他们把诗牌放到了纪念碑碑身台座上。

然而，这一正义行动却遭到了"四人帮"的残酷迫害。4月3日凌晨5时，"四人帮"在公安部门的干将祝家耀等，指使人将这4块诗牌作为"反革命活动罪证"强行掠走。接着，姚文元在《人民日报》呈报的印有"绝密"字样的《情况汇编清样》上针对4块诗牌亲笔写下"所谓'再开革命花'就是反对反击右倾翻案风斗争和社会主义革命"的批示，给4块诗牌定下罪名。"四人帮"认为一零九厂的这一行动一定有"后台"在撑腰，故叫嚣"拼命也得干，也得找出后台"。4月14日，诗牌作者宋胜均被拘捕入狱，随后他们诬陷该厂广大职工悼念周总理的革命行动是"有组织、有计划、有预谋、有目的的反革命活动"，"一零九厂是反革命集团"。当时仅有500余人的一零九厂就有100余人被列在黑名单上，70多人被列为重点知情人，30多人重点审查，5人办"群帮"学习班，4人被隔离审查，3人停职检查，2人被拘捕入狱，2人待拘捕。但是，"四人帮"的疯狂行径并没有将该厂职工的革命热情击倒压服，反而更加激起了他们对周总理的怀念和对"四人帮"的憎恨。

以天安门事件为代表的悼念周总理、反对"四人帮"的群众性抗议运动，实质上是拥护以邓小平为代表的中国共产党的正确领导，表达了人民群众对持续近十年的"文化大革命"的不满，它鲜明地表现了人心的向背，为后来粉碎"四人帮"奠定了伟大的群众基础。

正义和胜利最终站在了人民群众一边，"四人帮"一伙未能猖狂多久，就被党和人民群众一举粉碎。一零九厂广大职工同全国人民一样，重获新生。就在天安门事件即将平反之际，1978年3月10日，北京市公安局将4块诗牌送还一零九厂。3月16日，该厂将这四块诗牌拨交给中国革命博物馆（现中国国家博物馆）收藏。

1978年11月16日，《人民日报》公布了中共北京市委的决定，宣布天安门事件完全是革命行动，为受迫害的同志一律平反、恢复名誉。12月，党的十一届三中全会《公报》宣布："1976年4月5日的天安门事件完全是革命行动。以天安门事件为中心的全国亿万人民沉痛悼念周恩来同志、愤怒声讨'四人帮'的伟大革命群众运动，为我们党粉碎'四人帮'奠定了群众基础。全会决定撤销中央发出的有关'反击右倾翻案风'运动和天安门事件的错误文件。"天安门事件终于得到平反昭雪，这是历史作出的结论。

（赵　锋）

小平复出，改革起航

——邓小平与解放思想大讨论

1978年5月10日，中共中央党校刊物《理论动态》第60期发表了《实践是检验真理的唯一标准》一文，第二天，《光明日报》又以本报特约评论员的名义公开发表该文。这篇文章犹如石破天惊，在全党全国范围引起了一场关于真理标准问题的大讨论。刚刚复出的邓小平和

《光明日报》刊登的《实践是检验真理的唯一标准》

叶剑英、陈云、李先念、胡耀邦一起支持和领导了这场大讨论，强调实践是检验真理的唯一标准。使它成为开启改革开放新时期的思想解放运动，为党重新确立实事求是的思想路线，纠正长期以来的"左"倾错误，实现历史性转折奠定了思想理论基础。

回首这场大讨论还得从1977年说起。当时，"文化大革命"刚刚结束，在揭批"四人帮"时，广大干部群众强烈要求平反"文化大革命"中造成的冤假错案，让邓小平重新出来工作和为"天安门事件"平反。3月，在中共中央工作会议上，陈云、王震等人向中央提出，要求邓小平同志出来工作并为"天安门事件"平反。

7月16日召开的中共十届三中全会一致通过决议，恢复邓小平在1976年被撤销的中共中央委员、中央政治局委员和常委、中共中央副主席和军委副主席、国务院副总理、解放军总参谋长的职务。中国国家博物馆馆收藏的当时首都群众游行时用的"坚决拥护十届三中全会关于恢复邓小平同志职务的

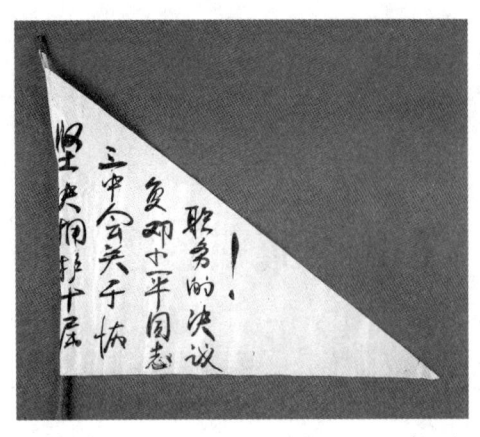

首都群众游行时用的"坚决拥护十届三中全会关于恢复邓小平同志职务的决议"标语旗

决议"标语旗,反映了全党和广大人民群众强烈盼望邓小平复出的意愿。

1977年10月9日,中央党校举行复校后的第一个开学典礼。叶剑英在讲话中要求中央党校研究总结这"三次路线斗争"的经验,实际上就是总结十年"文化大革命"。12月,时任副校长的胡耀邦召开中央党校党委会议,明确提出要以实践标准来检验判断"文化大革命"中的是非,并用实践标准对十年中的一些重大问题初步进行了剖析判断。此后,胡耀邦亲自指导撰写总结"三次路线斗争"的学习文件,第二条即鲜明地提出了"应当以实践为检验真理、辨别路线是非的标准,实事求是地进行研究"。文件数易其稿,首先在中央党校学员中组织了学习讨论。

1978年1月,《光明日报》曾收到一篇关于实践是检验真理标准的文章,但经过几次修改仍不够理想,因当时中央党校也在组织写同样的文章,于是商定合写。后经胡耀邦审阅定稿,5月10日先在中央党校《理论动态》第60期发表《实践是检验真理的唯一标准》一文。第二天在《光明日报》公开发表,署名本报特约评论员。《人民日报》和《解放军报》随即转载。

文章发表后,在全国引起强烈的反响,大多数人都赞成和拥护这个观点,但也有人表示反对。关键时刻,是邓小平旗帜鲜明地支持文章的观点,并因势利导,发动和领导了一场全国性的大讨论。

5月30日,当听到来自领导层的一些批评意见后,邓小平开始关注这篇文章。第二天,他又找胡耀邦谈话,肯定文章是马克思主义的。当天,他在同胡乔木等谈准备在全军政治工作会议上讲话的内容时,提出要着重讲关于真理标准问题。他说,现在连实践是检验真理的唯一标准都成了问题,简直莫名其妙。6月2日,他在全军政治工作会议上讲话,明确肯定了文章的观点,号召要"拨乱反正,打破精神枷锁,使我们思想来个大解放"。讲话见报后,帮助很多人认识了"两个凡是"的错误。由于邓小平并不分管理论宣传工作,因此他下决心直接找对真理标准问题持不同意见的两个重要当事人——中央宣传部部长和中央组织部部长分别谈话,一个批评,一个表扬、鼓励,意图就是要表明他的态度，要发动一场大讨论。

7月21日，他与当时的中央宣传部部长谈话，提出严肃批评，明确要求"不要再下禁令、设禁区了，不要再把刚刚开始的生动活泼的政治局面向后拉了。"7月22日，他约见中央组织部部长胡耀邦，明确指出，《实践是检验真理的唯一标准》这篇文章是马克思主义的，争论不可避免，争得好。

8月19日，邓小平同文化部的负责人黄镇、刘复之谈话。当谈到理论问题时，邓小平说，理论问题主要是由两篇文章引起的。《实践是检验真理的唯一标准》这篇文章是马克思主义的，是驳不倒的。我是同意这篇文章的观点的，但有人反对，说是反毛主席，帽子可大啦。另一篇是关于按劳分配问题的文章，我看了，也是马克思主义的文章。现在刚刚讲了一下，就说是针对毛主席的，那怎么行呢？我说过要完整地、准确地掌握毛泽东思想体系，有人反对。我们做事情一定要从实际出发，实事求是，理论联系实际。毛主席没有讲过的话多得很呢，我们不要下通知，划禁区。怪得很，我在全军政治工作会议上提出在新的历史条件下如何做政治工作问题，有人也反对。有的人就是不敢想问题，不能从"四人帮"的框子里解脱出来。

9月，邓小平开始把讨论引向政治路线方面。9月13日到20日，邓小平在访问朝鲜回国后，马不停蹄地视察了东北三省和河北唐山、天津等地。一路上，他"到处点火"，道出了开展真理标准问题大讨论的目的。9月16日，在听取吉林省委书记王恩茂的汇报后，邓小平说："现在摆在我们面前的问题，关键还是实事求是、理论与实际相结合、一切从实际出发。这是政治问题，是思想问题，也是我们实现四个现代化的现实问题。"王恩茂后来回忆说，正是听了邓小平的谈话，使他明白了开展真理标准问题大讨论要解决的根本问题就是不要再搞"以阶级斗争为纲"了，要集中力量发展生产力。邓小平在这些地区谈话的内容流传开后，在党内高层引起了强烈反响。10月至11月，有18个省委第一书记发表文章参加了讨论。

10月14日，邓小平在听取解放军总政治部负责人汇报时说，叶剑英提议召开理论务虚会，索性摆开来讲，免得背后讲，这样好。实事求是这个问题很重要，不仅领导机关要这样，就是一个小企业、一个生产队也要这样。叶帅说，要把《实践是检验真理的唯一标准》这篇文章印发到全国去。实践是检验真理的唯一标准，这本来是马克思主义的基本原则问题，是常识，也有人不赞成，这样的人还不是太少，甚至连按劳分配也有人说是错的。如果不解放思想，不开动机器，不独立思考，那非垮台不可。实事求是问题涉及四个现代化,涉及党风、民风。我们还是要像大庆那样,提倡说老实话,做老实事,当老实人。

经过长期的思考,邓小平对中国如何改革开放已形成了一整套理论。12月2日,邓小平再次约见胡耀邦、胡乔木、于光远,谈在中共中央工作会议闭幕会上的讲话稿问题。他明确指出,根据中央工作会议上出现的新问题,讲话稿的主要内容要转到反映真理标准问题、发扬民主问题、团结一致向前看的问题和经济管理体制问题上。他亲笔拟出讲话提纲,其中的第一个问题就是:"解放思想,开动机器,理论的重要。实践是检验真理的标准——争论的必要。实事求是,理论和实际相结合,一切从实际出发。全党全民动脑筋。"

12月13日,邓小平在中央工作会议闭幕会上发表《解放思想,实事求是,团结一致向前看》的讲话,高度评价了真理标准问题大讨论,把解放思想提到了特别重要的地位。邓小平指出,解放思想是当前的一个重大政治问题。只有思想解放了,我们才能正确地以马列主义、毛泽东思想为指导,解决过去遗留的问题,解决新出现的一系列问题,正确地改革同生产力迅速发展不相适应的生产关系和上层建筑。根据我国的实际情况,确定实现四个现代化的具体道路、方针、方法和措施。一个党,一个国家,一个民族,如果一切从本本出发,思想僵化,迷信盛行,那它就不能前进,它的生机就停止了,就要亡党亡国。

邓小平《解放思想,实事求是,团结一致向前看》讲话提纲

历时37天的中共中央工作会议,充分讨论了关于党和国家工作重点转移到社会主义现代化建设上来的问题,为十一届三中全会的召开作了充分准备,邓小平的闭幕讲话实际上成为十一届三中全会的主题报告。

正是在解放思想大讨论的基础上,1978年12月18日至22日,具有里程碑意义的中共十一届三中全会在北京顺利举行。全会批判了"两个凡是"的错误方针，充分肯定必须完整地、准确地掌握毛泽东思想的科学体系；高度评价关于实践是检验真理的唯一标准问题的讨论，确定了解放思想、实事求是、团结一致向前看的指导方针；果断地停止使用

邓小平在中共十一届三中全会上

"以阶级斗争为纲"这个不适用于社会主义社会的口号，作出把工作重点转移到社会主义现代化建设上来和实行改革开放的战略决策。这些具有重大意义的转变，标志着党重新确立了马克思主义的思想路线、政治路线和组织路线，开始形成了以邓小平为核心的第二代中央领导集体，而我国社会主义现代化建设也由此进入了改革开放的历史新时期。

  从1979年下半年起，在邓小平的领导下，真理标准问题大讨论进入了第三阶段，即"补课"阶段。1979年夏天，邓小平视察安徽、上海、山东、天津等地，号召进行"补课"。这个阶段一直到1981年十一届六中全会，其主题就是彻底否定"文化大革命"，科学评价毛泽东。以十一届六中全会通过《关于建国以来党的若干历史问题的决议》和更换中央领导层为标志，历时4年的真理标准问题大讨论圆满结束。

（杨红林）

赶上高等学府的末班车

——恢复高考的作文、准考证等文物选介

  对于许多"文化大革命"后的大学毕业生来说，1977年是改变他们一生命运的一年。1966年"文化大革命"开始，学校停课闹革命，大学一律停止招生，一代人求学的阶梯到高中甚至初中就中断了。此后中学毕业生多数上山下乡插队落户，少数人应征入伍，或到工厂当工人。1970年北京大学、清华大学等部分高校试点招生，但招生人数很少，并明文规定废除考试制度，学习内容是政治课和教学、科研、生产相结合的业务课，学制仅二至三年。以"推荐与选拔相结合"招生的工农兵学员完全是"唯成分论"和"哪来哪去"，个人的志愿和文化知识水平不受重视。上大学对于大多数青年学子来说，仍然是一个可望而不可即的梦想。此后大学入学一度又有文化考查。但在1973年，辽宁省兴城县下乡知青张铁生在大学招生文化考试中交了白卷，却在试卷背后写了一封极力为自己辩解的信。"四人帮"借"白卷事件"极力煽动，在全国掀起了一股否定大学入学文化考查、否定文化学习的歪风……

  1977年7月，第三次复出的邓小平主动要求分管教育和科技工作。8月，他主持召开了全国科学和教育工作座谈会。在这次会议上，教育部报送中央的延续"文化大革命"中推荐上大学的当年招生方案，对高校录取的政治条件依然规定了许多"左"的条条框框，引起了与会科学家和教育工作者的强烈反对，他们建议党中央、国务院立即恢复高考，为此宁可推迟当年招生。这一意见得到邓小平的支持，他在座谈会总结讲话中宣布："高等院校今年就要下决心恢复从高中毕业生中直接招考学生，不要再搞群众推荐。从高中直接招生，我看可能是早出人才、早出成果的一个好办法。"

  一个重大决策——恢复中断10年之久的高考制度——就这样由邓小平果

断作出了。这是一个改变一代人命运,进而也改变了未来中国命运的决策。恢复高考,实际上恢复的是公平竞争精神,它告诉人们,知识就是力量,快点拿起书本!

1977年10月12日,国务院批转教育部《关于1977年高等学校招生工作的意见》,正式恢复高等学校招生统一考试的制度。21日公布,招生对象为工人、农民、上山下乡和回乡知识青年、复员军人、干部和应届高中毕业生,年龄20岁左右,不超过25周岁,未婚。对实践经验比较丰富、有成绩有专长的,可放宽到30周岁,婚否不限。意见还特别提出允许老三届(即1966年~1968年初、高中毕业生)报考。

犹如平地一声春雷,青年学子们纷纷为这一等待太久才来的好消息而奔走相告,欢呼雀跃。一股重新拿起书本求知求学的热潮在神州涌动。当年冬天,570多万年轻人,怀揣着难得的准考证和朦胧的梦想,意气风发地走进高考考场,向命运挑战。由于参加高考的人数大大超过预期,一时竟拿不出足够的纸印刷试卷。最后,中央决定紧急调用印刷《毛泽东选集》第五卷的纸张,及时解决了这一问题。

这是一次汇集年代最长,考生年龄差距最大,复习时间最短的创纪录的

参加1977年高考的考生在认真答卷

阎阳生1977年高考作文

高考,也是十年积压造就的新中国教育史上竞争最激烈的一届高考,录取比例为29:1。然而它却是一个国家和时代的拐点,中国的教育迎来了期待已久的春天,面向所有青年学子的教育公平使得个人的命运由此改变,有志青年们获得了平等竞争的权利和接受高等教育的机会。特别是对即将或已经步入而立之年的老三届而言,恢复高考,可能就是他们最后一次机会,是货真价实的"末班车"。

这是一次不同寻常的招生考试,由于来不及准备,1977年的高考由夏天推迟到冬天举行。为了27.3万个招生名额,有多达570万人参加考试。第二年又有610万人参加,40.2万人被录取。造成了两届学生同年入学、同年毕业的奇观。两年考生总人数达1160万,堪称世界之最。

中国国家博物馆收藏了一批1977年和1978年高等学校招生准考证等恢复高考的实物。

许多人至今都记得,1977年高考的作文题目是《我在这战斗的一年里》。当年的《人民日报》在全国选出3篇范文刊登。其中一篇的作者是阎阳生,这篇备受争议、却得了最高分的作文的开头,竟是这样写的:"再也没有比婴儿的第一声啼哭更能提醒你已经进入中年了。这是个女孩儿,皱着眉头哭着。大概她也像门口的那个护士一样,不相信这个挎着书包、满脸胡茬儿的人就是她的父亲吧。常言道:人过三十不学艺。而我好像故意和年龄作对一样,日夜在埋头做十几年前应做的事,投考普通大学。"

在我馆也有好几位77届和78届的大学生。我所在部门有一位1978年考上大学的同事。他告诉我,他是68届高中毕业生(老高一),当时在河北某县插队。当他和几位老三届的知青兴冲冲地去报名时,却被当头泼了一盆冷水,县高招办竟把中央准许老三届报考的规定,解释为只准老高三和老初三报考,而且只许报考师范类院校。几番申诉无效,他们又到教育部上访,被告知所有老三届都可以报考,而且半年后还可以再次参加报考。回到县里后,县高招办又以超过报考时间为由不准他们参加1977年的报考。这更加激起了他们报考大学的雄心。第二年，我的这位同事以地区文科第一的成绩考上了中国人民大学。

他告诉我，他们班共50个同学，年龄从17岁到34岁不等。有应届毕业生，也有两个孩子的父亲，带工资上学的有十几个（按规定，工人、干部工龄满5年可以带工资上学），副处级干部有好几个。班里的党支部书记有一句名言："晚出生21天，耽误我11年。"原来，这位清华附中老高三的高才生，上小学时因生日是9月21日，晚上了一年，上高三时又赶上"文化大革命"，大学停止招生。一晃11年，才赶上了高考的"末班车"。这时儿子已经上小学了。当然，班里同学毕业后挺争气的，除了出国定居的，多数已是教授和司局级干部。同校同届的其他班也差不多。这也不足为奇，恢复高考后一连三届（77届、78届和79届）大学生，几乎囊括了1966年～1979年14年间中学毕业生的精华，加上改革开放初期，各行各业对人才的需求"如饥似渴"，难怪当时人们称大学生是"天之骄子"呢！

另一篇范文的作者，是恢复高考后北京市首个文科状元刘学红。文章从粉碎"四人帮"写起，讲述了作者在林业队与贫下中农一起开山造田，修建大型现代化果园一年来的经历，一气呵成，得了99分。刘学红如愿考入北京大学中文系新闻专业。1982年毕业后到中国青年报社从事新闻工作，1998年创办中国青年报网络版，两年后又创立中央级新闻媒体中首家实行市场化运作的媒体网站——中青在线，并担任总经理至今。

据刘学红回忆，高中毕业后，她受知识青年先进事迹的影响，主动向学校要求到艰苦的地方锻炼。1976年3月她到北京密云水库北边的高岭公社插队。她幻想凭自己的热情、知识和能力，干出一番事业来。然而在当时的农村，衡量一个人价值大小的标准是体力，体力强，挣的工分就多。知识、才华和能力与体现一个人价值回报的工分无关。在严酷的现实面前，最初插队时的激情和热情开始慢

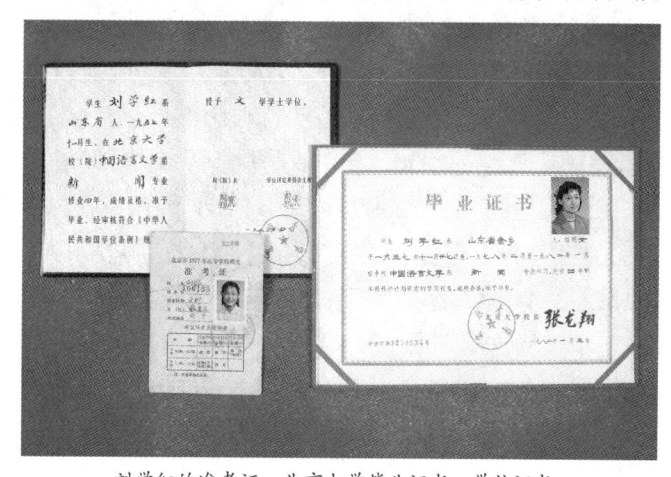

刘学红的准考证，北京大学毕业证书、学位证书。

共和国的记忆：文物见证历史
The Stories of People's Republic of China

如愿以偿地考上北京大学后刘学红在校门留影

慢消退。

1976年底的一件事激发了她的大学梦。那年，她所在的生产队破天荒地获得了一个工农兵大学生的推荐名额，最终大队会计的女儿被推荐上了北京大学低温物理系。刘学红在中学时，就对物理产生了浓厚的兴趣，每次考试几乎都是100分。能够到北京大学物理系读书是她的梦想，为此她在春节探亲之际专程坐了一趟332路公共汽车，不为别的，只为能在车上看一眼心仪的北京大学。

梦想很快就有了实现的机会，1977年10月下旬，刘学红从广播里听到恢复高考的消息。她深知这是一次能够改变命运和实现梦想的考试，格外珍惜，积极备战。最初是白天劳动，晚上复习，后来抓紧劳动间歇的时间复习，在离考试只有半个月的时候又特意请假回城做最后的冲刺。妈妈为了让她可以不受干扰复习，无奈地把她反锁在屋内。由于当时找不到像样的复习资料，只能重新翻出中学课本，还想方设法地弄到了"文化大革命"前的高中数学教材和高考历史试卷。在选择专业时，为了容易录取，她放弃了曾经喜爱过的物理专业，改报北京大学新闻专业，她觉得当记者也是一个非常符合她天性的理想职业。

刘学红称自己很幸运，她幸运地赶上了第一年恢复高考制度，幸运地成为1977年恢复高考后的第一批大学生，幸运地以第一志愿考上了全国最高学府北京大学，幸运地从事着自己理想的职业。她一直珍藏着当年的准考证，在纪念中国恢复高考30年的特殊日子里，经我们主动联系，她将其捐赠给我馆。她在博客里写道："2007年7月10日下午两点，当我把写着我的名字、印着'100198'报名号的'北京市1977年高等学校招生准考证'交给中国国家博物馆藏品保管二部征集室的工作人员收藏的时候，内心充满着一种幸福和感激之情。从这个时候起，这张30年前的小纸片开始承载着特殊的使命，它成为当代中国一段特殊的历史转折和发端的真实见证。"

（丁纯怡）

18位农民的大胆创举

——全国农村第一份包干到户合同书

30年前一个寒风凛冽的冬夜,安徽凤阳县小岗生产队18位农民代表秘密地聚会在一间泥巴草房里,郑重地在一份包干到户合同书上按上了鲜红的手印。这是党的十一届三中全会前向旧的经济体制挑战的中国农村第一份包干到户合同书。当时他们谁也没有想到,这个由最底层农民自发的大胆创举竟会作为中国改革开放的第一步载入煌煌史册,小岗也因此成了"中国农村改革第一村"!

一、身背花鼓走四方

早在元末明初黄河夺淮入海后,淮河地区,包括凤阳县在内便因自然灾害频繁,"十年倒有九年荒",成为全国闻名的穷地方。明太祖朱元璋的父母、大哥都是在大灾之年染上瘟疫不治而亡的,他自己出家到皇觉寺才保住了性命。几百年来,凤阳一直流传着一种血泪凝成的民间艺术——花鼓灯。花鼓词唱道:"说凤阳,道凤阳,凤阳本是个好地方。自从出了朱皇帝,十年倒有九年荒。大户人家卖骡马,小户人家卖儿郎。奴家没有儿郎卖,身背花鼓走四方……"这是历史上凤阳人年年外出逃荒要饭的形象写照。1938年,黄河在花园口决堤再次夺淮后,凤阳更是连年灾荒。

新中国成立初期,刚刚分得土地的凤阳人怀着对幸福生活的热切向往踏上了互助合作之路,1955年全县粮食总产量比1949年增长163%,农业总产值翻了一番多,农民初得温饱。但他们只过了几年好日子,随着"左"的生产管理体制的形成和推行,尤其是1958年开展"大跃进"和人民公社化运动后,全国农业生产遭到了极大破坏。1959~1961年的三年自然灾害时期,仅有34万人口的凤阳县就死了6万多人。"文化大革命"中开展的农业学大寨

共和国的记忆：文物见证历史
The Stories of People's Republic of China

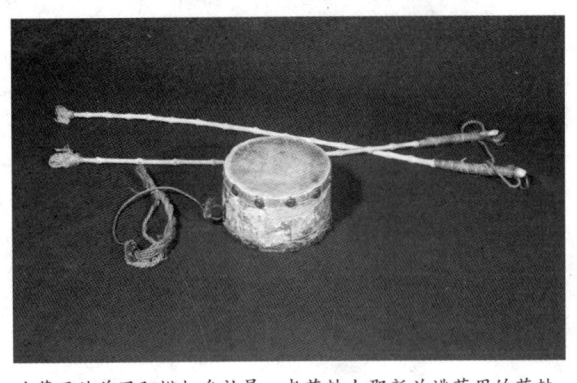

改革开放前凤阳燃灯乡社员、老花鼓女邵新兰逃荒用的花鼓。

运动，使以生产上"瞎指挥"、管理上"大呼隆"和分配上"大锅饭"为标志的"左"的生产管理体制发展到顶峰。农民把大寨工分称为"大概工分"，编写了许多讽刺性的民谣，如："迟出工，早下工，到了田里磨洋工，反正记的一样工"。70年代，凤阳县大部分生产队是"冰棍队"（指日工分值3至5分钱），好一点的生产队也不过是"油条队"（日工分值8分钱）。1978年全县人均粮食产量仅635斤，反而比1955年的815斤少了180斤，在这23年中，农业生产不进反退。

中国国家博物馆收藏的这面凤阳县燃灯乡社员、老花鼓女邵新兰逃荒打过的花鼓和公社给逃荒社员开的逃荒证，正是改革开放前农村经济困境的真实写照。

二、"大包干"红手印在小岗诞生

改革开放前，梨园公社是凤阳最穷的公社，小岗生产队又是这个穷社中最穷的队。这里的土地半岗半洼，是个十年九灾的地方。1950年土地改革后，农民实现了梦寐以求的愿望——"耕者有其田"，各家各户迸发出高涨的劳动热情，一连几年都获得了好收成。但1956年进入高级社后，所有土地归为集体的小岗，却在1957年第一次吃了国家的救济粮。此后，小岗一路走下坡：地荒、人穷、集体空。年人均收入不到30元，人均口粮不到200斤。三年自然灾害时，全队饿死67人，有6户死绝。以后年年外出逃荒要饭，年年向国家伸手要救济粮、贷款、化肥甚至种子，是个"生活靠救济，生产靠贷款，吃粮靠返销"的"三靠"队。"文化大革命"十年中，上面年年到小岗搞工作队、宣传队，队干部像"走马灯"一样年年换来换去。

粉碎"四人帮"后，凤阳人民，包括小岗人都在思索一个问题：如何改变这里的落后面貌？就在此时，万里同志出任中共安徽省委书记。1978年，为了战胜前所未有的大旱，他冒着被免职的危险，果断决定借给每个农民三分地种菜度荒。就在这一年，省委下发了落实农村政策的《六条》，凤阳县委在全县推行了强调生产责任制的"一组四定"，马湖公社还搞了"联产计酬"

等尝试。这些新的尝试，成为小岗"大包干"产生的前奏。

1978年，小岗生产队为搞好生产，曾准备把社员分成4个组，以后又分成8个组，但社员们仍然弄不到一块儿去。原因是几经折腾，社员们对集体生产早已失去了信心，队干部对此忧心如焚。几位年长的社员向上门讨教的新任副队长严宏昌提出，1961年搞了责任田，救了不少人的命，今年又是大旱，不分田到户恐怕会死人。严宏昌是队里文化最高的，头脑比较灵活，他未念完高中就到城里找生计去了，地里的农活只干过20多天，要不是今年大家铁了心要他回来当队干部，他可能还在城里当"小包工头"呢。

但是，当时分田单干和包产到户是国家政策所不容许的"禁区"。怎么办？严宏昌与大自己9岁的叔伯哥哥队长严俊昌和会计严立学三个队干部商议后，一致认为小岗已经穷极梢（穷到极点）了，不分田到户没办法了。问题是上面不会同意，只好先瞒着干，大不了撤职，反正队干部也干不长，总不能不让我们种地吧！他们打算先瞒一年，做成了再向上汇报。经过分头了解，社员们也都想那样干。于是，队干部悄悄地一户一户地通知各户派代表开会。

11月24日，夜幕降临后，全队20户农民的18位代表聚集在村西头严立华家的泥巴草屋里，你一言我一语地发表对分田到户（即"大包干"）的看法。但大家都被运动整怕了，有人提出谁来领头，犯了法谁负责的问题。最后，当时年仅28岁、血气方刚的严宏昌终于表了态："大家让我领头干可以，但如果出了问题，大家要照看我的孩子。"在场的社员都赞成，有人说，加上一条，把你们的小孩养到18岁。有人说，口说无凭，要立字据。于是严宏昌开始在一张烟盒纸上写合同书，严立富看见，便拿了一张16开的白纸（小学生钉练习本用的）给他写。合同书全文如下：

1978年12月　地点　严立华家

我们分田到户，每户户主鉴（签）字盖章，如以后能干，每户保证完成每户的全年上交和公粮，不在（再）向国家伸手要钱要粮。如不成，我们干部作（坐）牢刹（杀）头也干（甘）心，大家社员也保证把我们的小孩养活到十八岁。

严宏昌
关廷珠　关友德　严立富　严立华　严国昌
严立坤　严金昌　严家芝　关友章　严学昌
韩国云　关友江　严立学　严俊昌　严美昌

严宏昌　严付昌　严家其　严国品　关友申

到会的18位代表义无反顾地在这份"生死状"——合同书上按中国传统的方式庄严地摁上了鲜红的手印（或印章）。应当说明的是，因为农村人时间概念不强，当时误写为12月，实际上是11月24日（两天后严宏昌去供销社买东西才看到日历）订立的合同。因为有两户单身汉外出逃荒未归，是到会的亲属代摁的手印，又因为严宏昌作为领头人，多写了一个名字，多按了一枚印章，这份合同书便写了21个名字，摁了17个手印和4枚印章。从全队只有副队长严宏昌、会计严立学、老贫协主席韩国云三人有印章一事来看，也可知当时小岗人的贫穷。

历史将永远铭记这一天——1978年11月24日。这一天，离具有历史转折意义的党的十一届三中全会还有24天。

三、"包干到户"推向全国

合同签订后，小岗队只用几天便分了田，全队20户115人，每人分到4亩半地，一家就是几十亩，人人欢喜雀跃。转眼到了第二年春天，小岗的"问题"不幸被上面察觉了。关键时刻，是县委书记陈庭元保护了他们。他带着公社书记在小岗看了一圈后心情沉重地说，这小岗真是穷灰了，哪能搞什么

包产到户、包干到户实行后，农民欢庆丰收。

资本主义？叫他们干一年再说，稻种和化肥就先给他们吧。

小岗"大包干"后仅一年，就发生了翻天覆地的变化。1979年，全队粮食总产量由上年的2万余斤猛增到13万余斤，油料3.5万余斤，相当于1960年到1978年的总和，人均收入从20元增至400元。小岗第一次向国家交售了粮食、油料，第一次偿还了国家的贷款。过年时全队杀了19头猪，从此再没有人出去要过饭。社员们高兴地编了两首顺口溜："大包干，大包干，直来直去不拐弯，保证国家的，留足集体的，剩下全是自己的。""大包干，就是好，干部群众都想搞，只要准干三五年，吃陈粮，烧陈草……"

小岗"大包干"的做法得到了凤阳县委的肯定和支持。万里同志看了凤阳县委写的报告《一剂必不可少的补药——凤阳县梨园公社小岗生产队包干到户的调查》后十分赞赏。1980年元旦刚过，万里在滁县地委书记王郁昭、凤阳县委书记陈庭元的陪同下到小岗队视察，后来又在省委常委会加以介绍。小岗"大包干"的经验首先在凤阳县得到推广，全县粮食总产量和农业产值短短几年就翻了番。与此同时，安徽肥西县部分地区、四川的一些地区也先后搞了承包责任制。

1980年5月，邓小平同志在听取当时已担任国家农委主任的万里同志的汇报后，肯定了安徽肥西县包产到户和凤阳县包干到户的做法。9月，中共中央发出了著名的75号文件《关于进一步加强和完善农业生产责任制的几个问题》，有力地推动了中国农村的全面改革。平地一声春雷，沉睡的中国农村大地苏醒了。到1981年6月，全国实行农民家庭承包的生产队已占总数的87%。1983年初，全国实行包产到户、包干到户的生产队达到93%，其中绝大多数实行了包干到户。中国经济体

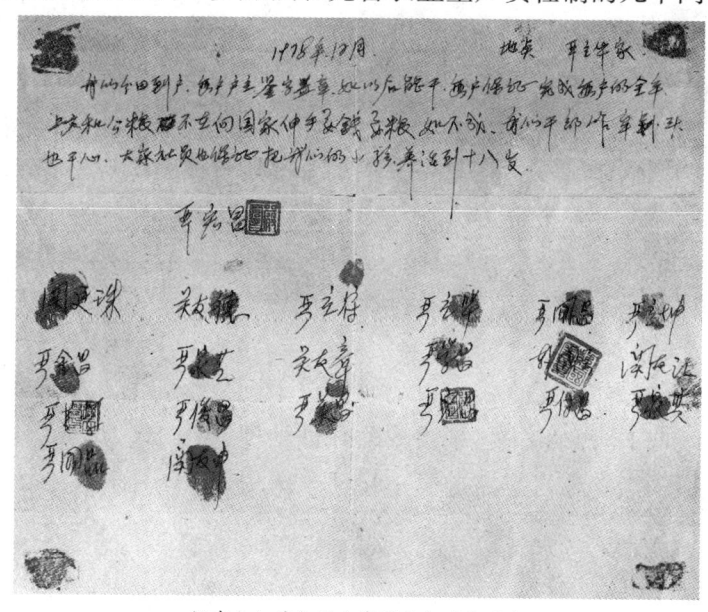

摁有大红手印的小岗村大包干合同书

大包干签约人严立学（左起）、关友江、严宏昌与我馆工作人员座谈。

制的改革首先在农村取得了突破性的进展，也可以说，是农村的改革推动了中国改革大业的全面展开。小岗人的"大包干"创举推广到全国，小岗也成了全国闻名的"中国农村改革第一村"。

1984年9月，中国革命博物馆（现中国国家博物馆）举办《三中全会以来的伟大成就展览》，两次派人去凤阳县征集农业"大包干"的文物。当得知"大包干"红手印的下落后，便派人从中央新闻纪录电影制片厂编导王映东手中要来了这份小岗队"大包干"合同书。这是一份用钢笔写在普通白纸上的合同书，纵19厘米、横23.6厘米，字迹为浅蓝黑色，手印和印痕为红色，但纸张已有小裂口和明显的折痕。小岗"大包干"红手印一经展出，便引起了空前的轰动，各家新闻媒体争相报道、转载。

1997年8月20日，严宏昌专程来到我馆，确认我馆收藏的就是当年他执笔写的那份合同书，并指出原合同书的几个特征，如人数、手印和印痕、纸张、笔迹等。他说，合同书一开始放在会计严立学处，几个月后他家修房子，便交给我保管，我把合同书夹在书中塞进毛竹筒里放在房梁上收藏。1982年10月，王映东来拍电影纪录片《来自农村的报告》时要用合同书，开始我不愿拿出来，4个月后王映东再次来到小岗，我才取出"大包干"合同书给他，但这一迟延，却导致有人以为原合同书是假的。2000年1月，严宏昌、严立学、关友江一行三人来到我馆，代表小岗村委会郑重接受了我馆颁发的捐赠文物证书。

虽然这份全国农村第一份包干到户合同书至今仍有人质疑，但小岗人敢于向旧观念和旧体制挑战的开创精神，中国亿万农民在党的改革开放路线指引下走上致富之路的第一步已永留史册。

（季如迅）

从大碗茶青年茶社到老舍茶馆

——从北京大碗茶青年茶社牌匾说起

在中国国家博物馆，收藏着一件北京老舍茶馆的前身"北京大碗茶青年茶社"的牌匾。作为改革开放后在国家政策支持下建立的城镇集体企业，"大碗茶青年茶社"经过三十多年的发展，已经由卖两分钱一碗大碗茶的茶摊发展为蜚声国内外的股份制企业，成为声名远扬的"京城名片"，吸引着五湖四海的游客。一个小茶摊是如何变成一家知名公司的呢？这和中国改革开放的政策和中国社会经济的快速发展密不可分。

粉碎"四人帮"后，中国的政治形势发生了翻天覆地的变化。1978年，中央顺应民心，调整政策，改变了"文化大革命"中要求城市知识青年上山下乡的做法，允许中学毕业生留在城市升学和就业，同时放松了上山下乡知识青年因病、因家庭困难返回城市的限制（当时称为病退、困退）。此后，大量知识青年开始返城。据统计，1979年有近1700万上山下乡知识青年返回城市，但城市一时提供不了那么多就业岗位，大量知青只得在家待业，其中北京的待业知青就多达40万人。待业青年打架、扒窃等扰乱社会治安的事件也时有发生，知青就业问题一下子变得异常严峻了。

为了解决待业青年的就业问题，党和政府调整政策，转变观念，把知识青年问题纳入城镇就业制度改革的轨道，实行"三结合"就业方针，广开就业门路，发展城镇集体经济和个体经济，举办劳动服务公司，鼓励和支持待业人员组织起来就业和自谋职业，并为他们提供便利条件和政策优惠（如税收优惠），同时调整产业结构，扩大就业容量，终于使多年积累的知青就业问题在几年之内基本解决。

就是在这样的大背景下，北京大碗茶青年茶社应运而生。1979年5月，

共和国的记忆：文物见证历史
The Stories of People's Republic of China

北京大碗茶青年茶社牌匾

青年茶社卖大碗茶的水舀子

青年茶社卖大碗茶的粗瓷碗

北京前门大栅栏街道办事处干部尹盛喜接到任务，要解决20名返城知青和待业青年的就业问题。作为北京传统的商业地区，前门地区聚集着"月盛斋"、"同仁堂"、"瑞蚨祥"等众多老字号，车水马龙，游人如织。从人潮涌动当中，尹盛喜看到了其中隐藏着的无限商机。经过仔细考虑，他动起了卖大碗茶的念头。他和几个待业知识青年开始在前门搭棚子，用一个茶灶，6把大茶壶，100多个粗瓷碗，卖起了两分钱一碗的大碗茶。因为参加此事的主要是返城的待业知青，他们便给自己的茶摊起名为"青年茶社"。

"青年茶社"初创之时十分简陋。据当时参与茶社建设的老舍茶馆员工回忆，当时他们把茶摊的地址选在前门箭楼西侧公共厕所旁的一块空地，"背靠一堵墙，能省下一些原材料，另外关键是有了水源。当时选地俗称是跑马占地，没人找你就先使着，找你了再说。"茶摊虽然开张了，但它的经营并没有那么一帆风顺，"影响市容、妨碍交通、扰乱治安"等帽子相继而至，给茶社的经营带来了不少困难。但尹盛喜并没有在困难面前退缩，在他和员工们的坚持下，茶社的生意越来越红火，到年底便有了比较可观的盈利，给它的发展掘到了第一桶金。

虽然如此，因为当时的社会风气和人们的思想观念还没有放开，大多数人都认为摆摊卖茶水是一件丢人的事情，那些在"大碗茶"茶摊卖茶的青年们，虽然每月能收入30多元钱，年底还有分红，比青年工人的收入都高，但他们都希望能在企事业单位找一份正式的工作。因此，不少在"大碗茶"工作的青年先后离开了茶社。他们的离开并没有打击尹盛喜卖茶水的热情，随着生意的发展，尹盛喜毅然辞去了街道办事处工作的铁饭碗，专门卖起了茶水。为此，他曾遭到妻子的埋怨，孩子们也不愿意看到父亲在大街上吆喝着卖茶水，在路过茶摊的时候都会远远地绕开……

尹盛喜没有气馁，他将心思完全扑在了茶社的经营上。在他和员工们的共同努力下，他们瞅准前门大街上流动着的无限商机，使得茶社的经营规模有了很大的变化，起先仅有一个茶摊的青年茶社开始发展壮大，逐步变为"大栅栏青年综合服务社"、"大栅栏工艺美术服务合作社"、"大栅栏贸易货栈"、"大栅栏贸易公司"……经营范围涉及食品、生活用品、手工艺品、珠宝玉器等等。1987年，发展壮大的青年茶社定名为"北京大碗茶商贸集团公司"，并在北京、深圳和海南都建起了分公司。

虽然多种经营带来了巨额利润，但以卖大碗茶起家的尹盛喜并没有舍弃经营二分钱一碗的大碗茶，他决定把大碗茶发扬光大。1988年，公司将原来卖大碗茶的地方改建为一幢古色古香的茶楼，并定名为"老舍茶馆"。尹盛喜在茶馆里的舞台上挂起了"振兴古国茶文化、扶植民族艺术花"的对联，准备将传统戏曲曲艺、北京小吃、各种名优茶汇集一起，运用茶馆舞台空间，传承和展示中国灿烂悠久的民族艺术。"老舍茶馆"开张伊始，就有人说风凉话："看着吧，少则三月多则半年，老舍茶馆肯定关门。"

20世纪80年代，迪斯科、霹雳舞、卡拉OK这些现代文化正在盛行，深受年轻人的喜欢。那时的北京，歌舞厅大行其道，投建高档歌舞厅让很多人赚了个钵满盆满。此时传统的民族艺术遭受到很大的冲击，许多戏曲失去了原有的艺术市场，一些著名的老艺人、老演员没有演出的机会，赋闲在家。"老舍茶

已发展壮大的大碗茶商贸公司仍在卖大碗茶

馆"以戏曲等传统文化作为打开市场的钥匙,在当时来看无疑是走了一步险棋。"老舍茶馆"开张后,虽然并没有像人们所说的那样关门大吉,但它的发展却并不顺利。在开张的第一年就亏损了300万元。此后的两年时间里,茶馆的经营依旧举步维艰,连连亏损。虽然如此,有着典型山东人倔强性格的尹盛喜却坚持自己的定位。

靠着艺术家们的捧场,虽然顾客稀少,演出大厅冷冷清清,但"老舍茶馆"每天都上演着许多地方优秀的传统节目,如关学增的北京琴书、孙书筠的京韵大鼓、马增蕙的单弦、马玉萍的河南坠子等。在这些精彩的节目中间,"老舍茶馆"搭配了京剧、大鼓、双簧、民乐、时调、相声等节目,再以杂技、魔术、快板、滚灯穿插其间,让人觉得整场演出京味浓郁,节奏起伏有致,让观众感受到了京味民俗文化的醇厚。由于一些几近失传的民间艺术不断在"老舍茶馆"亮相,逐渐引起了媒体的关注。这些地道的中国艺术也引起了海外游客的浓厚兴趣,由于知名度的不断提高,"老舍茶馆"的顾客越来越多。就这样,在尹盛喜等人的努力下,"老舍茶馆"经过连续几年的亏损,到1992年终于有了新的转机,并走上了正常发展的道路。也就是在这一年,美国前国务卿基辛格慕名来到"老舍茶馆",感受中国传统文化。这证明了尹盛喜对"老舍茶馆"的定位是正确的。

现如今,历经30年的沧桑,前门大碗茶如今已形成以"老舍茶馆"为标志,集京味文化、茶文化、戏曲文化、食文化于一身,内设书茶馆、餐茶馆、茶艺馆的综合性的京城第一家京味大茶楼,成为一张声名远扬的"京城名片"。"老舍茶馆"成了旅游者领略中国传统文化的窗口,许多戏曲曲艺界新人新戏从老舍茶馆的舞台上唱到了全世界。用老舍夫人胡絜青女士的话来说:"大碗茶馆除了它的商业性质和经济效益之外,还有它的文化性质,传统色彩,地方风格,旅游因素——它是一个高层次的文化窗口。"

从大碗茶摊到"老舍茶馆",北京大碗茶青年茶社的发展,是中国社会改革开放的一个缩影,在全国各地,有无数像"老舍茶馆"一样崛起的城镇集体企业,沐浴着改革开放的春风,为中国社会的经济发展作出了巨大的贡献。它们的发展和改革开放密切相关,它们的脉搏始终随着改革开放在跳动。

(何志文)

中国奥运会金牌"零的突破"

——记许海峰获得的第 23 届奥运会首枚金牌

1984年，中国改革开放的大船刚刚扬帆起航，中国人民正在为实现四个现代化事业而奋力拼搏，人们对国家取得的每一点进步都充满了民族自豪感。这一年现代奥林匹克运动会已经历了88个春秋，颁发过数百枚金牌，但还没有一枚是属于中国人的。这个历史在这一年被中国运动员许海峰结束了，他在洛杉矶奥运会的第一天为中国夺得第一枚金牌，实现了中国奥运会金牌"零的突破"。

中国首次参加奥运会是1932年，刘长春作为中国体育代表团唯一一名运动员参加了第10届洛杉矶奥运会。之后中国又参加了三届奥运会，但都未获得奖牌。新中国成立后首次曾参加了1952年赫尔辛基奥运会，但仍未获得奖牌。以后由于种种原因，我国长时期未能参加奥运会。直到1979年新中国重返奥运大家庭后，才重新开始备战奥运会。

1984年第23届洛杉矶奥运会，中国第一次派出有225名选手的大型体育代表团，参加了总计16个项目的角逐，一举获得15枚金牌，8枚银牌，9枚铜牌，金牌总数名列第四。一个新的体育强国诞生了，世界为之震惊！男子射击的许海峰、女子

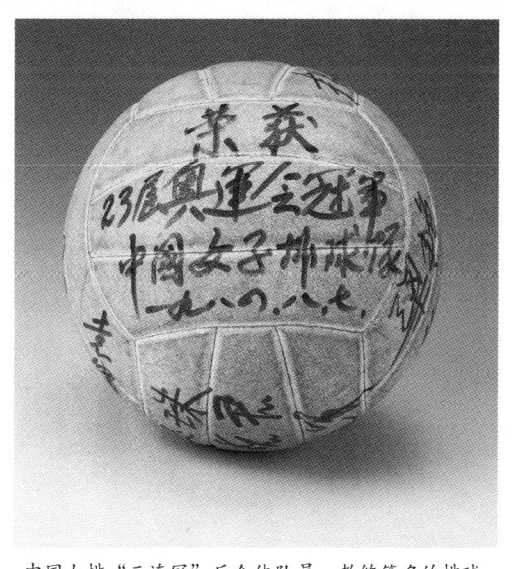

中国女排"三连冠"后全体队员、教练签名的排球。

许海峰在第23届奥运会领奖台上

花剑的栾菊杰、一人勇夺3金2银1铜的"体操王子"李宁、击败美国队获得"三连冠"的中国女排……一枚枚金银铜牌,极大地激发了全国人民的爱国热情。中国运动员在奥运赛场上的出色表现充分证明了我国竞技体育的实力与水平,增加了中国人民与世界人民的友谊。中国重返奥运会为国际奥林匹克运动注入了新的活力。

历史将永远记住这一天——1984年7月29日。中国射击运动员许海峰在本届奥运会射击比赛的男子自选手枪慢射比赛中以566环的成绩获得冠军,这也是本届奥运会的第一枚金牌。许海峰成为中国奥运史上的首位奥运会冠军。他为中国体育赢得了三个第一:中国人自1932年参加奥运会以来夺得的第一枚金牌,即中国奥运会金牌榜"零的突破";在奥运会颁奖仪式上第一次升起五星红旗,奏响中华人民共和国国歌;中国体育代表团重返奥运会赢得的第一枚奖牌。

当许海峰获得冠军,实现"零的突破"的那一刻,中国代表团副团长陈先再也按捺不住内心的激动,与许海峰紧紧地拥抱在一起。此时有多少中国人为中国第一枚奥运金牌的诞生激动得热泪盈眶。

开幕式那天,27岁的许海峰并没有出现在入场的队伍中。不是他不愿意参加,而是他想让自己保持最大限度的平静,他要养精蓄锐,细细琢磨第二天即将打响的比赛。许海峰回忆"我那天睡得特别好,躺下就睡着了。"射击运动比的不仅仅是技术,还要求运动员具有平衡、注意力集中、协调、心理稳定和时间感觉等项素质,有了好的心态和竞技状态,技术才能得到充分的发挥。

9时整，37个国家和地区的55名选手，提着放枪的箱子走进普拉多射击赛场的靶棚。虽然苏联、东欧一些传统射击强国缺席本届奥运会，但参赛的欧美射击好手仍然不少。此时各国记者都簇拥在参加过四届奥运会的世界冠军瑞典名将格罗纳·斯卡洛卡尔的靶位后。几乎没有外国记者关注40号靶位上身着红色运动衣的中国选手许海峰和他的战友王义夫。

　　比赛开始了。因为这是本届奥运会的第一枚金牌，所以每一发子弹都牵动着人们的神经。但此时的许海峰却心静如水，能尽快冷静下来是许海峰在重大比赛中屡屡力压群雄获得金牌的重要因素。由于是初次参加奥运会，大赛经验不足，他边打边调节心理，打得比较慢。

　　按照规定，60发子弹必须在两个半小时内打完。许海峰回忆："比赛时前两组97环，打得非常顺利，后来第三组打到第8发的时候，我打了一个8环"，自我感觉不太好，他很快就消失在人们的视野中。"很多人说我离奇失踪，其实我就是去休息了一会儿。既然时间充裕，何不去调整一下紧张的心情？"休息回来，许海峰状态依旧不算很稳定。第三组第四组他都打了93环。第五组射击时他的心情平静了很多，打了95环。

　　当五组打完他回头一看，整个赛场上剩下的选手已经寥寥无几，队友王义夫已经打完，总成绩是564环。此时许海峰感觉很好，他说："前五组平均是95环，如果最后一组我再打95环的话，我就570，那肯定是冠军。"打最后一组前，赛场上只剩下许海峰一个人，"当时后面的观众、记者、队友很多很多人，但是我也感觉，我今天估计成绩不错，不然的话后面（怎么）会那么多人，一回头就是相机响，一举枪就有相机响，当时确实精力有点分散。"

　　众目睽睽之下，许海峰的精力有点分散，第六组一开始接连几发环数不高，分别是6、7、8、9环。他感到这样下去非前功尽弃不可，心惊之余，他干脆坐下，什么都不想，休息片刻，调节心情，做深呼吸，迅速冷静下来。决定性的最后3发子弹，前两发打了一个9环，一个10环。

　　当许海峰还剩最后一枪时，场外的人都在凝神关注，因为瑞典名将已经打完，总成绩是565环。而许海峰已打了557环，如果最后一枪打9环以上，冠军就是中国人了！此时许海峰并不清楚这一点。他在想：无论获得什么样的成绩，最后一发都一定要打好，打出实战水平，打出中国运动员良好的心理素质来。这发子弹他几次举枪又放下，最后才击发。最后一枪，他恰恰打了9环。比赛结束后，现场观众报以热烈的掌声。由于当时还未采用电子靶，等待人工记数的过程十分漫长。裁判长终于宣布许海峰的成绩为566环,许海峰这才意识到自己已经出人意料地改写了历史。本届奥运会的第一个冠军诞生了!另一名中国运动员王义夫获得第三名。

许海峰回忆,这真是艰难的三枪,每一枪我都坚持没有十分把握不扣扳机,过了稳定击发期就重新举枪。为了打出一发子弹,我甚至五次出枪五次又放下来,直到找好最佳的击发感觉,心简直快要跳出来了。收枪的时候许海峰才发现运动服已被汗水浸透了。

国际奥委会主席萨马兰奇闻讯赶来主持颁奖仪式。大会组委会事先根本没有想到,在第一天的比赛第一个项目,一个国家只允许参加两名运动员的情况下,中国的两名运动员竟然都进入了前三名,要升两面中国国旗。由于主办方事先只准备了一面五星红旗,不得不临时再去取一面,使得颁奖仪式推迟了40多分钟。国际奥委会主席萨马兰奇在颁奖时紧握着许海峰的手说:"中国人获得本届奥运会第一枚金牌,这是中国体育史上伟大的一天,我为我能亲自把这块金牌授给中国运动员而感到荣幸。"许海峰却一再表示,这"伟大的一天"不属于他个人,而属于整个中国。他说,"这个成绩在当时的确能唤醒民族自豪感,给正在经历改革开放的中国人以巨大的鼓舞。我们用事实证明,我们并不是他国口中的'东亚病夫'。"

许海峰,1957年生于福建漳州,15岁时随父母迁回原籍安徽和县。弹弓是很多孩子小时候喜欢的玩具,许海峰也不例外,他曾创下一个晚上打200多只鸟的记录,人称"弹弓大王"。他向往着当一名解放军战士。高中毕业后他报名参军,体检合格,但因年龄比规定小8个月,没能如愿。他想让他父亲去替他说情,可父亲说:"有本事靠自己。"这句话深深印在了他的心里。1975年,许海峰作为知识青年下乡务农,他买了一支气枪,凭着勤奋好学练就了一手高超的射击技术。第一次接触射击训练是在1979年,只训练两个月就打破了安徽省记录,却因年龄偏大进不了省射击队,不久被抽调到安徽和县供销社当了营业员。1982年他终于调入省队集训,开始了真正的射击生涯,1983年打破全国纪录,年底调入国家队备战奥运会。在获得奥运冠军时,许海峰正规练习射击还不到两年。此后他又两次打破和超过世界纪录。1984年,国家体委为许海峰颁发了体育运动荣誉奖章,1984和1986年,他两次被评为全国十佳运动员。退役后许海峰任中国射击队教练,他的弟子们也先后获得了奥运会金牌。

许海峰获得的这枚金牌是中国体育史和中国奥运会金牌榜"零的突破"

的里程碑式的见证物,其意义十分重大,因而成为众多媒体和个人关注的焦点,也有人想出重金购买。但许海峰认为:"这

金牌背面图案

许海峰获得的第23届奥运会首枚金牌(正面)

块金牌不只是属于我一个人的,我能在那么短的时间内夺得这枚奥运金牌,离不开国家的培养和教练以及队友的帮助。把金牌放在家里,最多是自己或者几个亲戚过来看看,但是放在博物馆里,可以让更多人看到,让更多的人了解历史,我认为这个意义更大。"1984年10月14日,中国革命博物馆(现中国国家博物馆)在安徽省合肥市隆重举行了许海峰捐赠中国首枚奥运会金牌仪式,并很快在有关陈列中正式向观众展出。

这枚金牌,直径6厘米,厚0.4厘米。正面为国际奥委会统一规定的图案,即意大利艺术家卡西里奥设计的手持棕榈叶和花冠的胜利女神和古罗马竞技场图案,右边空白处英文意为1984年洛杉矶第23届奥运会。背面图案为众人抬着获得桂冠的奥运会运动员游行。它是中国奥运会金牌榜"零的突破"的历史见证。

(董 帅)

共和国的记忆：文物见证历史
The Stories of People's Republic of China

重发股票与证券市场的起步

——从上海飞乐音响股票说起

上海飞乐音响公司首次发行的伍拾元个人股票

1994年，为筹办《当代中国》展览，中国革命博物馆（现中国国家博物馆）工作人员前往上海飞乐音响公司，征集该公司发行的被称为"新中国第一股"的飞乐音响股票。对于博物馆的征集工作，飞乐音响公司非常重视，经协商，公司领导将他们保存的1984年11月第一批上市的两张股票捐给了博物馆。那么，博物馆为什么要收藏这两张股票呢？究其原因，还在于这两张股票展示了中国改革开放的成就和股票证券市场的发展历程，展示了中国社会从计划经济体制逐渐到市场经济体制的转型，是记载中国城市经济体制改革和中国证券业发展的重要实物资料。

股票是股份证书的简称，是股份公司为筹集资金发行给股东作为资本所有权的凭证，并借以取得股息和红利的一种有价证券。股票可以转让、买卖或作价抵押，股票持有者凭借股票参加公司的利润分配，但也要承担公司业绩下滑的风险。股票迄今已有近400年的历史，中国从清末开始发行股票，新中国成立初期也有股票，后来由于历史原因停止发行。

改革开放启动了中国经济从计划经济体制向市场经济体制的转型。宏观上,经济体制改革迫切需要探索与之相适应的金融制度;微观上,企业的发展,特别是中小企业的发展,也面临着开辟新的筹资渠道和转换经营机制的难题。在这种情况下,我国证券期货市场开始萌芽,经历了从无到有,从小到大,从地区到全国乃至融入国际市场,逐步发展壮大的过程,并成为推动经济发展和改进资源配置方式的重要力量。飞乐音响股票就是在这种背景下产生的。

20世纪80年代初,随着改革开放的逐步展开,人们的物质文化需求逐渐提高,对文化娱乐设施的需求不断增大。据上海飞乐音响股份有限公司首任董事长秦其斌回忆,1984年,他被任命为上海电声总厂厂长,看到上海市场对音响的需求越来越大,他开始琢磨是否可以扩大音响生产。但在计划经济还没有完全退出历史舞台的年代,计划外的经营活动最缺乏的往往就是扩大经营生产的资金。为了争取资金,他把扩大音响生产的想法向上级作了汇报。上级领导虽然同意他的想法,但资金问题要自己想办法解决。1984年上半年的一天,他在长宁区参加工商联的会议,听一些老工商业者聊天说起旧上海很多民族企业用股票集资。在偶然中了解到这个信息后,他突然有了一个大胆的想法,那就是通过发行股票,向其他单位和内部职工集资,以此来筹集所需资金,扩大生产。他的这个想法得到了上级领导的支持。

1984年11月18日,经中国人民银行上海市分行金融行政管理处批准,位于武夷路、由上海电声总厂发起成立的上海飞乐音响股份有限公司正式开业(人称小飞乐),成为全国首家向社会公开发行股票的股份制试点企业。公司以承接音响工程为主,代客设计音响或成套设备配套的供应、安装、调试、培训和售后服务等,兼经营进口音响器材设备和国产"飞乐"牌音响设备与器材。

在公司正式开业的当日下午,《新民晚报》第一版刊登了一则消息:上海飞乐音响公司18日开业接受个人和集体认购股票发行1万股,每股50元。新闻舆论的推动,使"飞乐音响"股票在股份制道路上迈出了一大步。最后,飞乐公司拿出10%的股份向社会个人发行,其中单位股占50%,个人股占50%,一天就卖光了。

1986年9月26日,上海飞乐音响公司的股票在中国工商银行上海静安信托业务部上市交易。就这样,上海飞乐股票成为改革开放后中国股票市场较早出现的股票之一,并被称为新中国"第一股"。

其实，飞乐音响股票并不是改革开放后我国发行的第一支股票，它之所以被称为新中国"第一股"，源于这样一个流传广泛的故事：1986年11月14日，美国纽约证券交易所董事长约翰·范尔霖先生访华。中国领导人邓小平会见他时专门提到了我国也发行了股票。范尔霖先生听到这个消息后很高兴，随即向邓小平赠送了一枚纽约证券交易所的证章和证券样本。按国际惯例和中国礼节，中国领导人也必须回赠一件礼物。经再三考虑后，决定赠送范尔霖先生一张股票。当时中国人民银行行长陈慕华和副行长刘鸿儒紧急从各地调来股票样张，仔细挑选，最后，决定用50元面值的"飞乐"股票作为回赠。于是，邓小平正式将一张飞乐股票赠给这位国际友人，由当时的中国人民银行上海市分行的领导周芝石亲自交给范尔霖，用这样一种象征方式，向世界宣告了中国改革开放的决心。

范尔霖接过这张股票后，又高兴又惊讶：高兴的是，中国改革开放才6年，居然有了股票，而且他是持有中国股票的第一个外国人；惊讶的是，这张股票的姓名不是他，而是周芝石的名字（笔者注：为股票真实、可靠，当时没有想到填范尔霖的名字，而是填上了中国人民银行上海市分行副行长周芝石的名字，这也说明当时大多数人不懂股票所有权这一基本属性）。这位股票专家看出这张赠给他的股票上的破绽后，立即向中国当局了解缘由，并决定亲自去上海更名过户。11月23日，范尔霖一行抵达上海，24日下午1时，在中国人民银行上海市分行行长李祥瑞的陪同下，走进了中国首家证券交易部——静安证券营业部。范尔霖很郑重地将那张署着"周芝石"名字的股票递进窗口，希望给他过户。为了表示友好，营业部没收过户费，免费给范尔霖过了户。过完户后，范尔霖观看了这个不足10平方米、连一个上厕所的地方都没有的营业厅后，告诉在场的人，美国人最早买卖股票时都在梧桐树下，连10平方米的房子都没有。现在，这枚范尔霖先生的"原始股"已永久陈列在纽约证券交易所的橱窗内。飞乐股份公司的"原始老外"股东范尔霖先生，也永久地载入飞乐公司的花名册中。现在范尔霖的这一股，通过多年的送配，一股变成了3183股，市值由50元变成最高时的10.76万元，回报率高达2152倍！

可以看出，飞乐音响成为新中国"第一股"，是由历史机缘所成就的。其实，改革开放后发行的第一张股票，是1983年7月8日由深圳市宝安县联合投资公司向社会公开发行的。1983年7月25日，宝安县联合投资公司在《深圳特区报》上刊登招股启事："欢迎省内外国营集体单位、农村社队和个人（包括华侨、港澳同胞）投资入股，每股人民币10元。实行入股自愿，退股自由,保本付息,盈利分红。"由此迈出了改革开放后我国股票证券市场发展的第一步。

　　正是这些股份公司的出现和股票的发行,20世纪80年代,中国新兴的证券市场在试点过程中积累了丰富的经验。90年代初,经济、金融领域的治理整顿为证券市场的良性发展创造了必要的环境。但是,深沪股票交易柜台制度设计的缺陷以及股票场外交易的广泛存在,要求尽快建立集中的股票交易市场。经国务院授权、中国人民银行批准,上海证券交易所于1990年11月26日正式成立,并于同年12月19日在上海开张营业。交易所采用现货交易方式,作为场内中介人的经纪人以时间优先、价格优先为原则,通过计算机设备,组织买卖双方成交。成交行情在场内电子显示屏上公布,并通过计算机终端和其他通讯手段传向全国。这是中华人民共和国成立以来在大陆开业的第一家证券交易所,上交所的成立标志着我国现代意义上的证券市场的形成。随后,我国第二家证券交易所——深圳证券交易所也于1991年7月3日宣告成立。

　　从改革开放后我国重新开始发行第一张股票,到1986年9月26日中国第一个证券交易柜台静安证券业务部开张,再到1990年11月26日上海证券交易所正式成立,这一系列事件标志着改革开放后中国的证券股票市场从无到有,从起步到逐渐发展成熟,正在大踏步向前迈进。改革开放30年,中国的证券股票市场已经日益成熟,取得了长足的发展,飞乐音响股票则正好见证了这一发展过程。

上海证券交易所外景

（何志文）

"一国两制"构想的光辉范例
——记香港、澳门回归祖国

20世纪末香港、澳门和平回归祖国,是中华民族历史上的一件大事,也是当代世界史上的一件大事。港、澳回归及回归后的成功实践,是实践邓小平"一个国家、两种制度"构想的光辉范例。

一、"一国两制"构想的提出

"和平统一、一国两制"的构想,最初是为了解决台湾问题提出来的。这个构想有一个长期酝酿、认识逐步深化的过程。早在1955年5月,周恩来总理在全国人大常委会上就提出"解决台湾问题有两种可能的方式,即战争的方式和和平的方式",并表示争取用和平的方式解决问题。第二年毛泽东主席在谈话中提出对台湾"和为贵"等主张。但由于当时的国际形势,这些主张未能付诸实践。

党的十一届三中全会以后,国内外形势发生了深刻变化,为争取用和平的方式解决台湾问题提供了有利条件。继全国人大常委会和叶剑英委员长宣布和平解决台湾问题的大政方针后,1982年1月,邓小平明确提出了"一个国家、两种制度"的构想:在国家实现统一的大前提下,国家的主体实行社会主义制度,台湾实行资本主义制度。1984年他又指出:"香港问题也是这样,一个国家、两种制度"。江泽民等国家领导人也多次对此加以阐述。

中国政府据此对台湾、香港、澳门分别制定了"一国两制、和平统一"、"一国两制、港人治港"和"一国两制、澳人治澳"的具体方针、政策。其基本内容是,在一个中国的前提下,国家的主体坚持社会主义制度;台湾、香港、澳门是中华人民共和国不可分割的组成部分,它们作为特别行政区保持原有的资本主义制度和生活方式长期不变。在国际上代表中国的，只能是中华人民共和国。

邓小平提出的"一国两制"构想，是他所倡导的建设中国特色社会主义理论的重要组成部分，是对马克思主义国家学说的创造性发展，为和平时期解决某些相关的历史遗留问题指明了出路。香港、澳门回归的实践证明，它是完全可行的，成功的。

二、香港回归，举国欢庆

香港自古就是中国的领土。香港的历史可追溯到秦代的南海郡番禺县。鸦片战争后，英国政府强迫清政府于1842年签订《南京条约》，割让香港岛。第二次鸦片战争后，英国又迫使清政府于1860年签订《北京条约》，割让九龙半岛南端即今界限街以南的地区。中日甲午战争后，英国乘机逼迫清政府于1898年签订《展拓香港界址专条》，强租界限街以北、深圳河以南的九龙半岛北部大片土地以及附近230多个大小岛屿(后统称"新界")，租期99年。中国人民一直强烈要求收回香港，历届中国政府均不承认英国对香港的永久主权，并多次进行交涉。但由于旧中国积贫积弱，中国人民收回香港的夙愿始终未能实现。

中华人民共和国成立后，立即宣布废除过去所有外国强加在中国人民身上的不平等条约。但中国政府对一些历史遗留问题，例如香港、澳门问题，在相当长的一段时间内，从当时的国内外形势和港、澳居民的利益出发，主张在条件成熟时，经过谈判和平解决，在未解决之前暂时维持现状。历史证明，中国政府对港、澳"长期打算，充分利用"的政策是完全正确的。它有利于打破帝国主义对我国的封锁，也有利于港、澳的发展和稳定，符合港、澳居民的愿望和全国人民的利益。它对"一国两制"构想的形成有重要的启示作用。

改革开放后，中国国力增强，国际地位不断提高，"一国两制"的构想和各项具体方针政策日渐完善，为解决港、澳问题指明了方向。同时，随着1997年"新界"租期届满的临近，英国政府不断试探中国关于解决香港问题的立场和态度。这样，解决香港问题的时机首先到来。

1982年9月23日，撒切尔夫人的访华拉开了中英两国关于香港问题谈判的序幕。英国首相挟刚打胜与阿根廷的马尔维纳斯群岛之战的余威，一上来态度就十分强硬。她首先亮出"三个条约有效论"和"维持香港的繁荣离不开英国"两张牌,强调"有关香港的三个条约在国际法上仍然有效",只可通过协商加以修订,不可单方面予以废除。又说,香港的信心和繁荣"全赖英国的管治",假如现在实行或宣布对香港治权做出重大改变,则港人信心大失,香港繁荣不保。

中国总理随后发言,拒绝了英国的主张。他声明,中国政府决定于1997年"新界"租约届满之际收回整个香港地区,在恢复行使主权的前提下,中国将实行一系列特殊政策,以保持香港的稳定和繁荣。并强调,国家主权与经济上的考虑相比,国家主权始终是第一位的。

邓小平与撒切尔夫人会谈

24日,素有"铁娘子"之称的撒切尔夫人同邓小平会谈时,仍然坚持"三个条约有效论",要求1997年以后继续维持英国对整个香港地区的管辖不变,并以威胁的口气说:"要保持香港的繁荣,就必须由英国人来管制。如果中国宣布收回香港,就会给香港带来灾难性的影响和后果。""如果两国政府能就香港的未来治权达成一致协议,且能为香港人民接受,也能使英国国会同意,那么我们便能进一步就主权问题商议。"其实,英国是不愿放弃香港这颗被誉为英国女王王冠上最璀璨的宝石,她是想以此压中国让步,"以主权换治权"。

但是,"铁娘子遇到了钢汉子"(外电报道),面对英国首相的挑战,邓小平立刻针锋相对地顶了回去。他指出:"我们对香港的问题基本立场是明确的,这里主要有三个问题,一个是主权问题;再一个问题,是1997年后中国采取什么方式来管理香港,继续保持繁荣;第三个问题,是中国和英国两国政府要妥善商谈如何使香港从现在到1997年的15年不出现大的波动。"

邓小平坦率指出,主权问题不是一个可以讨论的问题,在这个问题上中国政府没有回旋的余地。我可以明确地告诉你们,中国在1997年要收回的不仅是"新界",而且包括香港岛和九龙。中国和英国是在这个前提下进行谈判。

如果在新中国成立48年后还不把香港收回，任何一个中国领导人和政府都不能向中国人民交代，甚至也不能向世界人民交代。中国希望通过谈判和平收回香港，如果谈不成，也要收回。不迟于一两年的时间，中国就要正式宣布收回香港这个决策。保持香港的繁荣，我们希望取得英国的合作，但这不是说，香港继续保持繁荣必须在英国的管辖之下才能实现。香港继续保持繁荣，根本上取决于中国收回香港后，在中国管辖之下，实行适合于香港的政策。他还阐述了以"一国两制"解决香港问题的构想。明确表示如果在15年过渡期内香港发生严重的波动，中国政府将不得不对收回的时间和方式另作考虑。

这次会谈打击了撒切尔夫人的气焰，一个颇具戏剧性的情节是，她在会谈后走下台阶时，突然一脚踩空，险些摔倒。香港媒体戏称为"一失足成千古恨"。

此后，双方通过外交途径继续就谈判的原则与程序交换意见，由于中方毫不动摇的立场，1983年3月，英国首相不得不首先妥协，她表示只要两国政府能就确保香港未来繁荣与稳定的行政安排达成协议，她愿建议将整个香港的主权交回中国。

但是从同年7月开始的中英双方的前4轮谈判，却因英方坚持"主权和治权分离"的立场陷入了僵局，一度导致香港人心不稳，汇率、股市下滑。后中方接连发表严正声明，英国首相见打"经济牌"不能奏效，不得不于10月再次致函中国总理，放弃"以主权换治权"的立场，但仍想在1997年以后让英国人在香港的行政管理中继续发挥作用，被中方严词拒绝。最后英方不得不让步。

此后双方的争论，都是围绕主权问题展开的。中方坚持原则性又有必要的灵活性，对谈判成功起了积极的作用。在"一国两制"构想的指引下，中英双方经过两年22轮拉锯式的谈判，终于圆满解决了中国恢复对香港行使主权的问题。撒切尔夫人在她的回忆录《唐宁街岁月》中承认："协议并不是，也不可能是我们的胜利，因为我们是同一个不肯让步，而且在实力上又远远超过我们的大国打交道。"

1984年12月19日下午，在人民大会堂西大厅，中英两国政府正式签署《中华人民共和国政府和大不列颠及北爱尔兰联合王国政府关于香港问题的联合声明》，确认中国政府将于1997年7月1日收回香港，恢复行使主权，并设立特别行政区，维持其现行社会制度、经济制度、生活方式五十年不变。邓小平出席了签字仪式。当时中国总理和英国首相分别代表本国政府签署《中

共和国的记忆：文物见证历史
The Stories of People's Republic of China

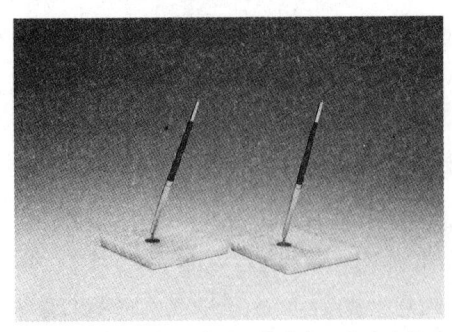

中英两国政府首脑签署《关于香港问题联合声明》时用的台式英雄金笔

英关于香港问题的联合声明》时用的国产台式英雄金笔，于同年12月25日由外交部礼宾司拨交中国革命博物馆（现中国国家博物馆）收藏。

1997年6月30日午夜至7月1日凌晨，香港会展中心灯火辉煌，中英香港政权交接仪式在这里隆重举行。23时59分，英国国旗缓缓降落，标志着香港被英国侵占一个半世纪的历史宣告结束。最后一任港督彭定康出席仪式后，陪同皇储查尔斯，乘坐皇家游艇"不列颠尼亚"号黯然离去。7月1日零时，中华人民共和国国旗和香港特别行政区区旗在国歌声中徐徐升起。江泽民主席庄严宣布"中国对香港恢复行使主权，中华人民共和国香港特别行政区正式成立。"

香港回归祖国，洗刷了中华民族的百年国耻，也翻开了香港历史新的一页。

中英香港政权交接仪式在香港会展中心举行

三、澳门回归，世纪荣光

中国国家博物馆珍藏着一件中葡两国政府首脑签署关于澳门问题联合声明时用的中葡两国国旗。旗面为丝绸质，其中葡萄牙国旗为红、绿两色，中间图案为金色的浑天仪。

澳门在秦代隶属南海郡。早在400多年前，澳门已是中外经济文化交流的重要门户。1535年（明嘉靖十四年），葡萄牙人取得在澳门码头停靠船舶、进行贸易的权利。1553年，葡萄牙人以曝晒船上水渍货物为由，欺骗并贿赂当地中国官吏取得在澳门居住的资格，但每年须交纳一定银两的地租，中国政府仍对澳门行使主权。鸦片战争后，葡萄牙政府趁火打劫，1845年，葡萄牙宣布澳门半岛为"自由港"，并拒交地

中葡两国政府首脑签署关于澳门问题联合声明时用的中葡两国国旗

租，以武力抢占关闸，驱逐中国官吏。1851年和1864年又先后强行将凼仔与路环两岛划入其管辖范围。1887年，又通过《中葡和好通商条约》迫使清政府允许葡萄牙有"永驻管理澳门以及属澳之地"的权利。历届中国政府从未放弃对澳门的主权，并为收回澳门与葡萄牙政府多次交涉，但都没有成功。闻一多"三百年来梦寐不忘的生母啊！请唤儿的乳名，叫我一声'澳门'，母亲啊，母亲，我要回来，母亲！"的诗句，说出了中国人民期盼澳门回归的心声。

中华人民共和国成立后，明确表示将收回澳门，主张在条件成熟时经过谈判和平解决。1974年葡萄牙国内革命后，宣布实行非殖民地化政策，承认澳门不是殖民地，而是中国的领土，后又规定澳门享有行政、经济、财政及立法自治权。1979年2月中葡两国建交，双方同意在承认澳门是中国领土的前提下，暂时维持现状，在适当时机中葡两国通过友好协商解决澳门问题。

在"一国两制"构想的指引下，从1986年6月到1987年3月中葡双方经过9个月四轮会谈，圆满解决了中国恢复对澳门行使主权的问题。其中回归时间是谈判中的一个重要问题。葡方曾一度要求把交还澳门的时间推迟到下个世纪。对此，中方态度坚决，邓小平明确指出，澳门问题必须在本世纪内解决，决不能把殖民主义的尾巴拖到下一个世纪。双方终于以两国友好大局为重达成了协议。

1987年4月13日，中葡关于澳门问题的联合声明正式签署仪式在北京人民大会堂西大厅隆重举行。签字大厅长条桌中央摆放着插有中葡两国国旗的镀金旗架，两国总理分别在本国国旗一侧入座，代表本国政府签署了《中华人民共和国政府和葡萄牙共和国政府关于澳门问题的联合声明》。确认中国政府将于1999年12月20日恢复对澳门行使主权，并设立特别行政区，维护其

现行社会制度、经济制度、生活方式五十年不变。圆满地解决了中葡两国之间的历史遗留问题，对澳门未来的社会稳定和经济发展作出了相应的安排，完全符合包括澳门同胞在内的中国人民和葡萄牙人民的愿望和利益。

中葡澳门政权交接仪式在澳门文化中心举行

1999年12月20日零时，中葡两国政府在澳门文化中心隆重举行政权交接仪式，中华人民共和国国旗和澳门特别行政区区旗在雄壮的《义勇军进行曲》的乐曲声中升起。江泽民主席庄严宣告：中国政府对澳门恢复行使主权，澳门回归祖国。

澳门回归是香港回归后中华民族的又一大盛事。香港、澳门的回归，标志着我们在即将跨入新世纪时，彻底结束了外国人在中国国土上进行占领和管治的屈辱史，这是对于中华民族的历史性贡献。中国政府按照"一国两制"的伟大构想，成功地解决了香港、澳门问题，使祖国统一大业迈出了重要的一步。"一国两制"构想在香港、澳门的成功实践，已经并将继续为最终解决台湾问题提供重要示范作用，也为国际社会以和平方式解决国家间的历史遗留问题提供了良好的范例。

（张玉兰）

跨越这条海峡用了38年

——台湾老兵返乡探亲团的文物

由于众所周知的历史原因,1987年11月前,海峡两岸的同胞一直被人为地阻隔,备受骨肉相思之苦。

改革开放后,随着工作中心向现代化经济建设转移,党和政府适时提出了"和平统一、一国两制"的方针。继全国人大常委会和叶剑英委员长宣布和平解决台湾问题的大政方针后,邓小平明确提出了"一个国家、两种制度"的构想。

1979年新年,全国人民代表大会常务委员会发表了《告台湾同胞书》,明确倡议通过商谈结束台湾海峡军事对峙状态,撤除阻隔两岸同胞交往的藩篱,推动自由往来,实现通航、通邮、通商,开展经济文化交流。并主动停止对金门等岛屿的炮击,开办经第三地对台通邮、开放港口、市场,欢迎台商来大陆投资等,在台湾社会引起强烈反响。与此同时,改革开放给中国大陆带来的巨大变化,也使台湾民众特别是国民党军退伍老兵更加渴望回到阔别多年的家乡探亲访友。两岸关系的发展由此揭开新的历史篇章。

1979年1月1日公开发表的《告台湾同胞书》

1987年是两岸关系的重要年份。邓小平在接见被称为"美籍华裔第一人"的陈香梅女士时,特别提出:"你应该让那些已经在台湾的人回到大陆来探亲。"之后陈香梅去台湾会见台湾地区领导人蒋经国时转述了这一意见,并说:"很多从大陆来的人已垂垂老矣,离别大陆亲人40多年,他们的长辈也七老八十了，如果再不让他们回家看看，可能再也没有机会了，这在历史上将是一件非常遗憾的事。"蒋经国这位邓小平在莫斯科中山大学时的同学后来说"可以考虑"。

这年4月，何文德等台湾退伍老兵自发组成了"外省人返乡探亲促进会"，这是一个由部分大陆籍台湾退伍老兵及退休公教人员组成的民间性质的松散组织，何文德任会长。

何文德，湖北人，1938年随国民党军队离开家乡。他回忆走时奶奶喊他："六娃子，时局一太平，你要回来送我啊，送我上山（安葬）啊。"妈妈把奶奶给的两块银元缝在一个袋子上，系在他的腰里当盘缠。谁知一别竟是40多年！

40年中，数十万大陆籍国民党兵上演了一出当代台湾最无奈的悲剧。他们当了一辈子的兵，90%以上没有成家，到退役时依然孤苦伶仃，一无所有。而国民党当局长期以来严守"不接触"、"不谈判"、"不妥协"的"三不"政策，把禁止退伍军人返回大陆家乡作为一项不可改变的基本政策，也禁止民众回大陆故乡和亲人团聚。

"有家归不得，无处问死生"是数十万外省退伍老兵们的无奈。直至退役，他们仍不能回家与亲人相聚。为了和家人取得联系，何文德回忆，那时只能请回家的华侨在经过香港时，帮助把信丢到邮筒里，就是这样和家里联络上的。美国、日本也成为外省老兵转信的中间站，"大信封里的小信封"，是外省人的共同记忆。多少个孤寂的夜晚，他们辗转难眠，思乡的一声声叹息，像太平洋的浪涛一样永难止息。

国民党元老于右任在临终前，曾写下"葬我于高山之上兮，望我大陆；大陆不可见兮，只有痛哭！"这首题为《望大陆》的哀歌，道出了数十万台湾老兵的心声。

那些曾为台湾的经济建设立下过汗马功劳的国民党退伍老兵，此时再也按捺不住内心澎湃汹涌的思乡之情。他们试图通过集会抗议、请愿等合法方式，向蒋经国呼吁请求准许老兵们回大陆老家，与亲人团聚。

1987年的母亲节，一群鬓发斑白的抗议者，在台北"国父纪念馆"以"母亲节遥祝母亲"的名义举行了大会。他们胸前的衣衫用毛笔写着"想家"，手举的标语写着"捉我来当兵，送我回家去"、"白发娘望儿归，红妆守空帏"，他们合唱歌曲《母亲你在何方》："雁儿呀，我想问你，我的母亲在哪里……"在场者无不为之动容，台上台下哭成一片。

6月28日,"促进会"在台北组织了"想回家,怎么办?打开两岸探亲管道座谈会",有六七千人到会。7月7日,几百名老兵又打着"老兵没饭吃,回家找爹娘"的标语,到国民党中央党部门前请愿。老兵返乡运动对国民党当局形成极大的压力,加上当时台湾社会的同情,不分党派、不分省籍的群众支持,因而最终促成了返乡探亲的开放。

此时已重病缠身的蒋经国,在病榻上听到大批退伍老兵聚集于"国军退役官兵辅导委员会",并且和安全警卫人员发生冲突之事。他对辅导会负责人的临场处置颇为不满,表示"荣民弟兄"是建设台湾的功臣,怎么可以不理会他们的情绪反应,一味弹压他们想返乡的情绪呢?他深知再也无法以任何理由阻止民众返乡探亲了。据马英九回忆,1987年3月他担任蒋经国的英文翻译时,有一次蒋经国问他最近有没有什么事?他愣了一下回应说,最近有很多"荣民"表示想回乡探亲。当时他很大胆地向蒋经国建议,很多老兵想回乡探亲,且经由赴外地观光偷偷地跑回大陆人数可能逾万人。在这种情况下,蒋经国让马英九写了《民众往返大陆探亲之研析》初稿。

事实上,在此之前,大陆方面早已为"偷跑"回乡的探亲台胞提供各种方便了。1987年2月,北京、上海已成立了台湾同胞接待机构。

10月14日,在各界的呼吁下,蒋经国主持的国民党中常会通过有关探亲的决议案。15日,台湾当局公布《民众赴大陆探亲办法》,允许除"现役军人及现任公职人员外,凡在大陆有血亲、姻亲、三亲等以内的亲属者,得登记赴大陆探亲",一年可有一次,一次3个月。长达38年的两岸隔绝状态的坚冰由此被打破。

对于台湾当局有限制地开放台湾居民到大陆探亲,14日,国务院有关方面负责人即发表谈话,指出台湾当局采取这一措施对两岸人民的交往是有利的,热情欢迎台湾同胞到祖国大陆探亲旅游,并保证来去自由,尽力提供方便。16日,国务院办公厅发布接待台胞的有关办法,保证台胞来去自由,并为来探亲旅游的台胞提供方便。

消息发布之后,全台湾岛近40万老家在大陆的老兵和民众无不欢欣鼓舞。11月2日,台湾红十字会开始受理探亲登记及信函转投,当天预定上午9时开始登记,凌晨就人山人海,几乎冲破大门,办妥手续的多达1300多人。台湾红十字会为办理老兵返乡事宜,准备了10万份申请表格,在短短的半个月之内就被索取一空。祖籍常州的周纯娟女士,拿到了香港中国旅行社签发的第一号台胞旅行证。11月4日起,首批公开返乡探亲的台湾同胞陆续进入大陆，到年底已达数千人。

开放台湾民众探亲后，大陆方面积极响应，虽然那时两岸官方依然遵循不接触的原则，中国旅行总社、中国青年旅行社、中国民航局、海关、红十字会等民间机构扮演了重要角色。台胞在大陆的亲属，很多人接获的是中旅、中青旅告知亲属回乡时间的通知，很多宾馆都给台胞打了折扣。许多感人至深的场面，至今让人记忆犹新。据媒体报道，当时厦门"整个和平码头弥漫着激动而又感伤的气氛，处处可见亲人相见抱头痛哭的场景"。此后的几年，"探亲"、"寻根"、"台胞"、"老兵"成了两岸间最流行的词语。

近40年盼望回家探亲的老兵们，今日终于踏上了返乡路。1988年1月16日，何文德等返乡探亲团一行14人抵达西安，他们身着正面统一墨书"想家"、背面朱书"四十多年了，放我回家吧！"、"百战留得余生，才识老来更苦"、"孤苦无依，夜夜梦神州"等字样的白色夹克衫，手持"外省人返乡探亲促进会返乡探亲团"的旗子，旗为棉布质，长120厘米，宽76厘米，印有两岸地图和一群正由台湾飞向大陆的白鸽。正如团旗上套用贺知章诗句自况的"少小离家老大回，乡音未改鬓毛衰；儿童相见不相识，争传客从台湾来"，他们不但在机场受到大陆群众的热烈欢迎，参观所到之处，都受到围观，而他们则操着乡音，一遍遍地向大陆同胞倾诉着数十年思念故土、思念亲人的未了之情。

外省人返乡探亲促进会返乡探亲团旗

妈妈，我回来了！

18日晨，探亲团即去拜谒黄帝陵，祭文表达他们"于两岸分离38年之后，同胞得以探亲，骨肉得以团圆，特从万里之外，前往中华民族发祥之地，于秦陇之郊，趋黄帝陵，以鲜花牲果，告祭我民族始祖轩辕氏灵前……愿我先祖，佑我华夏;同室止戈,永弃相残;再结同心,光大中华;千秋始祖,其来尚飨"。其盼望两岸统一、民族复兴的赤子之心跃然纸上。当何文德泣不成声地恭读《祭黄帝文》时,台湾同胞们皆潸然泪下。

1月19日探亲团飞抵北京,然后再分赴自己的故乡。何文德将精心准备的台湾的泥土、槟榔等交给居住在北京的台湾乡亲,希望有一天能在台湾欢迎现居大陆的台湾人回故乡探亲。他在展示团旗时慨然说:"美国人策划登上月球用了17年,而我们从台湾走到大陆,却花了近四十年!"在卢沟桥头,他们点燃返乡探亲团的旗子,向牺牲的抗日英烈们致敬。他们登上了向往已久的万里长城,在长城上欢呼"万里长城万里长,长城外面是故乡",在长城脚下,他们捧上一把泥土,准备带给在台湾的亲人。

台湾返乡探亲老兵们在万里长城上尽情欢呼

何文德团长穿的写有"想家"的夹克衫

20余年前的开放探亲之举,台湾当局的考虑起初是为了老兵,但是,这一步一旦迈出,两岸交往的势头就不可阻挡。随着老兵获准回大陆,一般民众也以探亲为名,赴大陆观光旅游。继开放台湾民众赴大陆观光,富于冒险精神的台商也随之成行。20余年来,台湾前往大陆的民众已超过4000多万人次,目的也早已不仅限于探亲。但不能忘记,正是老兵探亲启动了两岸关系和经贸往来的前奏。

就在何文德等离开北京不久,我馆在全国台联的协助下,征集了一批珍贵的相关文物,其中有"外省人返乡探亲促进会返乡探亲团"旗等。何文德那件正面墨书"想家",背面朱书"西望乡关何处是,梦里家园路迢迢"的夹克衫,则于同年4月何文德返回台湾前由本人捐赠。它们是改革开放后两岸关系不断向前发展的见证。

(季如迅)

当代毕昇

——王选的汉字激光照排欧洲专利申请书

第二次世界大战后第三次新技术革命浪潮席卷全球,随着电子计算机的出现和推广使用,人类社会迅速进入信息化时代。这无疑是发展中国家的一次跨越式发展的重大机遇。但是,要想在中国推广普及电子计算机技术,进入信息化时代,还要先解决一个关键问题,这就是汉字信息处理。计算机技术发明于西方,其文字信息处理核心技术只涉及26个拉丁字母和最多不过100多个字模。而中国的方块字多达6万多个,常用汉字也有3000多个。如何让成千上万的汉字在电子计算机中也如26个拉丁字母一样闪电般地自由出入,成了一大难题。古老的中国方块字也因此面临着严峻的挑战。

1973年,中国电子工业部、机械工业部、中国科学院、新华通讯社和国家出版局等共同发起了汉字信息处理技术的研究。这项被国家计委命名为"748工程"的国家重点科研项目,包括:精密汉字照排系统、汉字情报检索系统、汉字通讯系统和汉字终端设备。

早在1972年,毕业于北京大学数学力学系计算数学专业,又先后在该校数学力学系和无线电系任教的王选,已对汉字输入电脑的方法产生了浓厚的兴趣,并梦想着把电子计算机运用于出版印刷行业。为了实现这个梦想,1975年,王选毅然决定承担精密汉字照排系统的研制工作。

但此时王选还只是北京大学一名默默无闻的助教,并因重病已在家休养了10年,因此在很长时间里他受到了各种嘲讽和怀疑。他之所以能顶住压力勇攀科学高峰,研制当时世界上最先进的激光照排系统,靠的是超人的才智、刻苦钻研的精神和对科学的执著追求。

研制精密汉字照排系统,首先要研制照排机。在当时的国外印刷业中,日本流行的是光机式二代机，欧美流行的是阴极射线管式三代机，有的国家正在研制激光照排四代机，而中国还停留在铅印时代。当时中国有关方面计划要研制二代机、三代机。但王选通过对国内外印刷业进行全面、周密、细致的调查分析后，大胆地提出了具有创造性、先进性和可行性的方案——研制世界上尚无成品、最先进的第四代激光照排系统。此系统的字模是以数字化点阵方式存储在计算机中，输出时用激光束直接扫描打点在感光底片上，再经自动处理后，即可直接胶印，使编辑排版系统真正实现了自动化。

当时，国内外研制汉字照排系统所面临的最尖锐的技术问题就是汉字字模的存贮量。书、报等正式出版物对印刷质量要求很高，印刷用的汉字字体和字号非常多，有宋体、楷体、仿宋、黑体及长宋、扁宋、长仿宋、长黑、扁黑等，每种字体需8000以上汉字，字号从特大号到七号，每个汉字共有16种字号。根据不同字体和不同字号的需求，印刷用的汉字字头数将高达100万字以上。这使得汉字点阵对应的总存储量高达200亿位、25亿字节！同时，精密照排对文字分辨率的要求也非常高！

国内进行汉字照排机研制的单位采用的是模拟存贮汉字，但王选却提出了走数字存贮式的激光照排道路。1976年，王选根据汉字的特点和难点，发明了世界领先的高分辨率"字形信息压缩和快速复原方法"，压缩倍数高达500∶1，字形复原速度达到700字/秒，并设计出专用芯片，首次在世界上使用"参数描述方法"来描述笔画宽度、拐角形状等特征，保证了字形变小后的笔画匀称和宽度一致性。王选运用神奇的数学计算方法使庞大的汉字字模缩减了500倍后，众多的汉字终于能自由地出入电脑之中，为汉字精密照排系统的研制提供了前提保障。

这一年，王选主持研制成功的汉字激光照排系统的主体工程，成功地输出一张八开报纸底片。为此，《光明日报》作了题为"汉字信息处理技术的研究和应用获重大突破——我国自行设计的计算机激光汉字编辑排版系统主体工程研制成功"的报道，在国内外引起巨大反响。

1981年，王选主持研制的中国首台计算机激光汉字照排系统原理性样机——华光Ⅰ型通过部级鉴定。1985年，王选主持研制的华光Ⅱ型系统通过国家鉴定，在新华社投入运行。同年，中国首个实用科技排版系统华光Ⅲ型问世。1987年，首家购进华光Ⅲ型照排系统的《经济日报》印刷厂出版了世界上第一张运用计算机组版、整版输出的中文报纸。1988年，华光Ⅳ型系统正式投入批量生产，《经济日报》印刷厂成为中国第一个甩掉铅字的印刷厂。

从此，中国传统的出版印刷行业得到了彻底改变。从1988年开始，国产激光照排系统以强大的功能和价格优势称雄市场，仅一年多时间，就有超过1亿元大关的订货款，之后，外国来华销售激光照排系统的公司全部退出了中国市场。王选致力于将科研成果商品化，成为中国促进科学技术成果向生产力转化的先驱。

1991年，王选领导研制的"北大方正电子出版系统——方正91型系统"问世。1992年这一年里，他领导研制成功输出世界上首张彩色图片与中文合一处理的彩色报纸；率领北大计算机研究所研制成功通过卫星以页面描述语言形式的远程传版，使中国实现了报纸发行的全国同步、同质量印刷；新闻采编流程计算机管理系统研制成功，由《深圳晚报》首家采用。

同年，王选任北大方正技术研究院院长，实现了产学研一体化。同时，华光和方正电子出版系列系统，占领了99%国内报业和书刊（黑白）、出版业90%的市场以及80%的海外华文报业市场。日本报社、杂志社和广告业使用方正日文出版系统，韩国市场开始使用方正韩文出版系统。一时间，方正产品在世界上有中文及方块字出版印刷的地方，都占有绝对优势，创造了巨大的经济和社会效益，一个市场神话诞生了。

1998年6月，王选在北京国际科技周上讲解激光照排系统的应用。

1995年,他出任方正(香港)有限公司董事局主席后,北大方正的年产值曾达到40亿元人民币,成为国内最大的校办企业,方正在香港以红筹股的形式成功上市。

王选首创的"汉字信息处理"核心技术的研制成功和应用,为世界上最浩繁最悠久的文字——汉字告别铅字印刷、进入一个崭新的时代开辟了通达大道,中国的报业和印刷出版业进行了一场"告别铅与火,迈入光与电"的技术革命,使我国从落后的铅字排版一步跨进了最先进的技术领域,短短几年内实现了西方国家几十年才能实现的"无纸编辑和照相排版"新技术,使中国印刷业的发展历程缩短了将近半个世纪。王选所领导的科研集体研制出的汉字激光照排系统为新闻、出版全过程的计算机化奠定了基础,被誉为汉字印刷术的第二次发明,引起当代世界印刷界的惊叹。

之后,王选领导研制的大屏幕中文报纸编排系统、彩色中文激光照排系统等国内首创、国际领先的科研成果得到了迅速推广使用,使中国出版印刷业又实现了告别报纸传真机、传统的电子分色机以及纸与笔的技术革新,中国报业技术和应用水平处在了世界最前列,并极大地促进了世界印刷业生产力的提高。王选毕生致力于文字、图形、图像的计算机处理研究,创造了汉字印刷史上的一个神话,被誉为中国"当代毕昇"、"汉字激光照排之父"。

王选(1937—2006),江苏无锡人。历任中国科学院院士、中国工程院院士、九三学社中央副主席、全国人大教科文卫委员会副主任、全国政协副主席、中国科协副主席。北京大学计算机科学技术研究所所长、副教授、教授,文字信息处理国家重点实验室主任,电子出版新技术国家工程研究中心主任,北大方正控股有限公司首席科技顾问。被授予国家级有突出贡献的中青年专家,多次荣获全国及北京市劳模、全国教育系统先进工作者、首都楷模等称号,获国务院特殊津贴。先后荣获中国印刷业最高荣誉奖——毕昇奖及森泽信夫奖、国家重大技术装备研制特等奖、何梁何利科学与技术进步奖、日内瓦国际发明展览

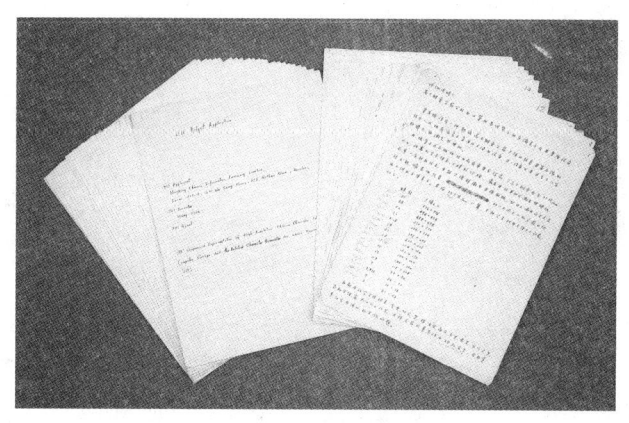

王选的汉字激光照排核心技术欧洲专利申请书手稿(中、英文)

金牌、中国专利发明金奖,两次获得国家科技进步一等奖和两度列入国家十大科技成就奖,国家最高科学技术奖,联合国教科文组织科学奖等国内外十余项重大发明奖,并先后获得九项中国和欧洲专利。

1981年,王选接受中国有关部门和科学界前辈的建议,为了使用参数描述来控制字形变倍时的横宽、竖宽,用标记点阵作为轮廓转换成点阵的中间形式,逐段生成汉字和逐段生成版面点阵等数项知识产权得到保护,参考国外专利说明撰写了欧洲专利申请书。申请书手稿为中、英文各一份,用钢笔、铅笔写,共43页。中文稿题目为《高分辨率字符字形在计算机存贮器中的压缩表示及其复原设备》,写在纵29.8厘米、横21.5厘米的19页白色稿纸上。王选在手稿开头写道:"本发明是一种能使高分辨率字符点阵的信息显著压缩的技术以及把压缩表示复原成点阵的设备。这一设备尤其适合于汉字照排机和激光照排机。"之后,手稿分四个部分来阐述本发明,其中详细叙述了"参数描述方法"、信息压缩和复原及字模存贮等关键性技术,最后详细列举了21个知识权项。由于当时中国尚未实行专利制度,也不具有向国外申请专利的条件,在香港黄金富等帮助下,1982年王选在香港登记并递交了专利申请,1987年3月18日获准授权,为EP0095536欧洲专利。1998年,王选将这份汉字激光照排核心技术欧洲专利申请书手稿捐赠给中国革命博物馆(现中国国家博物馆)。

(刘艳波)

东方风来春暖神州

——邓小平视察南方时穿的夹克衫

邓小平同志是中国改革开放的总设计师,是中国共产党第二代中央领导集体的核心,担任过中共中央顾问委员会主任、中共中央军委主席等重要职务,其地位和威望极高。但是,令人们意想不到的是,作为一位历经了许多艰难困苦岁月的老革命家和老军人,他的日常衣着却是那样的简朴。普普通通的中山装和夹克衫伴随着他走过了很多年……

改革开放后,邓小平有两次非同寻常的南方视察,一次是1984年初,一次是1992年初,两次视察尤其是第二次视察对中国政治经济的风向变动起了决定性作用。翻开图片资料,你会发现,除了在公开场合穿中山装的老习惯外,从1991年底起,邓小平也开始穿夹克衫了。这件现在收藏在中国国家博物馆里的深蓝色纯棉夹克衫,见证了中国改革发展进程中的一个重要时刻。

邓小平视察南方时穿的深蓝色夹克衫

1984年在中国改革的进程中有着举足轻重的地位,后人称这个伟大的年份为"中国现代企业的元年"。当时,刚刚经历了"文化大革命",百废待兴的中国改革的热情空前高涨。1978年党的十一届三中全会后,全党的工作重点转移到社会主义现代化建设上来,确立了以经济建设为中心的发展方向,提出并确立了改革、开放、搞活的重大战略方针,实现了从封闭到开放、从墨守成规到各方面改革的历史性转变。在推进城乡改革的同时,沿海对外开放也启动了，1980年首先开设了深圳、珠海、汕头、厦门4个经济特区。

但是社会变革从来不是一帆风顺的，某些人对改革始终持怀疑态度，关于特区姓"社"、姓"资"的争论不断，关于深圳特区的各种非议、指责也是沸沸扬扬。有些人甚至无端指责深圳是靠内地输血过日子。那么，经过几年的改革，特区究竟是什么样子？成功不成功？对特区的种种指责、怀疑对不对？改革成效到底如何？都需要认真地进行一次实地检验和总结。

1984年1月24日至2月10日，邓小平用了近20天的时间，视察了深圳、珠海、厦门3个经济特区。重新翻阅当时的新闻报道，我们发现邓小平可以说是马不停蹄地走遍了特区。一路上，邓小平只听汇报，没有讲话。但当邓小平返回广州时，立即为深圳经济特区题词，斩钉截铁地下了结论："深圳的发展和经验证明，我们建立经济特区的政策是正确的。"1月27日，他在珠海写下了"珠海经济特区好"的题词；2月7日至10日，邓小平视察厦门经济特区，再次题词："把经济特区办得更快些更好些。"这些题词，是邓小平对创办经济特区政策和特区建设成就的肯定。

邓小平同志明确指出，我们建立特区，实行开放政策，有个指导思想要明确，就是不

1984年，邓小平为深圳经济特区题词。

邓小平为深圳经济特区题词文本

是收,而是放,特区应该办成"技术的窗口,知识的窗口,管理的窗口,对外政策的窗口"。此后关于特区的争论告一段落。在他离开广东后的第二个月,中共中央作出重大决定,宣布"向外国投资者开放14个沿海城市和海南岛"。中国的对外开放由点及面,最终形成了沿海全面开放的格局。

1992年,改革开放的中国迎来了又一个灿烂的春天。1月17日至2月21日,邓小平第二次踏上了南行列车,虽然已近88岁高龄,但他精神矍铄、身体健康、思维敏捷,纵观世界风云,思考中国未来,运筹改革大计。此行的目的,就是要回答在变化了的形势下某些人提出的改革开放姓"社"还是姓"资"的问题。

1992年邓小平视察深圳(杨绍明摄影)

1月18日邓小平抵达武昌,与湖北省委领导进行了重要谈话。1月19日,他身穿这件深蓝色夹克衫,神采奕奕地踏上了深圳这块8年前视察过的改革开放的前沿阵地。他急切地想看看深圳的变化,一杯茶没有喝完,就开始了视察的行程。他在深圳呆了整整4天的时间,随后前往珠海、上海等地。每到一处,他听取汇报、参观城市建设、视察高新企业,其间多次发表谈话。

邓小平南方谈话有许多精彩、精辟的论断,如"基本路线要管一百年,动摇不得","社会主义的本质,是解放生产力,发展生产力,消灭剥削,消除两极分化,最终达到共同富裕","计划多一点还是市场多一点,不是社会主义与资本主义的本质区别","判断各方面工作的是非标准,应该主要看是否有利于发展社会主义社会的生产力,是否有利于增强社会主义国家的综合国力,是否有利于提高人民的生活水平","改革开放胆子要大一些,抓住时机,发展自己,关键是发展经济,发展才是硬道理","要抓紧有利时机,加快改革开放步伐,力争国民经济更好地上一个新台阶","中国要警惕右,但主要是防止'左'","要坚持两手抓,两手都要硬。两个文明建设都搞上去,这才是有中国特色的社会主义","中国要出问题,还是在共产党内部。对这个问题要清醒,要注意培养人,要按照'四化'标准,选拔德才兼备的人进班子。真正关系到大局的是这个事。"

邓小平视察南方的消息和谈话迅速传达到全党全国,引起了强烈反响。谈话充满了抓住机遇发展自己的急迫感,一再强调改革开放胆子更大一些,步子更快一点。全党全国人民为之精神一振,如沐春风。

20世纪80年代末到90年代初,中国的改革开放和社会主义现代化建设正面临着严峻的挑战。东欧剧变,苏联"红旗落地",社会主义在世界范围内处于低潮,国际上刮起了一股否定马克思主义和社会主义的歪风。而在国内,面对复杂的形势,一部分干部、群众的思想产生困惑,有的人对社会主义前途缺乏信心,有的人甚至怀疑和否定改革开放的社会主义性质,对党的基本路线产生动摇。当时有一种声音,就是要用反和平演变来取代改革开放。由于经济改革过程中各种社会利益的调整和新旧体制的转轨不可避免地出现了一系列问题,如经济生活中权钱交易、倒买倒卖、通货膨胀、收入差距拉大,市场上出现假冒伪劣产品,社会生活中的丑恶现象等,引起了人民群众的不满。有的人把国内这些问题的出现归咎于以市场为取向的社会主义改革。在理论界引发了一场关于计划经济与市场调节关系问题的争论。争论的实质性问题是社会主义能不能搞市场经济,公有制能否与市场经济相容。在这场争论中,特别是在关于经济特区的争论中,把市场经济与资本主义联系在一起的传统观点十分流行,这成为阻碍中国经济持续增长的最大的思想障碍。

面对1991年的反对改革的思潮,早已把改革事业与自己生命融为一体的邓小平再也不能沉默,他毅然于暮年再次视察南方,完成了一次伟大的思想跨越。邓小平以巨大的理论勇气,冲破禁区,回答了长期困惑人们的一系列重大思想认识问题。这是对僵硬思潮的致命一击,使我们在社会主义建设问题上彻底冲破了传统的僵化思维模式，获得了空前的思想解放，同时给中国改革开放的深入发展指明了方向。从此以后，在公开的舆论中，姓"资"、姓"社"之类的讨论日渐平息。

同年10月召开的党的十四大，确立了邓小平建设有中国特色社会主义理论在全党的指导地位，明确了经济体制改革的目标是建立社会主义市场经济体制，要求全党抓住机遇，加快发展，集中精力把经济建设搞上去。以南方谈话和党的十四大为标志，中国的改革开放和社会主义现代化建设进入了一个加速发展的新阶段。

邓小平两次视察特区，相隔8年，特区的面貌大为不同，国际国内形势也有很大变化，面临着不同的质疑和问题。邓小平南方谈话如强劲的春风为我们吹散了心中的迷雾，廓清了认识和理论上的误区，为改革开放的不断深入注入了推进剂。邓小平视察南方的讲话，是邓小平理论重要的组成部分，是对改革开放以来的基本实践和基本经验的科学总结，是对社会主义本质和现代化建设规律认识的又一次飞跃，是中国人民宝贵的理论财富和精神财富，它的意义十分深远。

由于邓小平同志生前一直不主张宣传他个人，因此一直到2004年，中共中央决定隆重纪念邓小平诞辰100周年时，才由邓小平家人捐献，中央文献研究室转赠了一批邓小平文物，给广安邓小平故里和中国国家博物馆收藏和陈列。我馆收藏的这件女儿给邓小平买的深蓝色夹克衫是其中之一，衣长75.2厘米，纯棉、化纤质地，稍有磨损。这件曾为邓小平视察南方挡风遮雨的普通夹克衫，是中国改革开放和社会主义现代化建设重要历史时刻的珍贵实物见证。

（李翠屏）

留学回国创业的"第一人"

——我国首张出国留学人员短期回国工作身份证

中国国家博物馆收藏着一件酷似护照的证件，是全国第一张专为海外回国创业的留学人员制作的身份证。身份证的主人是段祺华，1983年上海华东政法学院毕业，1988年自费赴美国华盛顿大学法学院学习，1990年取得硕士学位。1992年回国开办私人合伙律师事务所，成为中国大陆开办私人律所第一人。

1992年1月27日，邓小平同志在珠海江南电子有限公司参观时，会见该公司的科技人员。

1992年，邓小平在珠海视察留学人员高科技企业时提出，所有出国学习的人，希望他们都回来。不管他们过去政治态度如何，回来就妥善安排工作，告诉他们，"要做出贡献，还是回国好"。在邓小平南方视察谈话精神的推动下，中国改革开放再掀热潮。1992年7月27日，上海市人民政府为"鼓励出国留学人员来上海参加经济建设，发挥出国留学人员的科学技术专长和对外联系的桥梁作用，促进上海的经济发展"，率先发布了《上海市鼓励出国留学人员来上海工作的若干规定》,制定了留学回国人员工作、生活等方面的优惠政策,走在了全国引进海外人才的最前沿。8月12日,国务院办公厅发布了《关于在外留学人员有关问题的通知》,为留学人员所关注的护照延期、更换,出境手续简化,家属探亲,回国工作的选择原则等问题作出了明确的规定。随后,中国政府制定公布了"支持留学、鼓励回国、来去自由"的十二字留学工作方针,在海外留学生群体中引起强烈反响。

当时,已经获得美国绿卡的段祺华正就职于西雅图一家大型的律师事务所,负责亚洲业务,同时还是华盛顿州最高法院任命的第一位亚裔法律顾问、美国西北国际贸易有限公司副总裁,收入丰厚,基本实现了一般人眼中赴美留学的美国梦。

然而,在段祺华心中一直有一个回国创业、开办中国第一家私人合伙律师事务所的宏图。1990年,他曾在毕业论文《论在中国开办私人合伙律师事务所的可能性》中,探讨了自己这个愿望实现的可能性,分析得出在中国开办私人合伙律师事务所是改革开放的必需,是中国经济和国际接轨的必需的结论。外商要在中国投资做生意,当双方发生法律纠纷时,外商自然会怀疑政府开办的律师事务所的公正性,不可能相信一个身份是"国家干部"、薪水由国家支付的律师会代表他们的利益,只会相信代表当事人利益的私人律师;而长期封闭式经营的中国经济和中国企业家,对涉外经济、法律、规则不懂不明,一旦陷入某些不法外商的圈套和陷阱,也需要一大批懂得涉外法律的律师来维护他们的权益。所以他一直坚信:"中国要走向世界,就一定会有开办私人合伙制律师事务所的那一天"。但是这篇论文只得到3.2分,因为在美国导师的眼中,在美国整个法律界看来,这是根本不可能的。导师对他说:"等你真的在中国开办了私人合伙制律师事务所,我再给你满分,并把中国法教授的位置让出来。"

在国家向海外学子敞开怀抱之际,段祺华强烈地感到大展宏图的时机已经到来。面对亲友的质疑和反对,他几经思考,最终下定决心,他想将自己的研究成果付诸实践,让自己成为中国律师界第一个吃螃蟹的人,成为中国法律制度和观念转变的排头兵。他毅然辞去在美国的几乎所有职务,毫不犹豫地拿出全部积蓄,踏上了回国创业之路。

现实与理想总会存在差距,创业之路并不平坦。1992年整个夏秋,段祺华数度往返于中国和美国,穿梭于上海和北京,奔走在各个主管部门之间,但结果却令他失望。即使是走在改革开放前沿的上海,当时的思想仍然滞后。尽管上海伸出双臂热情欢迎他的归来，称赞他是国家教委颁布关于留学生回国创业新政策后归来申请投资的第一人，是个敢吃螃蟹的人，然而一触及开办私人合伙律师事务所这个实质问题时，得到的答复统统都是"不可以"。原因很简单，在当时的中国，律师都是"国家法律工作者"，律师事务所只能是"国办"的或是集体合作的，除非他交出绿卡或与政府合办。很多人认为他这是半夜鸡叫，观念跑得太超前了。

段祺华为此耗时数月，耗资数万美元仍然一无所成。他反复向上级部门陈述自己的理由，争取领导的支持，几乎跑断了腿，磨破了嘴。几经周折，终于得到指示："可以开这个口子"。1992年11月24日，《关于同意成立上海市段和段律师事务所的批复》下发，他的私人律师事务所获得国家司法部、上海司法局、国家教委、上海人事部门的特别批准。为此，上海市人事局专门设计了"留学归国人员回国工作短期身份证"，段祺华的身份证号码是000011号。因前面的1到10号需在各个部委留档备案没有发放，所以11号实际上就是第1号，段祺华成为领到留学归国人员专用身份证的第一人。

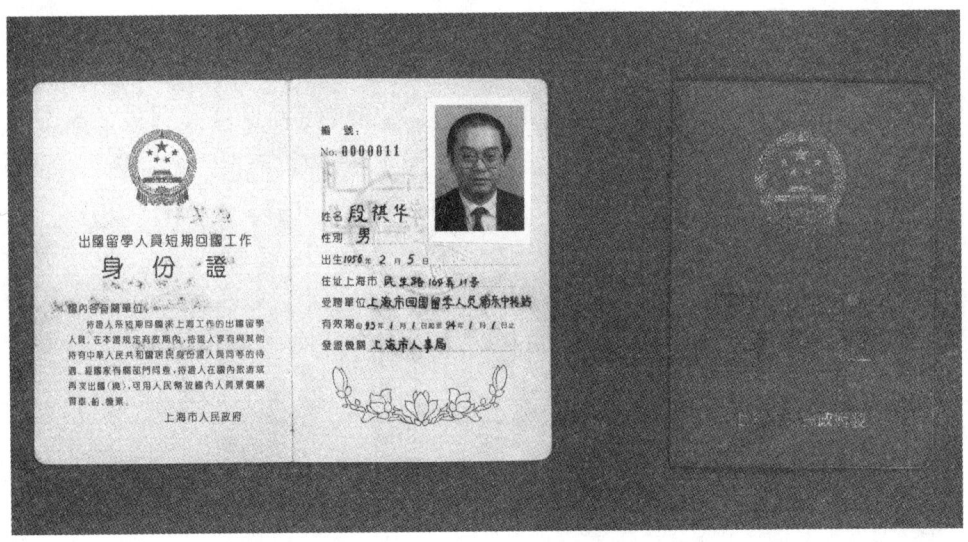

我国首张出国留学人员短期回国工作身份证及封面

1993年4月8日，以段祺华为主任的"段和段律师事务所"在上海锦沧文华大酒店举行了隆重的挂牌仪式，100多位嘉宾出席了开幕式。7月15日，美国总统克林顿得到消息后特地发来亲笔签名贺信："亲爱的段先生：非常感谢您告知我贵事务所开业之喜，在此我谨表示衷心祝贺，愿事务所万事如意。"

"段和段",即段祺华和他的妻子周琪合伙之意。按照美国的习惯,女子婚后将丈夫的姓冠在自己的姓名之前,因此周琪在美国称段周琪。备受关注的事务所在成立之初却不是一帆风顺的。当时还处在机制转型期,有关部门在同意他们创办私人合伙律师事务所的同时,也跟他们"约法三章":希望他们着重开拓国外业务,实际上就是国内业务不要做,做国外业务;刑事案件不要做,做民事案件;原来的客户业务不要去抢,去做新的业务。在种种压力和限制下,事务所开办整整一年,没接到一宗业务,带回来的10万美金在一年内就用光了。

然而,作为国家教委赴美邀请留学生回国创业巡回团访美后,第一个回国创办的留学生企业,此时的"段和段"在政府有关部门以及海外留学生中已经受到特殊关注,成功与否直接影响到今后留学生的回国创业。留学生服务中心一位朋友说:"政府是没有拿出一分钱来支撑你,但上海市政府发给你的"出国留学人员短期回国工作身份证"的号码是0000011号,实际上没有10号以前的号码,你就是第一。这是你最大的财富,回国创业的第一人不成功,谁成功?"

1993年9月,事业开始有了起色,"段和段"作为一家中国律师事务所,在同美国、香港数家著名国际律师事务所的竞争中一举中标,受美国劳工部委托办理一起重大的国际涉外赔偿案,发放一笔中国劳工的赔偿款。这笔款项所涉及的近3000名中国劳工,大多居住在东南沿海的农村和偏远地区,地址不详,工作难度可想而知。但律师们走乡访寨,最终完成了92%的发放;而当时在美国本土,同类案件的赔偿金发放成功率最高也只能达到80%。一名美国劳工部的官员对此评价说,这是他们委托发放赔偿金以来,最成功、最顺利的一次。由此,段和段律师事务所在涉外法律事务市场上一炮打响。

此后,情况逐渐好转。如今,段祺华已当选为全国政协委员和上海市工商业联合会副会长,被誉为"东方大律师"。他所领导的段和段律师事务所也已成为中国法律界涉外领域的领头羊,为中国法律工作者在国际法律服务业务中赢得了一席之地。回顾十几年的历程,段祺华深情地回忆道:当年我回来,几乎是孤家寡人,都是反对的,成为一个全国的新闻。现在留学生回来变成一件很正常的事情,说明进步很大很大。

2002年我馆文物征集工作人员偶然从电视中收看到一栏介绍归国创业的留学生的节目,了解到段祺华的创业经历和他拥有的这张"留学归国人员回国工作短期身份证"后,敏感地意识到这张身份证将是展示中国改革开放以及留学生归国创业历程的重要见证,于是立即着手开始联系。工作人员通过互联网查到了"段和段律师事务所"的网页,很快与他们取得了联系。因为段律师太忙,电话联系了两三次都未能直接与他接触上。不过,事务所严格的管理制度和训练有素的员工,使博物馆工作人员的意图与联系方式准确及时地转达给段律师。几天后的一个中午,段祺华亲自打来电话,认真询问了博物馆征集这件身份证的目的、博物馆概况、收藏范围、保存条件等情况后,欣然同意捐赠。2002年10月底,段祺华利用到北京参加工商联会议的机会,将这件工作身份证无偿捐赠我馆。

(安跃华)

抗洪抢险"生死牌"

1998年入夏,我国长江流域发生了继1954年以来第二次全流域性历史上罕见的特大洪水,东北松花江、嫩江也发生了百年不遇的特大洪水。人们都明白洪水无情,大江一旦决堤,将会使沿江人民群众的生命财产和国家财

解放军奋战在九江大堤决口

产受到严重威胁。滔滔洪水牵动着全国亿万人民的心。

在这危急时刻,党和政府把抗洪抢险作为头等大事,领导全国军民进行了艰巨的抗洪斗争。党和国家领导人亲临抗洪第一线,指导抗洪斗争和慰问抗洪一线军民。在两个多月的时间里,战斗在抗洪第一线的广大军民团结奋战,顽强拼搏,日夜防守着险象环生的长江大堤。一方有难,八方支援,全国人民踊跃捐款捐物,各种救灾物资源源不断地运往灾区。

8月7日,长江九江城防堤四至五号闸口间因管涌决口,洪峰扑向九江城。危急关头,人民解放军显示出英勇奋战的英雄气概,南京军区"红军团"和福建武警某部3000名官兵在决口内垒出160米长、6米高的围堰。为封堵决口,50多个小时内,共沉入9只船,2万吨石块,4万方碎沙石和大量钢材、木材。此后又应用了最新决口封堵技术——钢木土石组合坝,经30个小时施工,在决口处基本成型,起了关键性的作用。经数万军民5个昼夜的共同奋战,终于化险为夷,创造了长江大堤决口封堵的奇迹。

至9月,取得了抗洪抢险的最后胜利,在当代中国历史上谱写了一首中华民族自强不息、团结奋斗的壮丽凯歌!'98抗洪抢险的壮举将永载共和国史册。

那一年,"严防死守"和"管涌"两个词给我们留下了长久的记忆。滔滔洪水造成了4150人死亡和2551亿元人民币的经济损失。但人们思考更多的却是引起洪灾的原因,再也不能滥伐山林了,保护生态环境不容置疑地成为政府和人民的共识。在滔滔洪水面前,人们看到的还有,共产党员总是站在"严防死守"的第一线,发挥先锋模范作用,党组织就是战斗堡垒;在和平年代解放军仍然是人民群众最可靠的钢铁长城,子弟兵用血肉之躯一次又一次地封堵"管涌",战胜险情;在灾害面前,全国人民还像战争年代一样齐心,有钱的出钱有力的出力。

当代博物馆工作者的最重要的职责,就是及时收集那些最能反映见证重大历史事件、代表人物的实物资料。就在九江仍然告急时,8月11日,我们在《北京青年报》看到一篇

武汉江汉区防汛指挥部16名共产党员立下的"生死牌"

关于"生死牌"的报道（严峻摄影、戴菁菁文）时，心灵又一次受到极大的震撼。这不正是我们要寻找的见证当代中国共产党人精神和中华民族精神的标志性文物吗？

这块"生死牌"矗立在武汉市江汉区防汛指挥部把守的武汉龙王庙闸口。这里是汉江与长江交汇处，更是武汉全市14个险段中的险中之险。此处如果出现问题，700万江城人民的生命将会受到洪水的直接威胁。同时，由于此处长期受到两股方向相反的水流的冲刷，极易造成崩堤、溃口等险情。为此，驻守在闸上，来自武汉市江汉区委宣传部、武汉市公安局江汉分局等单位组成"武汉市江汉区防汛抗旱指挥部"，32名抗洪勇士24小时轮流昼夜值守，其中由16名共产党员组成的临时党支部更是发挥了战斗堡垒作用，江汉区河道堤防管理所所长唐仁清担任了党支部书记。

在坚守了数十天，抗洪抢险形势极为严峻的情况下，为了表达决心，振奋斗志，江汉区龙王庙闸口特意树立了一块"生死牌"。这块"生死牌"是用纸贴在小黑板上制成的，纵79厘米、横120厘米。黄义成、唐仁清、李建强、易光之、黄启雁、骆威、黄志刚、马晓君、王开若、陈晓建、徐斌、喻传喜、余光约、雷宽喜、王全、李立华等16名共产党员，在"誓与大堤共存亡"的誓言下，用鲜红的颜料庄严地签上了自己的名字，落款时间是8月7日。

当时"生死牌"与"严防死守、人在堤在、水涨堤高、确保安全"的巨幅横幅一起展现在武汉龙王庙闸口上，成为长江抗洪抢险前线一道十分亮丽的风景线，它体现了共产党员在关键时刻的先锋模范作用和抗洪勇士们拼搏到底战胜洪水的大无畏英雄气概，时时刻刻鼓舞着武汉人民与洪魔进行殊死的搏斗！

如何将这一见证重大历史事件的珍贵文物征集入馆呢？我们特别想亲赴抗洪第一线，直接征集"生死牌"，同时进一步扩大征集线索，征集到更多的有关抗洪抢险文物。但是据了解，当时长江沿岸的险江险段均被戒严封锁，无证人员不能随意接近大堤。如果我们通过联系一定要上大堤，地方政府出于对我们的安全考虑，必然会派员陪同，这样就会给本已超负荷工作的抗洪抢险大军增添额外的负担，那恰恰是我们最不愿意看到的！与其如此，不如转托在抗洪一线的记者同志们代劳。

经馆领导同意，我们通过北京青年报社的领导，当晚便与在武汉抗洪抢险前线采访的记者严峻和戴菁菁取得联系，委托他们代为征集。两位记者非常高兴地接受了这项光荣而又艰巨的任务。两位记者每天都要奔波于抗洪抢

共和国的记忆：文物见证历史
The Stories of People's Republic of China

险第一线，进行新闻采访编辑撰稿等项工作，还要争取在第一时间将新闻稿和图片传回报社，每天工作至深夜是经常的事。在这样辛苦的情况下，两位记者又欣然承担起我们请托的"额外"重任，使我们深受感动。此后，我们又在《北京青年报》上看到解放军武汉海军工程学院抢险突击队不顾危险，连续潜水探摸的事迹，一客不烦二主，索性请他们一并代为征集抢险突击队的队旗与潜水设备。

通过两位记者牵线，我们很快与江汉区党委宣传部萧天元及武汉海军工程学院取得联系，他们均欣然同意。当记者与守闸的共产党员联系时，他们还真有点"舍不得"，因为这块悬挂在龙王庙闸口的党员签名"生死牌"曾支持与伴随他们日夜守护闸口，送走一次次洪峰。取得各方同意后，我们迅速履行了相关公函发送、报批、运送方式等例行程序。

8月26日，当武汉的抗洪抢险告一段落，《北京青年报》的两名记者结束采访返京时，他们受我馆委托，专程将抗洪抢险"生死牌"、解放军驻武汉海军工程学院院旗、该院205系在长江抗洪抢险时用过的潜水探摸设备，包括：入水砣（30kg）、氧气瓶、氧气面罩、潜水服、脚蹼、信号绳等一批珍贵文物一起运到北京。

我馆领导在收藏仪式上表示，我们将把这次收藏的"生死牌"、"入水砣"等抗洪抢险的历史见证物在即将推出的《当代中国》大型陈列中展出，使之成为对后人、特别是青少年进行爱国主义、集体主义和革命传统教育的生动形象的教材，并使抗洪勇士所表现出来的无私无畏的奉献精神，强烈的民族责任感、使命感，满腔的爱国热忱得以发扬光大。这是对奋战在抗洪抢险第一线的勇士们最好的纪念！

在此，还要介绍一下武汉海军工程学院潜水抢险队队旗和他们用过的潜水探摸设备。

武汉海军工程学院潜水抢险队队旗

人民解放军是抗洪抢险的一支生力军，发挥了关键作用。其中由潜水专业教练和潜水兵组成的武汉海军工程学院潜水抢险突击队，是湖北省唯一一支专业化水下抗洪抢险队伍。这面纵165厘米、横243厘米，绸布质的队旗，一直飘扬在抗洪抢险的最前线。"管涌"是我们在98抗洪抢险时才听说的一个词。管涌是指洪水从一处渐渐渗透堤防后形成的湍急的管状暗流，它有着巨大的破坏性，能使坚固的堤防毁于一旦。堵住管涌是一件非同寻常的难事，奋战管涌的那种艰巨场面至今令人感叹。尽管如此，洪水肆虐时堤防上出现的那么多管涌仍被奋战在抗洪一线的军民们全民侦查逐个消灭了。

在抗洪斗争中，为了排除险情，该队官兵冒着生命危险，对武汉市内3处和嘉鱼、洪湖等地15处江堤险段进行水下探查和摄像，最深下潜20多米，潜水作业200多人次，累计水下作业时间100多小时，排除大小险情及疑点20多处，并为湖北省和武汉市防汛指挥部制定正确的抗洪决策提供了可靠依据。两个月来，他们几乎每天都在与死神握手。他们就是在这样的险境中从事着危险的工作，其中11名潜水员多次进行对身体损害较大的重复潜水和疲劳潜水。由于气候炎热和环境险恶，先后有6人中暑，每个人身上都留下了伤痕，但是没有一人退出。8月初，某公司工程队对汉口东风江堤段进行水下探摸后，发现水下出现巨大的漩流。漩流是将要发生重大险情的前兆，它预示这一带江堤将会出现大面积坍塌，一条繁华商业街将被淹没，至少损失2亿元人民币。据当地人说，30年代日本人曾在江堤下修了一根进水管。为探明管涌是否由该进水管造成，潜水队员冒着生命危险潜入江底探查，找到这根直径达1米的水管后，又钻进湍急的水管里投放染料，很快，管涌处涌出蓝色的水流，险情的根源得以查清。中共湖北省委、省政府给他们记了"抗洪抢险集体一等功"。武汉市委、市政府通报表彰了他们，并奖励两万元人民币。但官兵们又将这两万元转赠给了灾区人民。

我馆还收藏了反映科技抗洪的中国科学院遥感应用研究所拍摄的洪区卫星云图、有十万抗洪将士签名的百米长卷等珍贵文物。

这批珍贵的抗洪抢险文物先后在我馆举办的"肩负人民的希望——纪念中国共产党诞生八十周年"和《复兴之路》等5个陈列中展出后，引起了观众的强烈反响。一位刚刚考入北京交通大学的大学生在《复兴之路》展览上认真观看"生死牌"上的内容，她说："它让我想起了小时候在电视上看到的1998年抗洪英雄的事迹，当时我们还为此开过主题班会。"98抗洪抢险过去十多年了，但抗洪英雄们的事迹与精神永存，生死牌、入水砣等作为98抗洪抢险的典型文物所见证的98抗洪精神即当代中国共产党人精神和民族精神永存！

（陈禹）

共和国的记忆：文物见证历史
The Stories of People's Republic of China

电子产品有了"中国芯"

在当今世界集成电路市场的竞争中，美国在通用CPU芯片领域、韩国在存储器芯片领域、英国在嵌入式CPU领域一直分别占据着世界领先地位。来自中国的"星光中国芯"经过多年努力后，终于一举成为世界数字多媒体芯片的领先者，电子产品有了"中国芯"！

信息产业的核心是芯片设计软件开发，芯片技术是一个国家综合国力的重要标志。1999年10月，在国家信息产业部的提议和支持下，由曾在美国硅谷创业的海外留学博士企业家邓中翰等在北京中关村科技园区成立了中星微电子有限公司，启动和承担了国家"星光中国芯工程"。

2000年11月，清华中星微电子联合研究中心在清华大学设立，周光召为名誉理事长，邓中翰博士为理事长。2001年3月，中星微研发出首块世界领先的百万门级超大规模CMOS数码图像处理芯片"星光一号"，实现了核心技术产品化，被誉为是结束了"中国硅谷无硅"历史的产品，名列"中关村十大IT创新产品"榜首。这项具有中国自主知识产权的产品打入国际市场后，被三星等国际知名品牌视频摄像头采用。之后，中国国家计委将中星微的数码相机芯片项目纳入2001年国家高技术产业发展规划。"星

2001年11月8日，"星光一号"的微软WINDOWS XP的WHQL认证。

电子产品有了"中国芯"

中星微电子公司自主研发的"星光中国芯"系列产品"星光一号"至"星光五号"（2001年至2003年）

光一号"通过了微软WINDOWS XP的WHQL认证，中星微成为中国首家通过微软XP技术认证的企业。

2001年9月始，"星光一号"开启了在互联网和PC平台上可视通讯的应用。北京电信使用中星微电子有限公司提供的ISDN视讯系统，使用户可在128K宽带情况下尽情享受"面对面"交流，网上可视交流浮出水面。之后，上海、深圳等地也相继可以办理"星光"VXP可视通讯业务。一年后，中星微的VXP宽带视频通讯系统成为中国电信"宽带极速之旅"联盟启动后唯一指定的宽带应用工具。2003年5月，VXP可视通讯系统在中国人民解放军小汤山医院全面启用，"中国芯"进入抗击非典第一线。

2002年1月，中星微与微软联手将多媒体数码影像技术推向全球市场的合作备忘录在北京签署，这标志着中国已同世界信息产业同步发展。这一年，中国第一、世界领先的集声音和图像于一体的"星光二号"和人工智能视觉芯片"星光三号"相继问世并打入国际市场，日本著名IT公司富士通研制的世界上首个手机控制机器人眼睛的图像采集，使用的就是"星光三号"芯片。年底，中星微开发的手机彩信处理芯片"星光四号"，被美国全球第一大CDMA移动通信运营商大批量采用。翌年，中星微研发的集"星光一号"到"星光四号"全部功能的新一代PC图像输入芯片"星光五号"，被罗技等国际知名品牌大规模应用，这标志着拥有中国自主知识产权的中国芯片技术已成为国际业界公认的技术标准。

中星微以硅谷的开发速度研发出的众多产品中，以"星光一号"至"星光五号"最为典型，成为中国第一代也是目前唯一能出口的超大规模集成电路。"中国芯"正卷起全球风暴，引领集成电路由中国制造走向中国创造。

2003年12月28日，中国国家信息产业部、北京市政府在人民大会堂举行了"中国芯工程"成果报告会，宣布拥有中国自主知识产权的"中国芯"首次成功打入国际市场，彻底结束了"中国无芯"的历史。同时，中星微实现了七大核心技术突破，拥有近200项国内外发明专利，开发研制的五代数字多媒体芯片全球销量突破1000万枚，以占有全球40%的市场份额名列计算机图像输入芯片的世界首位，到2006年，"星光中国芯"数字多媒体芯片在全球的销量突破一亿枚。

2004年2月，中星微成为国际移动行业处理器联盟（MIPI）成员，从此将与移动界业的国际巨人比肩而立，并参与推动全球3G数字多媒体平台的标准化。5月，"中星微电子集团公司"正式成立。8月，中星微电子企划的"VMD合作伙伴计划"在北京正式启动，其目的是联合移动多媒体产业链的上下游环节，以推动中国移动通信产业的多媒体应用市场的发展。同年，中共中央政治局常委、全国人大常务委员会委员长吴邦国对"星光中国芯工程"做出重要批示：这是一次发展高新技术产业的有益探索，现代信息产业的关键是掌握核心技术，以缩小与发达国家的差距，中星微为我们提供了宝贵经验。

2004年底，中星微推出具有超强功能的数字多媒体芯片"星光移动一号"，手机64和弦和真唱铃声的新应用时代到来了。"星光移动一号"的推出，使市场对手机多媒体业务的强烈需求得到了充分满足，被联想、三星等国内外几十家知名手机厂商纷纷采用。翌年6月，中星微又推出"星光移动二号"芯片及VMD技术规范。

2005年，中星微"星光中国芯"荣膺2004年度国家科技进步一等奖。3月28日，在中共中央、

中星微"星光中国芯"2004年度"国家科技进步一等奖"证书
（图片2-4来自中星微电子）

国务院召开的国家科学技术奖励大会上,"星光中国芯"研发团队的代表邓中翰博士从胡锦涛总书记手中接过获奖证书,这是中国芯片技术多年来首次夺得科技界的最高荣誉。11月,中星微电子有限公司正式在美国纳斯达克挂牌上市,成为第一家在纳斯达克上市的具有自主知识产权的中国芯片设计公司。

2005年11月15日,邓中翰在美国纳斯达克留下签名

2006年1月,中星微研发出具有低功耗、体积小等优点的单芯片混合电路移动多媒体处理器"星光移动三号",它能够使客户设计生产出不同需求的多媒体手机,获得了成本上的极大优势。之后,中星微推出了业界领先的单芯片、集多种音视频功能的混合信号移动多媒体处理器"星光移动四号"和新款移动多媒体数字处理芯片"星光移动五号"。"星光移动五号"已在国家信息产业部指定的首批3G试点城市进行测试。"星光移动"又开启了移动可视通讯的大门。

2007年5月,中星微与微软在北京再次签署合作备忘录,它标志着双方将开展全面技术合作。6月,中星微推出目前最为先进的网络摄像头处理芯片VC0336,该摄像头具有高清(HD)视频录像、高保真录音、自动对焦控制、噪声消除等新功能。仅一年多的时间,VC0336芯片在全球高端笔记本市场的销售就突破了500万枚。

截止到2007年9月,中星微申请国内外专利已突破1000项,凭着完全的自主知识产权体系,还未遭遇任何知识产权纠纷。同年,中国国家信息产业部、中国科学院、中国工程院等在北京隆重举行"星光中国芯工程"八周年庆典,邓中翰荣膺"2007品牌中国年度人物"奖。2008年11月,中星微"星光移动"手机多媒体芯片全球销量突破1亿枚大关。同年,中星微蝉联中国"自主创新卓越品牌"奖。

2008年，中星微电子计算机图像输入芯片已占有全球60%以上的市场份额，同时能用完备的产品线满足客户对手机多媒体芯片的任何需求。中星微电子以闪耀全球的中国之芯，成为世界上多媒体芯片的绝对领导者。吴邦国考察中星微电子"星光中国芯工程"时，亲笔题词"星光中国芯工程"。

作为世界领先的半导体设计公司的中星微自成立后，不但致力于PC、移动、高端和消费电子等数字多媒体芯片的软件开发设计，同时，努力使其核心技术实现产业化，并进行国内外市场的开发和营销。目前，中星微电子在美国硅谷，中国上海、深圳和香港等地建立了分公司，已成功地将"星光中国芯"系列芯片产品推向了国内外市场，打入三星、LG等国际一流厂商的手机客户中，在国内占有手机音、视频多媒体芯片80%的市场份额，其销售已覆盖了欧、美、日、韩等16个国家和地区。同时与索尼、惠普、三星、富士通、飞利浦、联想、罗技、波导、中兴等知名企业建立了客户关系，与中国电信、中国网通、中国移动、中国联通、微软等公司结成战略伙伴关系，共同推广中星微的芯片技术和解决方案。

2009年1月，中国移动、中国电信和中国联通获得中国工业和信息产业部发放的第三代移动通信牌照，标志着我国正式进入3G时代，这将使在数字多媒体领域有着多年经验的中星微电子有了更为广阔的发展前景。在未来的时间里，中星微电子将继续致力于芯片、软件和系统方案的开发，与产业内上下游企业通力合作，以促进数字3G产业的发展。

为筹办由中共中央宣传部等八大部委主办的、中国国家博物馆承办的大型主题展览《复兴之路》，2007年6月7日，我馆特向中星微电子公司联系并获赠"星光中国芯"系列产品"星光一号"至"星光五号"。这5块芯片，最小尺寸约为纵0.9厘米、横0.9厘米，最大的尺寸也不过为纵1.3厘米、横1.3厘米。芯片体积虽小，但每一个芯片的研发都像是发射航天飞机，其中凝结着巨大的科技含量。它在向人们昭示，高新科技企业只有坚持自主创新，以市场为导向，以自主知识产权为核心才是发展的必由之路。

目前，中星微电子已成为中国信息产业做大做强的核心企业，是中国信息产业部电子发展基金成功投资的典范，它标志着信息时代微电子创业人才的年轻化和中国的环境已适宜留学海外的优秀人才回国创业。

（刘艳波）

十年磨剑　奥运梦圆

"两个奥运，同样精彩"。2008年8月8日至9月17日，中国人民用满腔热情兑现了庄严的承诺，实现了"绿色奥运、科技奥运、人文奥运"，让中国和世界人民共同分享了一届有特色、高水平、精彩纷呈的北京奥运盛宴，留下了巨大而丰富的文化和体育遗产。

当圣火在"鸟巢"熊熊燃烧时，当人们沉浸在奥林匹克带来的无限欢乐时，你可知道，中华民族为实现举办奥林匹克运动会这一期盼，竟不懈地争取和努力了整整100年时间！

中国人最早呼吁要参加奥运会是在1908年。但直到1932年第10届奥运会在美国洛杉矶举行时，中国才派出一名运动员参加。1949年前，中国三次参加奥运会，次次空手而归，被人讥讽为"东亚病夫"。

新中国成立后，1952年曾派代表团参加芬兰赫尔辛基第15届奥运会。后因种种原因，中国和国际奥委会的关系中断了27年之久，1979年才重返国际奥林匹克大家庭。1984年中国运动员许海峰在美国洛杉矶第23届奥运会上夺得男子自选手枪慢射比赛金牌，实现了中国奥运金牌"零"的突破。此后中国5次参加奥运会，不断创造佳绩，2004年雅典奥运会中国一举夺得32枚金牌，位居金牌榜第二。

体育是社会发展和人类文明进步的重要标志，是国家综合实力的象征。中国在奥运会上的佳绩和日益增长的国力，让中国对举办奥运会的期盼有了充分的自信和可靠基石。

1990年7月3日，邓小平在视察亚运会设施时，站在体育场的高架桥上说了一段令人触动的话："你们办奥运的决心下了没有？为什么不敢干这件事呢？建设了这样的体育设施，如果不办奥运是个浪费。"在党和政府的支持下，北京市于1991年开始申办奥运会。谁曾想到，中国为实现这一百年期盼，竟走了一段漫长的十年申奥路！

1991年2月，北京市首次提出申办2000年奥运会。此后两年间，在北京乃至全国各地掀起了支持申办奥运会的热潮。此届奥运会主办权的争夺是在北京、柏林、悉尼、曼彻斯特和米兰之间进行的一场"巨人之间的竞争"，并因为2000年这个独特的年份而变得更加激烈。1993年9月24日，国际奥委会第101次全会在摩纳哥蒙特卡洛投票。最后一轮投票结果是：北京43票，悉尼45票。北京仅以两票的微弱之差不敌悉尼，与奥运失之交臂。

人们无不感到失望与伤心，情绪滑落到低点。但是北京依然看到了自己的希望。此后的几年，中国没有停下脚步，曾经的坎坷化为奋起的力量。

1998年11月，北京宣布申办2008年奥运会。翌年4月，北京市市长刘淇一行赴洛桑正式向国际奥委会递交申请书，第二次申奥大幕自此拉开。提出申办这届奥运会的还有其他9个城市，其中法国巴黎和加拿大多伦多的实力不可小觑。对北京来说，这既是一次机会，又是一次挑战，必须以高水平的申办工作和泱泱大国的风范，才能赢得2008年奥运会的主办权。

申奥需要宣传，宣传必须从北京的实际出发，抓住北京是中国政治文化中心的特点，突出北京3000年悠久历史和现代化国际大都市的形象，做到传统与现代、古老与年轻的和谐统一。

2000年2月1日，北京2008年奥运会申办委员会通过表决确定了申奥口号和申奥会徽。

"新北京，新奥运"这个响亮而独特的口号，一方面表明北京经过20多年的改革开放，已经成为一个融古老文化与现代化大都市风情于一体的国际名城；另一方面意味着在中国举办奥运会可以最大限度地促进奥林匹克事业的发展，可以"给中国和世界体育留下独一无二的宝贵遗产"。北京是一座历史悠久而又充满现代化气息的城市，公元前776年，当第一届古代奥运会在奥林匹亚举行的时候，北京作为古燕国的都城建城已近300年。北京曾是辽、金、元、明、清5个王朝的都城，有大量文物古迹，文化源远流长，博大精深，独具魅力。新中国成立后尤其是改革开放后，北京发展迅速。它作为全国的政治、经济、文化、科技和教育中心，在社会主义市场经济条件下生机勃勃，国民生产总值超过国内平均水平。开放的中国盼奥运，日新月异的北京期待着世界的选择。

会徽"中国印·舞动的北京"由奥运五环色构成，形似"中国结"，又仿佛一个打太极拳的人形，既表现出中国传统体育文化的精髓，又象征了世界人民的团结、协作、交流和发展。这充分体现出"人文奥运"的理念，无疑打动了国际奥委会委员们的心。

北京在这次申奥过程中更加务实，不仅提出了新的申办规划，而且踏踏实实地在环境保护和基础设施建设上下了很大工夫，提出了"以发展助申奥，以申奥促发展"的新思路。

1998年起，北京出台了几十项治理环境的措施，使得北京的天更蓝、地更绿、水更清，促进了人与自然、人与社会的和谐发展。在改善交通方面，北京着手建设城市环路体系，这将成为一个编织起现代化城市交通的纽带，让北京变得更"快"。

2000年6月19日，北京2008年奥运会申办委员会在洛桑向国际奥委会递交了申请报告。8月28日，北京同土耳其伊斯坦布尔、日本大阪、法国巴黎和加拿大多伦多一起，成为第29届奥运会的5个候选城市。

2001年1月17日，北京2008年奥运会申办委员会在洛桑向国际奥委会递交了北京2008年奥运会《申办报告》，涉及政治、经济、文化、体育和城市建设等方方面面，犹如反映北京和中国发展前景的"百科全书"。

北京《申办报告》自信地宣称：即使奥运会今天在北京举办，奥林匹克大家庭的各类人员以及观众、游客也都能够得到令人满意、符合各自需要的饭店下榻。

北京的自信源于日益强大的经济基础。改革开放20多年来，中国在政治、经济、文化和社会等各方面都取得了举世瞩目的巨大成就，现代化建设突飞猛进，综合国力大大增强，近10年来经济发展以每年10.8%的速度增长。北京更是发展迅速，1999年，全市国内生产总值为240亿美元，人均2000美元以上。

北京的自信还源于中央政府及广大人民群众的强力支持。2000年9月9日，国家主席江泽民在致国际奥委会主席萨马兰奇先生的信中说："如能在具有悠久文明并且迅速发展的北京举办2008年奥运会，无论对奥林匹克运动，对中国乃至世界都具有积极意义。"中国民众一如既往地热情支持申奥。北京奥申委曾委托世界知名的盖洛普（中国）咨询有限公司进行调查，结果显示北京的群众支持率为94.9%。国际奥委会评估委员会在2001年5月公布的评估结论中说，北京在各申办城市中"享有最高程度的民众支持率"。

北京的自信也源于中国在近五届奥运会上取得的节节胜利,雄居世界金牌榜前三。中国早已从"东亚病夫"变为体育强国。

2001年7月7日,北京申奥代表团带着全国人民的企盼飞往莫斯科,开始了北京申奥的最后一场攻坚战。7月13日,国际奥委会第112次全会投票表决2008年奥运会的主办城市。投票之前,5个候选城市进行了陈述。北京申奥代表团成员李岚清、刘淇、袁伟民、楼大鹏、王伟、邓亚萍、杨澜以及国际奥委会委员何振梁向国际奥委会作陈述报告,并就环境、反兴奋剂、交通、语言等问题回答了国际奥委会委员的提问。

决战时刻终于到来,亿万中国人都在荧屏前焦急地等待着……

北京时间22时2分,投票开始。共有122位国际奥委会会员出席,由于来自申办城市的委员及国际奥委会主席萨马兰奇不参加投票,所以共有104位委员参加首轮投票。首轮投票过后,大阪被淘汰出局。北京以44票领先,多伦多20票,伊斯坦布尔17票,巴黎15票,另有两票无效。形势对中国非常有利。

第二轮投票开始。

2分钟,一个短暂而又似乎漫长的过程——106位委员实际参加投票,有效票为105张。检票完毕,国际奥委会纪律委员会监票员将纸放入信封,并封上口。大家都知道,结果已经出来。投票结果是:北京56票,多伦多22票,巴黎18票,伊斯坦布尔9票。

22时11分,萨马兰奇走到话筒前,打开信封,郑重宣布了历史性的选择:"2008年第29届奥运会主办城市:北京!"

霎时间,举国上下一片欢腾,全世界华人无比振奋和扬眉吐气!北京成为欢乐的海洋!聚集在中华世纪坛的各界群众爆发出排山倒海般的欢呼声,东西长安街上的欢庆队伍长达几十公里,约40万北京市民自发来到天安门广场庆祝胜利。这是中华人民共和国成立以来天安门广场规模最大的自发性群众庆祝活动。

2001年7月13日晚,当北京申办2008年奥运会成功后,北京奥申委代表团团长刘淇与国际奥委会主席萨马兰奇签署了举办城市合同。为了保存这一历史时刻的见证,刘淇将他签署举办城市合同时用的钢笔和此次申办奥运会时穿的缀有申奥会徽的西服捐赠给中国国家博物馆收藏。

2004年8月29日晚,第28届奥林匹克运动会在雅典闭幕。国际奥委会主席罗格郑重地将奥运会会旗交到北京市市长王岐山手中。奥运会正式进入

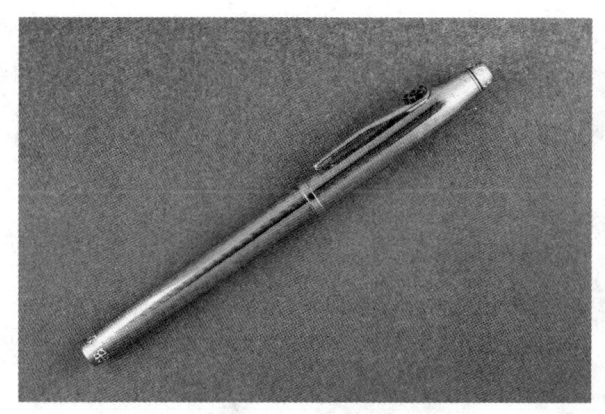
北京奥申委代表团团长刘淇签定举办城市合同时用的钢笔

北京奥申委代表团团长刘淇申办奥运会时穿的西服

矗立于天安门广场东侧中国国家博物馆门前的北京奥运会倒计时牌

北京周期。9月21日,矗立于天安门广场东侧国家博物馆门前的北京奥运会倒计时牌正式启动。它为钢结构,高14米,宽5.5米,采用目前世界上最节能的发光材料。在奥运会开幕前的1417天内它一直是一道靓丽的都市风景线,无数游人争相与之合影。作为北京奥运会的历史见证,它已被我馆永久收藏。

北京第29届奥运会主体育场——国家体育场，俗称"鸟巢"。

北京奥运会游泳比赛场馆——国家游泳中心，俗称"水立方"。

  北京没有辜负世界的期待。在7年筹办中，北京在交通和通信等基础设施领域、市政和公用设施领域、生态环境保护领域，以及文物古迹保护领域做了大量工作，完成了一大批建设项目，惠及了所有在北京生活、工作和旅游的普通人。来自全国的26万奥运场馆建设者夜以继日、精益求精，建造了以"鸟巢"、"水立方"为代表的一批极为现代化的、美轮美奂的体育场馆。香港、青岛、天津、秦皇岛、上海、沈阳等6个协办城市也为场馆建设、竞赛组织投入了大量的人力物力。

  作为东道主的中国以完善的比赛场馆设施、出色的组织服务工作和一流的安全保卫措施赢得了全世界的好评。国际奥委会主席罗格在北京奥运会闭幕式上致辞说："这是一届真正的无与伦比的奥运会。"百年奥运梦圆的时刻，既是中华民族伟大复兴的一次历史性跨越，也是我们沿着中国特色社会主义道路前进的一个新起点。

（谭　天）

见证中国加入世贸组织的"入世槌"

在国家博物馆新千年的收藏中,最知名的藏品之一是见证中国加入世界贸易组织(WTO)这一历史时刻的木槌,这柄木槌又被人们称为"入世槌"。

世界贸易组织(以下简称世贸组织)成立于1995年,前身是1947年由美国等国发起的关税及贸易总协定(GATT)(以下简称关贸总协定)。它是处理国家间贸易事务的机构,与世界银行(WB)、国际货币基金组织(IMF)并称为世界三大经济组织。其主要职能是制订和监督实施多边贸易协议,提供多边贸易谈判场所和框架,定期审议各成员的贸易政策和统一解决成员间发生的贸易争端,并与国际货币基金组织和世界银行合作,以实现全球经济决策的一致性。与关贸总协定相比,世贸组织涵盖货物贸易、服务贸易以及知识产权贸易,而关贸总协定只适用于商品货物贸易。

加入世贸组织,是党中央、国务院审时度势做出的重大战略决策,充分展示了中国顺应经济全球化潮流、主动参与国际竞争与合作的积极姿态。

加入世贸组织是中国改革开放和经济发展的自身需要。在中国加入该组织时,世贸组织成员间的贸易量占全球贸易的95%。加入世贸组织将进一步加强中国与世界各国各地区的经贸联系。中国是世界上最大的发展中国家,没有中国的参加,世贸组织是不完整的,不能体现多边贸易体制的普遍性和公正性。中国加入世贸组织对启动新一轮多边贸易谈判、建立国际经济新秩序将起到积极和建设性作用。因此,中国加入世贸组织也是世贸组织本身的需要。

中国加入世贸组织,有利于参与国际经济合作和国际分工;有利于扩大出口和利用外资,在平等条件下参与国际竞争;有利于促进技术进步、产业升级和经济结构调整，促进社会主义市场经济体制的完善；有利于促进改革开放、发展社会主义市场，提高人民生活水平；有利于促进世界经济的增长；有利于直接参与国际贸易规则的制定过程，摆脱被动接受的不利状况，维护自身合法权益。但与此同时，加入世贸组织对中国的弱势产业是一个严峻的挑战，随着市场进一步开放，关税大幅度减让，外国产品、服务和投资会更多地进入中国市场，国内一些产品、企业和产业将面临更加激烈的竞争。可见，中国加入世贸组织有利有弊，总体上利大于弊。

通俗地说，如果不能加入世贸组织，中国就将永远是世界经济体制外的个体户或临时工，很难与世界上经济发达的国家或跨国经济集团进行平等的贸易和竞争，很难获得较为优惠的贷款，在贸易战时很难有与之平等对话的机制和机会……因为我们不直接参与国际贸易规则的制定过程。

中国是关贸总协定的创始国之一。自1986年中国申请恢复缔约国地位以来，为复关和加入世贸组织做出了不懈的艰苦努力，先后完成了加入双边谈判和多边谈判，分别与美国、欧盟等国家和国家联盟达成加入世贸组织的协议。1995年7月11日，世贸组织总理事会会议决定接纳中国为该组织的观察员。2001年12月11日，中国正式加入世贸组织，成为其第143个成员。

其中中美双边艰巨而漫长的谈判进行了13年。中美作为世界上最大的发展中国家和最重要的工业化国家，两国间的谈判对双方及世界经济贸易意义重大，也是中国"入世"最关键的一步。在谈判中，美方在金融、服务等领域的市场准入、知识产权方面的要价很高，中方则据理力争。1989年5月，中美第五轮复关问题双边磋商取得进展，谈判有望在年底结束。但同年春夏之交政治风波后，以美国为首的西方国家借机对中国施压。由于中国顶住了西方制裁，经济继续保持快速发展，使西方国家认识到制裁无效，并逐渐解除制裁，中美复关谈判随之得到恢复。

1998年6月，江泽民主席在接受美国记者采访时提出了中国入世的三项原则，第一，世贸组织既然是一个国际组织，没有中国这个最大的发展中国家的参加是不完整的；第二，中国只能作为一个发展中国家参加；第三，中国加入世贸组织，其权利和义务一定要平衡。1999年4月，中美签署《中美农业合作协议》并就中国加入世贸组织发表联合声明，美方承诺"坚定地支持中国于1999年加入世界贸易组织"。

1999年11月15日，中美两国谈判代表结束了最后6天夜以继日的谈判，最终达成了双方满意的协议，取得了双赢的结果。中国对外经济合作与贸易部部长石广生与美国贸易谈判代表巴尔舍夫斯基在北京签署了关于中国加入世贸组织的双边协议,从而为中国"入世"扫清了最大障碍。此前,中国已经与日本、澳大利亚、智利等12个世贸组织成员结束了双边谈判。

2001年9月17日,世贸组织中国工作组第18次会议在世贸组织总部举行正式会议,通过了中国加入世贸组织的所有法律文件,成立于1987年3月4日的中国工作组也随之结束了历史使命。

11月10日,世贸组织第四次部长级会议在卡塔尔首都多哈的喜来登酒店萨尔瓦会议大厅举行,在没有任何反对意见的情况下,会议主席、卡塔尔财政经济和贸易大臣卡迈勒手中木槌轻落,一槌定音,宣告会议审议通过了《关于中国加入世界贸易组织的决定》。从开始审议到一槌定音,仅用时8分钟。"入世槌"成为见证这一重要历史时刻的见证物。

2001年11月10日,世贸组织第四次部长级会议会议主席卡迈勒木槌轻落,通过了中国加入世界贸易组织的决定。

11月11日,在喜来登酒店马佳利大厅,中国外经贸部部长石广生代表中国政府在中国加入世贸组织议定书的签字文本上正式签字后,约见世贸组织总干事迈克尔·穆尔,向他递交了国家主席江泽民签署的《中国加入世界贸易组织批准书》。

同日,会议通过台湾以"台湾、澎湖、金门、马祖单独关税区"(简称中华台北)的名义加入世贸组织的决定。

30天后,中国正式成为世贸组织成员。

经过多年的艰苦努力,中国终于成为世贸组织新成员,这标志着中国对外开放进入了一个新

多哈会议代表向中国代表团团长石广生(左一)鼓掌表示祝贺

的阶段，将在更大范围和更深程度上参与经济全球化。这是中国现代化建设事业中具有历史意义的一件大事，是进一步推进全方位、多层次、宽领域对外开放的重要契机，对新世纪我国经济发展和社会进步有着重要而深远的影响。

当年12月，就有7家外资保险公司获得在华经营许可，加拿大开始对中国汽车挡风玻璃进行反倾销调查。2002年1月1日起，中国履行加入世贸组织的承诺，关税总水平由2001年的15.3%降至12%；3月，温州打火机协会自发赴欧洲交涉欧盟抵制中国打火机法规……中国在一个更加广阔的世界中面临着更多的挑战与机遇。

"入世槌"的征集极具戏剧性。《北京晚报》的记者与我馆一直保持着良好的合作关系，文物意识很强。"说实话这个意外收获也是被逼出来的，当时就想还能给明天的新闻准备点什么。"抱着这样的想法，晚报派赴多哈采访的记者郭强和侯振威，当晚再一次来到喜来登饭店萨尔瓦会议大厅。当时会议议程已经结束，工作人员正在整理会场，听中国记者说想带些纪念品回去时，他们连声表示没问题。当看到中国记者还挑选了卡塔尔字样的椅套时，这名工作人员显得尤其高兴。两位记者乘胜追击："我们是否可以将10日中国入世那天卡迈勒先生敲响的木槌也一起带回去呢？"这名工作人员又是干脆的一声："No problem"（没问题）。于是，在采访工作结束后，征得会议主办方许可，他们将见证中国加入世贸组织这一历史瞬间的"入世槌"和印有中国、香港、卡塔尔的英文字样的椅套带回国内。遗憾的是，由于一时激动，他们只顾将木槌装进电脑包，以至忘了木槌的配套物——木盘，致使它的另外一半仍然留在多哈。

新闻见报的当晚，我馆文物征集工作人员便与北京晚报社领导取得联系，表达收藏的意向。

北京晚报社为如何保存入世槌和椅套向社会广泛征询了意见，专门邀请热心读者召开了座谈会，请他们就如何收藏入世槌献计献策。有的收藏爱好者说，"入世槌"只有依托北京晚报这样一个大的平台才有意义，并建议将"入世槌"存放在中国革命博物馆（现中国国家博物馆）。几经努力，在有关各方的理解、支持和帮助下，报社最终同意将"入世槌"捐赠我馆收藏，并在2001年12月12日我国正式加入世贸组织这一天举行了隆重的捐赠仪式，北京日报报业集团领导郑重地将见证中国加入世贸组织的"入世槌"捐赠我馆。

"入世槌"长32.2厘米，木质，深棕色。"入世槌"虽小，但是，正如一位文物专家所说,它和毛泽东在开国大典上用过的话筒、第一辆解放牌汽车、"两弹一星"功勋奖章等文物一样,都是我国当代历史进程的重要见证!我馆收藏"入世槌",在社会上引起了广泛的反响,外经贸部随即将石广生在多哈签署中国加入世贸组织有关文件用过的笔等一批珍贵文物拨交我馆。CCTV等多家媒体播出的当年中国十大新闻,采用了我馆征集工作人员手持"入世槌"的画面。

世界贸易组织第四次部长级多哈会议主席宣布中国加入世贸组织时用的木槌

"入世槌"反映了中国对外开放发展到了一个新的阶段。据中国海关统计,2001年中国对外贸易进出口总值首次突破5000亿美元大关,达5097.7亿美元,比上年增长7.5%。其中出口2661.6亿美元,增长6.8%;进口2436.1亿美元,增长8.2%,实现贸易顺差225.5亿美元。"入世"后仅8年时间,2008年我国对外贸易进出口总值达25616.3亿美元,比上年增长17.8%,比2001年增长402.5%。其中出口14285.5亿美元,比上年增长17.2%,进口11330.8亿美元,年增长18.5%。贸易顺差2954.7亿美元,年增长12.5%。欧盟为中国第一大贸易伙伴,中欧贸易额达到4255.8亿美元,年增长19.5%;美国为中国的第二大贸易伙伴,中美双边贸易总值为3337.4亿美元,年增长10.5%;日本为第三大贸易伙伴。

新中国成立之初,毛泽东曾感慨道:"现在我们能造什么?能造桌子椅子,能造茶碗茶壶,能种粮食,还能磨成面粉,还能造纸,但是,一辆汽车、一架飞机、一辆坦克、一辆拖拉机都不能造。"而今日,曾经落后的农业大国——中国,早已成为世界制造工厂,世界各国随处可见的是——"Made in China"!

(陈 禹)

共和国的记忆：文物见证历史
The Stories of People's Republic of China

"神舟"圆了中国人的航天梦

新中国的航天工业起步于1956年，迄今已经达到了相当的规模和水平。我们建成了一批具有世界先进水平的研制和试验基地，形成了较为完整的航天科技工业体系，成功研制了包括科学试验卫星、气象卫星、资源卫星、通信卫星、导航卫星在内的多种应用卫星，成功研制了十二种型号的长征系列运载火箭。在卫星回收、一箭多星、低温燃料火箭技术、捆绑火箭技术以及静止轨道卫星发射与测控等许多重要技术领域，已跻身世界先进行列；在遥感卫星、通信卫星、科学实验卫星、导航定位卫星研制与应用以及载人飞船试验等方面均取得重大成果，社会效益和经济效益显著。中国航天事业的蓬勃发展，促进了国家经济和社会的持续发展，带动了科学技术的全面进步，增强了国防实力，提高了中国的综合国力和国际地位。作为世界上少数独立掌握空间技术的大国之一，中国为人类航天事业的发展做出了自己的贡献。

中国载人航天研究的历史可以追溯到1970年7月，"东方红一号"卫星上天不久，科学家就上报了关于发展载人航天的报告。1992年9月21日，中央正式批复载人航天工程可行性论证报告，标志着中国载人航天工程开始实施。

1999年11月20日，我国自主研制的第一艘航天试验飞船"神舟一号"发射成功，经过21小时11分的太空飞行，顺利返回地球。

2001年1月10日，"神舟二号"无人飞船发射升空并于10分钟后成功进入预定轨道，飞船按照预定轨道在太空飞行了近7天，环绕地球108圈，完成了预定空间科学和技术试验任务。

2002年3月25日，"神舟三号"发射成功。"神舟三号"具备了航天员逃逸和应急救生功能，飞船改进和完善了伞系统。这次试验搭载了人体代谢模拟装置、模拟人生理信号装置以及形体假人，能够定量模拟航天员呼吸和血液循环系统中的心律、血压、耗氧等多种太空生活的重要生理活动参数，为将来航天员进入太空提供了相关数据。

2002年12月30日至2003年1月5日，技术状态与载人飞行完全一致的"神舟四号"成功发射并顺利返回，这是我国载人航天工程实施的最后一次无人飞行试验。

经过上述4次无人飞行试验后，2003年10月15日，我国用"长征"二号F型运载火箭成功发射了第一艘载人飞船——"神舟五号"，航天员杨利伟搭乘该飞船进入太空，绕地球飞行了21小时、14圈后于10月16日成功返回。中华民族千年的飞天梦想由此实现，也标志着我国成为世界上第三个实现载人航天的国家。

2005年10月12日，"神舟六号"载人飞船成功发射，并于10月17日安全返回，实现了"两人五天"的航天飞行。在飞船中，航天员聂海胜、费俊龙进行了穿舱（即从返回舱进入轨道舱）、工效学评价、轨道舱飞船设备操作等一系列空间科学试验。这是我国航天员首次进入轨道舱进行空间科学实验，标志着我国载人航天飞行由"神舟五号"的验证性飞行试验过渡到了"真正意义上有人参与的空间飞行试验"。

自"神舟五号"载人飞船的成功发射并顺利返回后，航天文物的收藏成为众多博物馆追逐的热点。经过中国国家博物馆征集人员的不懈努力，终于在2004年9月征集到"神舟五号"载人飞船返回舱、主降落伞、烧蚀底碎片，以及"神舟五号"载人飞船航天员杨利伟穿的舱内航天服，在飞船中使用的救生物品包，在航天飞行时使用的天地话音终端机、摄像机，飞行时使用的《神舟五号飞行手册之一——正常飞行手册》及圆珠笔，杨利伟在太空中记录的航天日记及记录用圆珠笔等极为珍贵的文物，具有极高的科研价值和收藏价值。

"神舟五号"载人飞船由推进舱、轨道舱、返回舱和附加段组成。返回舱是飞船唯一返回地球的舱段，航天员在飞船的发射阶段和返回阶段都必须乘坐在返回舱内。经过这次太空之旅后，"神舟五号"飞船的返回舱舱体已呈暗褐色，因烧蚀留下了斑斑印记，这些都是由于飞船经过大气层时摩擦剧烈造成的。返回舱重3吨多，通高250厘米、直径250厘米，外形呈钟形。舱内安装了飞行中需要航天员监视和操作的各种仪器设备，这些设备显示了飞船

共和国的记忆：文物见证历史
The Stories of People's Republic of China

"神舟五号"载人飞船返回舱

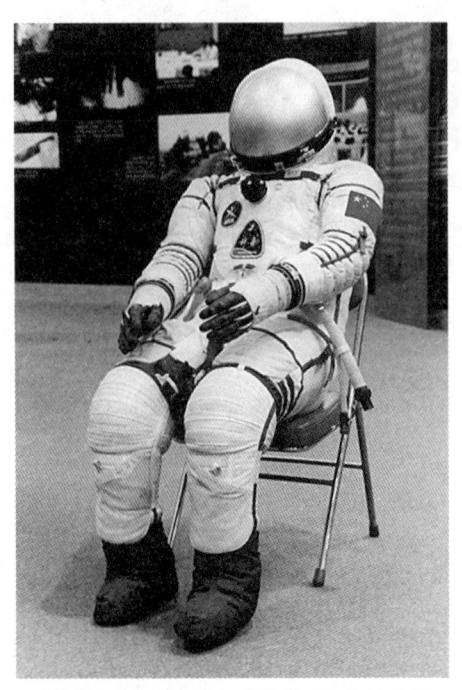

"神舟五号"航天员杨利伟穿的舱内航天服

"神舟五号"载人飞船返回舱主降落伞

各系统和设备的工作情况，以便航天员随时判断、了解飞船的工作状况，在必要时人工干预飞船的系统和设备的工作。返回舱是密封的舱段，舱内是一个与外界完全隔绝的世界，内部安装的环境和生命保障系统，为航天员提供了一个与地球一样的生活环境。飞船返回舱侧壁上开设了两个圆形窗口，一个用于航天员观测窗外的情景，另一个供航天员操作光学瞄准镜观察地面，驾驶飞船。

"神舟五号"载人飞船返回舱主降落伞是供着陆时使用的，长70米、高20米，由伞衣、伞绳、连接带、吊带等组成。主降落伞由1900多块"小布"拼接而成，大伞布面严丝合缝，面积有1200平方米，获得了"中华第一大伞"的美誉。

航天员杨利伟穿的舱内航天服为乳白色，局部镶有天蓝色的边线。考虑到飞船返回着陆采用座舱软着陆模式，因此，舱内航天服采用头与躯干肢体服装连为一体的"软式"类型结构和开放式通风供氧方式,它由压力服、头盔、手套、应急供氧和通风管路组成。衣服的心脏部位有一个可以拧动的圆形装置,用来调节衣服内的压力、温度和湿度。衣服的左腹部处有两条管路,是为航天员提供氧气和排放二氧化碳的设备;右腹部处的一根细管,是航天员的通信工具。除了头盔和胶皮手套外,整个航天服是用一种特殊的高强度涤纶做成的,能够满足航天员在飞行上升段和返回地面时的各种要求。舱内航天服由三层组成:一是限制层,它由耐高温、抗磨损的材料制成,用来保护服装内层,限制气密层的膨胀;二是气密层,用涂有丁基或氯丁橡胶的锦纶织物制成,有良好的气密性,以保持服装内的一定压力;三是散热层,这一层上有许多管道,用来输送气流,通过气流在服装内的流动,带走人体代谢产生的热量。

由于载人飞船地面返回控制系统的局限性,载人飞船在返回时虽能确定在某一区域,但是在具体实施过程中又可能出现不确定性。因此,为了满足"全球性"的救生要求,"神舟五号"载人飞船航天员杨利伟在飞船中使用的救生物品包内主要有四种功能的物品:1.求救信号联络物品:救生电台及备用电池、卫星电话、卫星定位仪、光烟信号管、信号枪及子弹、闪光标位器、太阳反光镜、海水染色剂。2.医疗救护用品:急救药包。3.生存物品:口哨、食品、饮水、蓄水袋、引火物、食盐、渔具、驱鲨鱼剂、指北针、抗风火柴、防风尘太阳镜、救生手册、救生物品包包衣、保温袋。4.防御自卫用品:手枪及子弹、生存刀。

杨利伟使用的《"神舟五号"飞行手册之一——正常飞行手册》

"神舟五号"载人飞船航天员杨利伟使用的《神舟五号飞行手册之一——正常飞行手册》是正常飞行情况下航天员完成预定飞行任务的指令性文件,是航天员在航天飞行过程中执行飞行任务及进行各项操作的行动指南。手册中有杨利伟写下的飞行记录和在太空中的题字:"为了人类的和平与进步,中国人来到太空啦!"另一件珍贵文物航天员杨利伟在太空中记录的航天日记,则记录了他在太空的感受、饮食睡眠情况、个人卫生、座舱环境、空间实验等内容。

2005年12月,我馆又成功征集到了"神舟六号"的一批珍贵文物:"神舟六号"载人航天飞行任务总指挥部批准执行该任务航天员乘组为费俊龙、

共和国的记忆：文物见证历史
The Stories of People's Republic of China

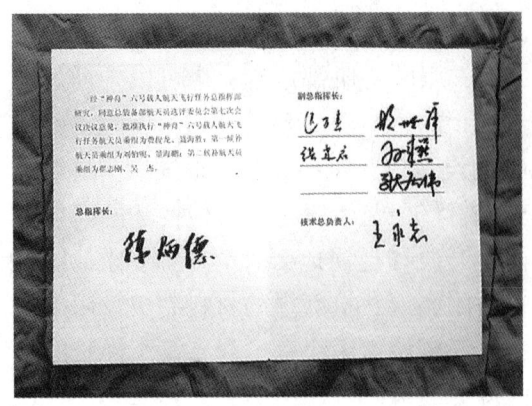

"神舟六号"载人航天飞行任务总指挥部批准执行该任务航天员乘组为费俊龙、聂海胜的决定

"神七"上搭载的丝绸版《中华人民共和国地图》

聂海胜的决定；"神舟六号"载人航天飞行任务总指挥部第三次会议关于决定10月17日实施飞船返回的决议；中国载人航天飞行发射场区任务指挥部和解放军第二十试验训练基地联合签署的《中国载人航天飞行任务发射任务书》等重要文物。《中国载人航天飞行任务发射任务书》由任务指挥部指挥长陈炳德等各方面负责人于2005年10月12日签署。任务书中有介绍航天员情况的彩照和发射的各项参数。这些都是为"神舟六号"发射而进行的准备工作，是"神舟六号"发射过程的历史见证，具有极其重要的意义。

北京时间2008年9月25日21时10分，长征二号F型运载火箭点火，"神舟七号"飞船在酒泉卫星发射中心升空；27日下午1时33分，航天员出舱执行太空行走任务开始，4时48分，翟志刚身着中国研制的"飞天"舱外航天服在太空迈出第一步，中国人的第一次太空行走开始了！9月28日17时37分，在太空遨游两天多的"神舟七号"飞船返回舱成功着陆，18时23分，翟志刚、刘伯明、景海鹏3名航天员成功出舱。

这真是"五年三大步，神舟游太空"！从"神舟五号"到"神舟七号"，中国载人航天工程完成了从首次问天到太空漫步的跨越。"神七"航天员翟志刚、刘伯明和景海鹏的难忘经历，成为他们也是中国人共同拥有的永恒记忆。"神七"一定又有不少宝贝可以淘来印证全国人民的这一美好记忆。我馆又征集到了"神七"上搭载的丝绸版《中华人民共和国地图》，这是中国版图首次进入太空遨游！

（万婷）

改革给农民生活带来巨变

——农民刘元九 20 余年的生活账和农业税票

党的十一届三中全会以来,中国经济体制的改革首先在农村取得了突破性的进展。在全国普遍推广了以包产到户、包干到户为主要形式的家庭联产承包责任制,极大地调动了广大农民的生产积极性,解放了生产力。加上国家提高粮食和部分农产品收购价,允许农户自主地进行多种经营,使农村经济得以迅速发展。此后乡镇企业的异军突起更给农村经济的发展注入了新的生机和活力。农民生活的巨大变化主要表现在:收入大幅增加,生活消费水平迅速提高;食品消费数量大幅增加;住房面积迅速扩大,质量提高;主要耐用消费品拥有量显著增加等等。农民生活实现了由基本解决吃饭穿衣问题到温饱的重大跨越。

但是,20世纪90年代以来,我国农民收入增长迟缓,城乡收入差距逐步拉大,农业、农村、农民这三个问题即"三农"问题,成为制约我国经济、社会发展的"瓶颈",阻碍了我国的可持续发展。

面对严峻的"三农"问题,党中央从国民经济全局出发,对城乡发展战略和政策导向做出了重大调整。党的十六大报告指出:"统筹城乡经济社会发展,建设现代农业,发展农村经济,增加农民收入,是全面建设小康社会的重大任务。"2003年12月,中共中央、国务院印发了《关于促进农民增加收入若干政策的意见》的"一号"文件,明确提出了坚持统筹城乡发展的方略和"多予、少取、放活"的方针,把实现好、维护好、发展好农民的物质利益、保护农民权益作为基本出发点,把增加农民收入作为事关全局的头等大事。"一号"文件充分体现了党中央、国务院把解决"三农"问题作为全党工作重中之重的战略意图。

共和国的记忆：文物见证历史
The Stories of People's Republic of China

山东省济阳县太平镇火炉村农户在领取农补款

2004年3月5日，温家宝总理在十届全国人大二次会议作的政府工作报告中提出：解决农业、农村和农民问题，是我们全部工作的重中之重。今年要按照统筹城乡发展的要求，采取更直接、更有力的政策措施，加强农业，支持农业，保护农业，努力增加农民收入。要继续推进农村税费改革，在五年内取消农业税。

2005年10月，中共十六届五中全会通过的《中共中央关于制定国民经济和社会发展第十一个五年规划的建议》，提出了"建设社会主义新农村"的目标，核心内容是发展农业和建设农村，增加政府对农业和农村的投入，改善基础设施包括乡村道路建设，强调以工促农、以城带乡，基本建立农村合作医疗制度，巩固九年制义务教育，对农村学生免收杂费。

2005年12月29日，十届全国人大常委会第十九次会议决定，农业税条例自2006年1月1日起废止。农业税的全面取消，体现了党中央、国务院加快解决"三农"问题的决心，具有重大的政治、经济和社会意义。

中国国家博物馆收藏的山东省平度市大泽山镇三山东头村农民刘元九记录的1982年至2006年共23本家庭生产生活明细账及其保存的1988年～2004年度交付的各种农村税费票据，真实、完整地记录、反映了一个中国农民家庭二十几年来的生活变迁。

刘元九，曾担任过大队会计、文书等职。自1982年开始，刘元九就将自家的各项收支，大到盖房子买车，小到针头线脑，事无巨细地全部入账，林林总总分了十多个门类。这23本流水账，体现了一个农民家庭收支的数量和结构的变化，更是农村生产资料的投入、物价的涨跌以及产业调整等多种情况的缩影。刘

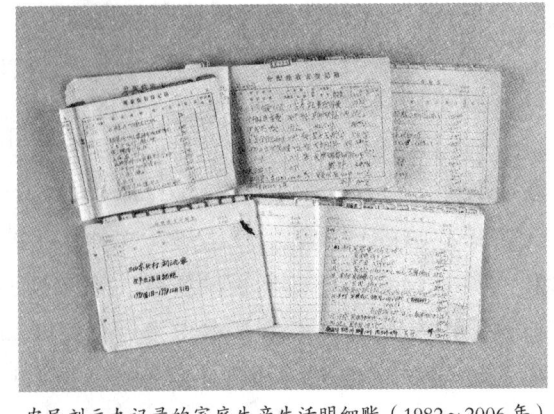

农民刘元九记录的家庭生产生活明细账（1982～2006年）

元九在捐赠时介绍说:"1982年,我家的总收入为836.54元,而最近这几年的年收入已在2万元以上。当然,收入也不是直线上升、年年增长,而是有时升有时降。"从刘元九的账本中,可以清晰地看到二十几年来农村改革的成果,感受到党的支农惠农政策给农民生活带来的巨大变化。这些账本是研究改革开放以来中国农村生产、生活变化的珍贵史料。

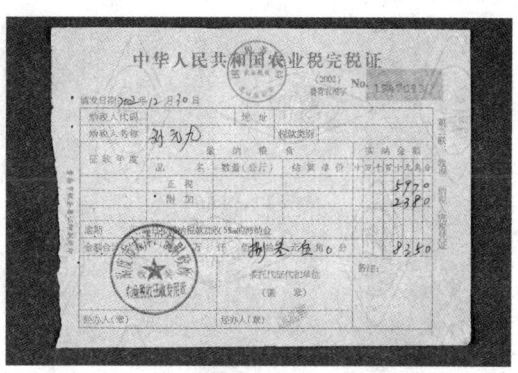

农民刘元九保存的农村税费票据

刘元九不但详细记录了二十几年来家庭生产生活的账目,还将1988年~2004年度交付的各种农村税费票据共42张完整地保存了下来。这些票据反映了他在近二十年间交付各种农业税费的情况,也间接地记录了山东省大泽山镇农村税费改革的进程与成果。

农业税是国家对一切从事农业生产、有农业收入的单位和个人征收的一种税,是国家参与农业收入分配的主要形式。1958年6月,一届全国人大常委会九十六次会议通过了《中华人民共和国农业税条例》,这是我国第一部农业税收法律制度,对纳税人、征税范围、农业收入的计算、税率、优惠减免及征收管理等作出了明确规定,并授权省、自治区、直辖市人民委员会根据各地具体情况确定农业税的实施办法。农业税条例的施行,对于贯彻国家的农村政策,正确处理国家与农民的分配关系,发展农业生产,保证国家掌握必要的粮源等方面,发挥了重要的作用。

我国现行农业税制实际上包括了农业税、农业特产税和牧业税等三种形式。为了调节粮食生产与多种经营,促进农业生产的全面发展,1983年11月12日,国务院发布了《关于对农林特产收入征收农业税的若干规定》。1994年1月30日,国务院又发布了《关于对农业特产收入征收农业税的规定》,将农林特产税与产品税、工商统一税中的农、林、牧、水产品税目合并,改为征收农业特产税。在2003年3月27日发布的《国务院关于全面推进农村税费改革试点工作的意见》中,要求各地区应结合实际,逐步缩小农业特产税征收范围,降低税率。在温家宝总理提出"五年内取消农业税"后,从2004年开始中央决定免征除烟叶税外的农业特产税,同时进行免征农业税改革试点工作。这些减征或免征农业税的惠农政策,到2005年已使近8亿农民直接

贵州省印江土家族苗族自治县兴旺村农民收获新粮

受益。

从刘元九保存的这些税费票据中我们可以看出我国改革开放后农业税的一些变化：从1982年到1986年，基本上没有什么税费。1988年以后，一直到90年代末，各项税费有所增加，2000年刘元九向国家缴纳的农业税连同其他的附加费达到了1227元，是缴纳税费最多的一年。从2001年到2004年，税费开始逐年下降。2001年，刘元九向国家缴纳的各种税费是847.4元，2002年减少到655.9元，2003年和2004年就只有农业税274.04元和137.06元了。

经全国人大常委会决定自2006年1月1日起废止农业税条例后，已实行了近半个世纪的农业税条例完成了历史使命，中国两千年以来征收农业税的历史也到此为止。

农业税的取消对于以种地为生的农民来说是一种经济上的解放，有利于降低农业成本，减轻农民负担，增加农民收入。农业税的取消使中国农民获得了实实在在的利益，进一步加强了农业基础地位，增强了农业竞争力，提高了农业综合生产能力和农产品的国际竞争力，促进了农村经济健康发展。

（万婷）

新时期宪政建设历程的见证

——通过现行宪法及四次修正案的表决票

中国国家博物馆珍藏着1982年全国人大通过我国现行宪法及其后四次通过宪法修正案的表决票票样，它们见证着改革开放以来我国宪政建设的发展历程。

宪法是国家的根本大法，具有最高的法律效力。中国宪法以法律的形式确认了我国各族人民奋斗的成果，规定了国家的根本制度和根本任务。全国各族人民、一切国家机关和武装力量、各政党和各社会团体、各企业事业组织，都必须以宪法为根本的活动准则，并且负有维护宪法尊严、保证宪法实施的职责。

中华人民共和国的建立，开启了中国法治建设的新纪元。新中国建立初期，制定了具有临时宪法性质的《中国人民政治协商会议共同纲领》和其他一系列法律、法令，对巩固新生的共和国政权，维护社会秩序和恢复国民经济，起到了重要作用。1954年9月20日，第一届全国人民代表大会第一次会议制定的《中华人民共和国宪法》是我国历史上第一部社会主义类型的宪法，它规定了国家的政治制度、经济制度和公民的权利与自由，规范了国家机关的组织和职权，确立了国家法制的基本原则，初步奠定了中国法治建设的基础。此后，全国人民代表大会又先后修改制定了1975年宪法和1978年宪法。1975年宪法是在"文化大革命"后期制定的，指导思想是"以阶级斗争为纲"和"无产阶级专政下继续革命"的错误理论观点，有很多"左"的东西。1978年宪法仍没有摆脱1975年宪法的影响，未否定上述指导思想，并且肯定了"文化大革命"。

1978年我国第三部宪法颁布后，客观情况发生了巨大的变化。鉴于1978

共和国的记忆：文物见证历史
The Stories of People's Republic of China

1982年12月4日第五届全国人民代表大会第五次会议通过《中华人民共和国宪法》（现行宪法）

年宪法很不完善，且与客观实际严重脱节，五届全国人大三次会议根据中共中央建议，决定全面修改1978年宪法以适应形势发展的需要，并于1980年9月10日通过了《关于修改宪法和成立宪法修改委员会的决议》，成立了以叶剑英为主任委员、宋庆龄和彭真为副主任委员的宪法修改委员会。在起草过程中，宪法修改委员会5次开会，3次逐章逐节逐条讨论修改。中央政治局和书记处专门召开8次会议讨论，并在全民中进行了4个月的讨论，才提交五届人大五次会议审议通过。

在这里应着重说一下彭真对我国民主法制建设的历史性贡献。他长期领导、主持法制工作。1954年参加了新中国第一部宪法的制定工作。"文化大革命"中，他受到错误批判，失去了人身自由，仍关心党和国家的前途、命运。党的十一届三中全会平反后，彭真夜以继日地忘我工作，领导制定了一系列关于国家机构、民事、刑事、诉讼程序、经济、涉外等方面的基本的重要的法律，为我国的社会主义法制奠定了坚实的基础。

1980年，中央决定由彭真主持宪法修改工作。经过一年的时间广泛听取收集各方面意见，他亲自主持逐条研究起草宪法的条文，明确提出这次修改宪法以1954年宪法为基础，而不以1978年宪法为基础，以利于彻底摆脱"文化大革命"的"左"的影响。针对一些人的不同意见，彭真坚持四项基本原则以在序言中用叙述事实的方式加以阐述较为顺理成章，并亲自起草了宪法的序言。

宪法修改委员会召开了4次全体会议，每次会议都对宪法修改草案逐章逐条讨论，并由全国人大常委会将草案公布，交付全国各族人民讨论了4个月。最后，又经宪法修改委员会逐条讨论修改通过，提请五届全国人大五次会议审议修改通过。

1982年12月4日,第五届全国人民代表大会第五次会议通过的《中华人民共和国宪法》,即我国现行宪法,对于促进我国的政治体制改革和经济体制改革,推动我国社会主义现代化建设和改革开放事业的进行,建立健全社会主义民主法制等都发挥了重要作用。

我国现行的第四部宪法的指导思想是坚持四项基本原则。坚持社会主义道路,坚持党的领导,坚持人民民主专政,坚持马列主义、毛泽东思想,是中国人民在长期革命和建设中取得胜利的经验总结,是团结全国各族人民不断前进的共同政治基础。现行宪法在总结历史经验、分析现实状况的基础上,将四项基本原则作为一个整体写入宪法,成为宪法总的指导思想。

随着改革开放和社会主义现代化建设向纵深发展,现行宪法的指导思想也得到不断丰富和发展。1993年修订现行宪法时,突出强调了建设有中国特色社会主义理论的重要地位,1999年九届全国人大二次会议通过的宪法修正案,进一步明确了邓小平理论是国家的指导思想。因此,如果说1993年以前,现行宪法的指导思想是四项基本原则的话,那么在1993年和1999年以新精神和新思想对现行宪法进行修正以后,则应该认为邓小平理论是现行宪法总的指导思想。

邓小平理论是中共十一届三中全会以来,以邓小平为代表的中国共产党领导全国各族人民,在社会主义建设实践中,坚持把马克思主义的基本原理同中国实际相结合的产物。这一理论科学地把握了社会主义的本质,第一次比较系统地初步回答了在中国这样的经济文化比较落后的国家,如何建设社会主义,如何巩固和发展社会主义的一系列基本问题,用新的思想、观点,继承、丰富和发展了马克思主义,因而是当代中国的马克思主义。将这一理论载入宪法,使其成为贯穿整个宪法的指导思想,是我国社会主义建设实践的客观要求,是我国历史发展作出的必然选择,是全国人民根本意志和利益的集中体现。

随着改革开放的深入发展,政治经济形势的不断发展变化,现行宪法中有些规定已不能适应时代发展的要求。因此,1988年4月12日,七届全国人大一次会议对现行宪法进行了第一次修正,通过的《中华人民共和国宪法修正案》,内容主要有两个方面:一是在第11条增加规定"国家允许私营经济在法律规定的范围内存在和发展。私营经济是社会主义公有制经济的补充。国家保护私营经济的合法权利和利益,对私营经济实行引导、监督和管理"。二是删去第10条第4款中不得出租土地的规定,增加规定"土地的使用权可以依照法律的规定转让"。

　　1993年3月29日,八届全国人大一次会议再次通过《中华人民共和国宪法修正案》,对现行宪法进行了第二次修正,这一修正案以党的十四大精神为指导,突出了建设有中国特色社会主义理论和党的基本路线,根据十多年来我国社会主义现代化建设和改革开放的新经验,着重对经济制度的有关规定作了修改和补充。

　　1999年3月15日,九届全国人大二次会议又一次通过《中华人民共和国宪法修正案》,对现行宪法进行了第三次修正,肯定了改革开放和二十年来的建设成就和经验;高举邓小平理论伟大旗帜,维护政治稳定;贯彻依法治国,推进各项事业的发展;为改革开放提供宪法的全面保障;适应时代要求,强化宪法的权威性和生命力。

　　现行宪法颁布实施以来的三次修正,如实地反映了我国改革开放和现代化建设的现实状况,体现了在新的历史时期我国社会主义建设对宪政制度提出的新要求,总结了有中国特色社会主义建设的新经验,从而不仅巩固了我国改革和发展的成果,而且,从政治、经济、思想等方面为今后的改革和发展提供了宪法依据,因此具有十分重要的意义。

　　2004年3月14日,第十届全国人民代表大会第二次会议投票通过了《中华人民共和国宪法修正案》,这是修正内容最多、范围最广、立法水平最高的一次,此次修改宪法没有改变宪法总的架构和基本内容,而是在保持宪法稳定性的基础下,把中共十六大提出的理论创新、战略性的根本方针政策反映到宪法中来,把近年来国家建设发展取得的历史性进展和宝贵经验,用国家根本大法的形式固定下来,用以指导国家未来的发展,充分体现了与时俱进的时代精神。

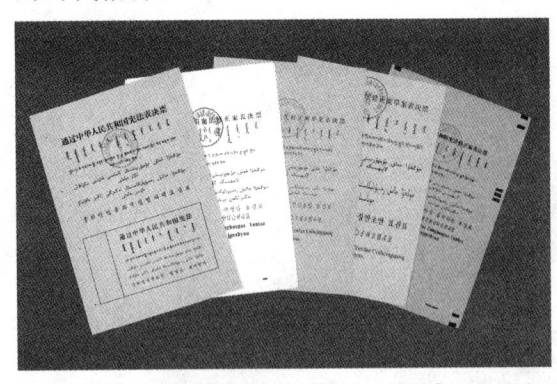

通过我国现行宪法及其后四次宪法修正案的表决票票样

　　我馆收藏的1982年通过现行宪法及1988年、1993年、1999年、2004年四次通过宪法修正案的表决票,是我国宪政建设发展历程的光辉见证。我国的宪法表决票是由全国人民代表大会常务委员会负责管理,民族印刷厂统一印制的。纸质为250g白卡纸,规格为26×18cm,

1954年一届全国人大一次会议通过宪法的表决票和1993年、2004年全国人大通过宪法修正案的表决票。

票面色彩丰富，一般以暖色调为主。每张表决票正面有本届全国人民代表大会会议秘书处公章，并印着八个民族的文字，依次为汉族、蒙古族、藏族、维吾尔族、哈萨克族、朝鲜族、彝族和壮族，体现了我国是一个由各族人民共同缔造的统一、平等、团结的多民族国家。与1954年一届全国人大通过宪法的表决票只有汉、蒙、藏、维四种民族文字相比较，可以看到保护和发展少数民族语言文字的工作又有了新的发展。

近年来，我国重要会议的表决票在技术上有一定的改进，增加了电子计算机读取功能，采用纸质投票与现代技术手段相结合的表决方式，从而使计票工作更为便捷，进一步促进了宪法的民主和公正。细细的读者比较一下1954年全国人大通过宪法的表决票和1993年、2004年全国人大通过宪法修正案的表决票的异同，便可看到表决技术上的进步。

2006年2月，我馆文物征集人员获悉，北京市人大代表、中国政法大学教授焦洪昌曾建议："修宪意义比较大，投完后的票保留起来，进入国家的博物馆，这是一个历史文物。"经查阅档案资料，我馆藏品中反映宪政建设发展进程的实物较少，确认这批表决票有重要的历史见证作用。几番周折后，我们终于与全国人大常委会取得了联系，经过不懈努力，有关领导最终同意，将1982年通过现行宪法以及1988年、1993年、1999年、2004年四次宪法修正的表决票样拨交国家博物馆，并且主动提出再拨交一批见证我国宪政建设发展的实物。此批文物的入藏填补了我馆宪政文物的缺项，在今后的展览和研究中，将发挥其重要作用。

（唐 雪）

一个人的万里长征路

——记四川木里县马班邮路乡邮员王顺友

70多年前改变中国命运的两万五千里长征很多人都不陌生,而当今发生在一个人身上的万里长征路,却很少有人知晓。20年来,他用自己的双脚,在雪域高原跋涉26万多公里,相当于绕地球步行6圈,相当于21次两万五千里长征。因此他被中央电视台评选为《感动中国》2005年年度人物。颁奖词这样写道:"他朴实得像一块石头,一个人,一匹马,一段世界邮政史上的传奇。他过滩涉水,越岭翻山,用一个人的长征传邮万里,用20年的跋涉飞雪传心。路的尽头还有路,山的那边还是山,近邻尚得百里远,世上最亲邮递员。"他就是四川省凉山彝族自治州木里藏族自治县邮政局马班邮路乡邮员王顺友。他身上究竟有着什么样的传奇经历?他对工作又有着什么样的执着呢?

王顺友,苗族,1965年出生,小学文化,共产党员。他父亲曾参加过剿匪,后来当了马班邮路乡邮递员。父亲的言传身教,使他从童年起就对邮递员工作充满好奇和敬重。1985年,他接过了父亲的班。父亲把邮件包交给他时郑重地说:"跑邮路和我当年剿匪一样,是在为党做事。"他下定决心,一定要干好这份工作。他穿上绿色的邮政制服,包裹好邮件包,检查好马匹以及路上用的生活物品,踏上了自己的马班邮路,这一走就是20多年。

木里县地处青藏高原南缘,横断山脉中段。境内地广人稀,山高谷深,河流环绕,气候恶劣。木里县是全国仅有的两个藏族自治县之一,全县有17个民族,112万人,平均每平方公里只有9.5人。全县海拔4000米~5000米的大山有100多座,有着"一山分四季,十里不同天"的立体气候特点。29个乡镇中,除县城外都不通座机电话,多数乡镇间不通公路且路途遥远,信息

王顺友就是这样长年在大山中艰难跋涉

传递与交流全靠总长3500多公里的15条崎岖小道，"马班邮路"就是木里县的"信息生命线"。

王顺友负责投递的邮路从木里县城出发，经白碉乡、三桷桠乡，最终到达倮波乡，往返360公里，一个投递期需要14天，每个月有24～28天要独自在邮路上度过，每个月要走烂一双鞋。走马班邮路，要忍受常人难以忍受的寂寞与艰险。他走的这条路线山高路远，气候非常恶劣。在穿越海拔4800米的察尔瓦梁子山时，气温零下20多度，而下山到了雅砻江河谷时又高达30多度，酷热难耐。行走在路上的他一会儿凝汗成冰，一会儿又挥汗如雨。特别是下雨时，天气说变就变，常常让他准备不及。每当这时，他总是先把本已包好的邮包再用塑料布裹好，然后自己才穿上雨衣。雨后道路湿滑泥泞，他只能手脚并用；到了晚上，就裹着雨衣躺在泥水中睡觉。在邮路上，他渴了喝山泉、啃雪团，饿了吃口糌粑面，冷了就喝口酒驱驱寒。途中还得防范狼、熊等野兽的威胁以及蚂蚁、蚂蟥的困扰。

路上的苦和累王顺友都能克服，但是最难忍受的是孤独、寂寞。由于送邮件是固定班期，不能和马帮搭伙走，只能自己走。白天，路上除了他自己吆喝马的声音，就是叮叮当当的马铃声，周围没有一个人。夜晚，深山里寂静无声，偶尔会传来几声野兽的嗥叫，除此之外，四周死一般的寂静。为了排解孤独，他学会了用山歌和酒来陪伴自己。白天走在山路上，他大声吼着自编的山歌，歌中唱到"翻一坡来又一坡，眼泪汪汪肚里流。不是人民需要我，哪个喜欢天天走……"夜晚，他就喝点酒，一来给自己壮胆，二来排解寂寞，使自己能尽快入睡。

除了恶劣的天气与难耐的寂寞，

由于路途遥远，王顺友只能在深山密林中风餐露宿
（本页图片由四川省邮政公司李崇宪提供）

王顺友还数次经历了生命危险。1988年的一个夏天,他途经雅砻江,那时江上还没有吊桥,人过江要把自己挂在溜索上溜过去,当他马上就要到达对岸时,挂在溜索上的钢绳突然断了,他被重重地摔在沙石滩上,裹着塑料布的邮件落到江中。他顾不上浑身的疼痛,跳到湍急的江水中,终于把邮包捞了上来。邮包里的信件竟然完好无损。还有一次他遇上两个劫匪,他没有胆怯,高声说:我是乡邮员,是给大家送报纸信件的,要钱没有,要命有一条。趁劫匪愣神时,他上马冲了过去。

1995年冬的一天,王顺友像往常一样送邮件到倮波乡,驮邮件的骡子走在前面。在通过九十九道拐这个险峻的地方时,路边树林里突然飞出一只山鸡,骡子受了惊乱踢乱跳。路旁就是悬崖峭壁,为避免邮件和骡子摔下去,他赶紧上前去拉缰绳,谁知受惊的骡子突然一下踢到他的肚子上,疼得他蹲在地上,半天喘不过气来。当时他并不知道自己的肠子被踢断了,为了按时把邮件送到倮波乡,他找了根木棍支撑,强忍疼痛,艰难跋涉了4个多小时,坚持送完这班邮件。因为乡里医疗条件太差,他又强忍疼痛返回木里县城。他躺在手术台上时已经是受伤后的第九天了,医生打开他的腹腔,里面全是脓血。如果再不动手术他就没命了。在医院躺了43天,这是他干马班邮路后唯一的一次长假。命保住了,肠子却从此短了一截,直到现在还经常肚子痛。可病好后,他又重新投入到他丢不下的投递工作中。

就这样,20多年来,王顺友每年有330天以上独自行走在高山峡谷中,承受着长途跋涉的孤独寂寞,每天都要挑战自己的意志、体力和精神,留下了浑身伤痛。他自编的山歌《为人民服务不算苦,再苦再累也幸福》,让我们感受到一个质朴、纯真的共产党员形象。他每年和妻子相聚的时间只有30多天,背负了太多对家人的歉疚。他说:"邮包在我心中是无价之宝,跟我生命一样贵重。"他每年投递报纸8400多份、杂志330多份、函件840多份、包裹600多件,从没延误过一个班期,从没丢失过一份邮件,投递准确率达到百分之百。在他身上,体现了一名共产党员在马班邮路上牢记使命、尽职尽责的忠诚敬业精神。

有人问王顺友:"你这样做值吗?你不后悔吗?"是呀,这么苦的工作,谁没有后悔的时候呢。在王顺友的心里,不止一次产生过不想干的念头。但是父亲的鼓励,各乡各村群众的挂念,使他放弃了这种想法,再苦再累他也觉得值。"当我把信、包裹送到老百姓手里,把文件、报纸送到乡政府时,看到他们高兴的笑容,我就觉得自己很值得。"

大山无语，人民有情。在邮路沿线各族群众的眼里，是王顺友把党的声音传到一个个偏僻的山村，把远方亲人的问候送到大山的千家万户。王顺友就是联系山内与山外的纽带。他在平凡的岗位上创造了不平凡的业绩，赢得了当地各族群众的一致赞誉。有的群众如果10来天看不见他，就会担心，就会到处打听他的消息。他两次在路上病了，都是乡亲们把他送回县上。

2001年，王顺友被评为四川省邮政劳动模范，获得了"全国五一劳动奖章"；2005年，被评为四川省优秀共产党员、全国邮政系统劳动模范、全国劳动模范。2005年10月19日，他作为一名普通的中国乡邮员，被邀请参加瑞士伯尔尼万国邮政联盟大会，在会上他代表中国邮政作了18分钟的演讲发言，亲身经历和质朴精神感动了每一个人，各大报纸和网站等新闻媒体对他的先进事迹都进行了报道，他成了世界邮政明星。

王顺友是时代的楷模、"马班邮路"精神的优秀代表，他的奉献精神是时代的宝贵财富。中国国家博物馆以展示中华民族悠久历史与灿烂文化为己任，一向致力于收藏社会各行各业先进人物代表的实物，经过我们的努力，在中宣部新闻局、国家及四川省邮政局的大力支持与协调下，2006年4月，王顺友将他用过的马鞍、邮政投递包、水壶等捐赠给我馆。

王顺友用过的马鞍，长、宽约29厘米，高22厘米，磨损十分严重。在他的邮路生涯中，马是他最忠实的伙伴，20多年来共更换了30多匹，驮邮包的马鞍随着岁月流逝已经残破变形。他随身携带的旧军用水壶，是他每次征途中的必备之物，但那里面装的不是水而是白酒，他说："路上太孤独了，没有酒走不下来。"用来装邮件的邮包经日晒雨淋早已褪色泛白，但上面"中国人民邮政"六个大字却清晰可见，昭示着它崇高的使命，成为中国邮政忠实履行邮政普遍义务的最好见证。

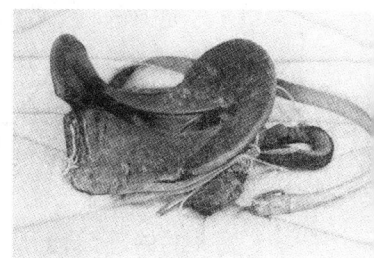

王顺友用过的马鞍

透过这些普通得不能再普通的物品，我们仿佛看到了王顺友拉着马匹驮着大包邮件，在崎岖不平的小路上艰难前行的身影，看到了一个平凡而又伟大的中国基层邮递员的形象。当我们期盼最后的马班邮路能够消失时，我们更期盼马班邮路精神能够长存。

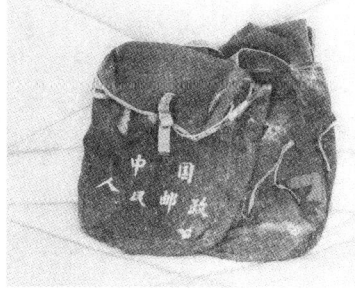

王顺友用过的邮政包

（陈红燕）

远渡重洋播友谊

——记胡锦涛主席访问美国耶鲁大学

2006年10月，一只大木箱被运送到中国国家博物馆。木箱里装有一把印有耶鲁大学校名和校徽的木制椅子，它是从美国耶鲁大学漂洋过海运送过来的。这把椅子有什么重要意义，值得美国耶鲁大学专程运送到国家博物馆呢？事情的缘由要从胡锦涛主席访美谈起。

2006年4月18日至21日，应美国总统布什的邀请，中国国家主席胡锦涛对美国进行了为期四天的国事访问。在美期间，胡锦涛参观访问了波音、微软等大公司以及美国首都华盛顿，还有坐落在纽黑文的耶鲁大学等。

这次访问是在中国和平发展备受世界关注、中美关系发展面临新的机遇的背景下进行的，是一次具有里程碑意义的访问，取得了许多重要成果。有关人士评论此次访问时说："1979年邓小平对美国的历史性访问开启了两国关系的崭新阶段；江泽民主席在21世纪前夕对白宫的重要造访对冷战后中美关系的再定位起了关键作用；此番胡锦涛主席对美国进行的第一次国事访问，为中美关系发展增加更多稳定因素。"

4月21日，胡锦涛主席前往纽黑文，专程访问美国耶鲁大学，这座具有300多年历史的著名学府第一次迎来了中国国家元首。近10年来，中美两国领导人在互访时，到各自国家的著名大学发表演讲已成为惯例。1997年11月，时任中共中央总书记、国家主席的江泽民同志访问美国时，去了美国著名大学哈佛大学发表演讲，这是中国最高领导人在美国高校的首次演讲。1998年6月，美国总统克林顿访问中国时，在北京大学作了演讲。2002年2月，美国总统布什在清华大学发表演讲，这是美国总统首次来清华大学演讲，胡锦涛副主席当时以"清华大学校友"的身份欢迎布什总统。胡锦涛主席这次去耶鲁大学并做演讲，就是对美国总统在中国高校演讲的回应。

胡锦涛不去排名世界第一的哈佛大学，不去普林斯顿大学，偏偏选择耶鲁大学，是有其特殊原因的。1701年成立的耶鲁大学，是与哈佛大学和普林斯顿大学齐名的著名大学，在300多年的时间里，以"光明与真知"为校训的耶鲁大学，培养出大批影响了美国乃至世界的风云人物，其中包括20位诺贝尔奖获得者和5位美国总统（塔夫脱、福特、老布什、克林顿及小布什），耶鲁大学因而也被称为"总统的摇篮"。鉴于耶鲁大学在美国政治、经济、法律和文化等方面的影响力，胡锦涛主席的到访和演讲，无疑会加深美国人民乃至美国政界对中国的了解和认识，促进两国人民的友好往来。

除了耶鲁大学对美国乃至对世界的影响，它与中国的学术文化交流的历史也十分悠久。1854年，容闳作为第一个毕业于美国著名大学的中国人，在耶鲁大学取得了学位。这是耶鲁大学培养出来的第一个中国留学生。此后，中国"铁路之父"詹天佑、人口经济学家马寅初、教育家晏阳初等优秀人才也陆续从耶鲁大学获得学位并毕业，为近代中国社会的发展和建设做出了积极的贡献。而且，中国和耶鲁大学之间的学术和文化交流持续不断，随着中美邦交的改善，改革开放后，到耶鲁大学求学的学生继续增加，现在大约有600多名中国学生和学者在耶鲁进行学习和研究，这些留学生和学者学成归国后，会对中国的现代化建设起到重要作用。

耶鲁大学不但培养了一批中国留学生，双方还在其他领域也有着广泛的合作。耶鲁大学校长理查德·雷文（Richard Levin）先生在欢迎胡锦涛主席的致词中说："耶鲁引以为荣的是我们同中国有着广泛的联系，文理学院学者以及几乎各个专业的教员都在与中方对口合作，从事80多个研究和教学项目。除了大学领导高级研讨班以外，我们还为贵国的环境官员、市长、国营企业的高级主管和政府部门的高级别领导提供培训项目，我们还与复旦大学和北京大学合作进行大型的科研项目，并与您的母校清华大学就文化和环境项目开展合作。我们的中国法律中心与贵国的法学院、行政机构和全国人民代表大会保持紧密接触，协助推进中国的法制改革进程。"

可以说，从容闳在耶鲁大学取得学位到现在大批中国留学生在耶鲁大学留学的这一百多年时间里，中国和耶鲁大学在持久的交流中已经建立了比较深厚的友谊。但是，中美两国之间毕竟存在着巨大的历史和文化差异，让美国政界和普通民众了解中国的基本国情，了解中国在解决国际事务时所奉行的方针政策，了解中国社会和平发展的道路等等问题，对中美关系的健康发展是有益的。胡锦涛主席在耶鲁大学的演讲中指出:"中美因不同的历史背景和现实国情而存在着差异,这有利于我们相互借鉴,取长补短。中美加强合作,符合两国和两国人民的根本利益,对世界的和平与发展也具有重大影响。"胡锦涛主席选择曾经产生过五位总统,在美国政治、经济、文化等方面有着深刻影响的耶鲁大学,有着深刻的含义。此举就是要在这样影响力广泛的地方,让更多的美国人了解中国,从而推动中美两国关系的进一步发展,加强双方在各个方面的交流和合作。

其实,早在2005年9月8日,胡锦涛主席就曾计划访问耶鲁大学。耶鲁大学为了确保胡主席的访问万无一失,校长理查德·雷文先生宣布9月8日胡主席到访当天全校破例放假。但不巧的是,由于受2005年8月末卡特里娜飓风的影响,胡锦涛访问耶鲁大学的计划不得不被推迟。理查德·雷文先生为此倍感遗憾。2006年4月11日,当外交部发言人刘建超宣布胡锦涛主席应美国总统布什邀请访美并前往耶鲁大学演讲时,雷文校长十分激动。他在胡锦涛来访前夕表示:中国国家元首在美国短短几天的访问中,专门抽出一天时间来耶鲁,是非常罕见的,是耶鲁的荣耀。

2006年4月21日,胡锦涛主席如期前往耶鲁大学。胡主席此次访问有两项重要的活动:赠书和发表演讲。在演讲开始前,胡锦涛会见了雷文校长并向耶鲁大学赠送了567种总计1346册的中国图书,内容涉及政治、经济、历史、文化等各个领域。胡锦涛表示,希望这些图书有助于耶鲁大学师生了解中国和中华文明。早在1878年,容闳曾把自己珍藏的1000多本中国古典文化著作捐赠给了耶鲁大学,这批书籍构成了耶鲁大学东亚研究院最初的一批藏品。胡锦涛这次赠书,将是推进耶鲁大学与中国文化交流的一个新的催化剂。

赠书仪式结束后,在2006年4月21日当地时间10时许,胡锦涛主席登上耶鲁大学斯普拉格礼堂的讲坛,发表了重要演讲。胡锦涛向耶鲁大学师生阐述了中国社会的发展历程和近年来所取得的成就,说明中美两国关系的加深对两国以及世界和平和发展的影响,希望两国加强友好往来和交流,共同为世界的和平和发展做出贡献。他同时强调,文明多样性是人类社会的客观现实,是当今世界的基本特征,也是人类进步的重要动力。我们应该积极维护世界多样性,推动不同文明的对话和交融,相互借鉴而不是相互排斥,使人类更加和睦幸福,让世界更加丰富多彩。他认为文化、教育和青年交流是中美两国人民增进相互了解和友谊的重要桥梁,也是推动中美关系健康稳定发展的重要力量。耶鲁大学是中美教育合作的先行者和文化交流的重要平台。

演讲结束后，胡锦涛还回答了耶鲁大学师生的提问。

胡锦涛的演讲受到该校师生的高度好评，他们认为，这是文化交流、增进互信的成功范例。他们表示，胡锦涛高屋建瓴地介绍了中华文明的历史，使他们对中国有了更多的了解。他们对胡锦涛在演讲中对文化交流的定位印象深刻。他们欢迎胡锦涛宣布中国政府将邀请100名耶鲁师生访华。

鉴于胡锦涛主席此次访问耶鲁大学的重要意义，搜集与此次访问相关的实物资料，成了博物馆工作人员关注的焦点。一次偶然的机会，我们在报上看到关于胡锦涛访问美国的专题报道，知道耶鲁大学中国校友会校友高志凯先生参加了此次访问，便设法与他取得了联系。通过高先生牵线搭桥，我们很快与耶鲁大学助理校务卿王芳女士取得了联系。通过多次沟通和磋商，双方议定了耶鲁大学向中国国家博物馆捐赠的相关实物。

2006年11月15日上午，耶鲁大学校长理查德·雷文先生代表耶鲁大学郑重地将一批胡锦涛主席访问耶鲁大学相关实物资料捐赠我馆收藏，其中一件重要实物就是胡锦涛在耶鲁大学发表演讲前在主席台上所坐的椅子。

耶鲁大学向我馆捐赠的这把椅子，高90厘米，宽56厘米，材质为木质，主色调为黄色和黑色。椅子靠背上的中上部分，是耶鲁大学的校徽，校徽的主色调是耶鲁大学的颜色——蓝色，周围围绕着一圈常春藤，表明它是常春藤大学联盟之一；校徽主图案由盾牌、书本绶带组成，盾牌是骑士重要的护卫工具，是西方贵族的家徽，象征着庄重、荣耀、高贵与典雅等多重喻义，盾牌中间是一本打开的书，象征着知识，书上用希伯来文写着耶鲁大学的校训，盾牌下方的绶带上则用拉丁文写着耶鲁大学的校训"lux et veritas"，意思是"光明与真知"。

胡锦涛在耶鲁大学发表演讲前坐的椅子

可以说，胡锦涛主席在耶鲁大学斯普拉格礼堂发表演讲前所坐的这把具有耶鲁大学校名和校徽的椅子和其他实物，正是具有重要历史意义的事件的见证者。这些看似普通的物品，成为博物馆的藏品后，通过博物馆工作人员重新为其定位，深入揭示并展示它的价值，让人们去认识它，感受它，从而使它们肩负了新的使命，成为历史事件的代言者。

（何志文）

共和国的记忆：文物见证历史
The Stories of People's Republic of China

天 路 连 雪 域

——青藏铁路建设的历史见证

美国现代火车旅行家保罗·泰鲁（Paul Theroux）在《游历中国》一书中写道："有昆仑山脉在，铁路就永远到不了拉萨。"经过多年的艰苦奋战，在攻克了许多世界罕见的科技难题之后，青藏铁路于2006年7月1日全线通车。美国旅行家的"咒语"在千百万青藏铁路建设者们的手中被解除。从此，在"除了月亮之外最神秘的地方"——青藏高原上，一条举世瞩目的钢铁巨龙正蜿蜒前行，它突破生命禁区，穿越戈壁昆仑，飞架裂谷天堑……以无可争议的事实告诉世人：它是目前世界上海拔最高、线路最长的高原铁路！

西藏自治区地处祖国西南边陲的青藏高原，面积122万平方公里，平均海拔4000米以上，有"世界屋脊"、"地球第三极"之称。这里虽然地大物博，有着丰富的自然资源和旅游资源，但过去由于受严酷的自然条件限制，交通闭塞，物流不畅，高原人只能长期固守自给自足的农牧业经济。1950年，人民解放军遵照毛主席"一面进军，一面修路"的指示，和汉藏人民一起艰苦奋斗，在高原上修筑了4360公里的川藏和青藏公路。在此之前，整个西藏仅有1公里多便道可以行驶汽车，水上交通工具只是溜索桥、牛皮船和独木舟。在青藏铁路通车前，西藏自治区是我国唯一不通铁路的省级行政区。多年来，在中央财政的大力支持和全国各族人民的支援下，西藏自治区的经济发展速度大大快于全国其他省区。然而由于交通运输的落后，严重制约了这一地区经济、社会的发展，使之长期被列为我国贫困地区。

随着改革开放和西部大开发战略的实施，运往西藏的物资大幅度增加，原有的以公路为主体的运输通道无论从运能、运量上，还是从运输的快捷、方便上，都远远不能满足经济发展的迫切要求。修建青藏铁路已是势在必行。在新世纪初,党中央、国务院做出了建设青藏铁路的战略决策,它是西部大开发的标志性工程,对克服交通"瓶颈",加快青海、西藏两省区经济、社会发展,增进民族团结,造福各族人民,具有重要的现实意义和深远的历史意义。

由于跨越了世界上最高的高原,青藏铁路被人们赞叹为"天路"。这条"天路"的起点在青海省西宁市,终点是西藏自治区拉萨市,全长1956公里。早在20世纪50年代,党和国家就着力研究解决进藏铁路建设问题。在经过1958年动工修建、1960年停工缓建、1974年挥师复建之后,1979年,青藏铁路一期青海省西宁至格尔木段814公里建成,1984年通车运营。青藏铁路二期格

在青藏铁路西宁至格尔木段的扩建改造工程中,工人用专用机械整理路基。

尔木至拉萨段自格尔木市沿青藏公路南行,途经纳赤台、五道梁、沱沱河、雁石坪,翻越唐古拉山,再经西藏自治区安多、那曲、当雄、羊八井,进入拉萨市。全长1142公里(含格尔木至南山口既有线改造32公里)。新线于2001年6月29日开工,2005年铺轨通过唐古拉山,并提前实现全线铺通。

被誉为"地球第三极"的青藏高原,以海拔高、空气稀薄、含氧量少、紫外线强烈、常年积雪、气候复杂而著称于世。青藏铁路是目前世界上海拔最高、穿越永久性冻土地带最长的高原铁路,沿线常年平均气温在零摄氏度以下,空气中的含氧量仅为平原地区的一半。其中海拔4000米以上的路段960

公里，多年冻土地段550公里，翻越唐古拉山的铁路最高点海拔达5072米。青藏铁路建设面临着多年冻土、高寒缺氧、生态脆弱等三大世界铁路建设难题的严峻挑战。当年铁道兵第十师（中铁二十局的前身）在修建青藏铁路一期工程时，曾先后有201名战士长眠雪域。

上述三大难题中，关键是冻土。由于青藏高原特殊的地理环境和地质构造，其多年冻土的复杂性和独特性举世无双。铁道部高度重视青藏铁路冻土攻关难题，从1998年起就开始青藏铁路超前期预研工作，先后安排了上亿元科研经费用于冻土研究，并组织多家科研院所的专家，对青藏铁路五大冻土工程实验段展开科研攻关，获得了大量科研数据和科研成果。他们借鉴了青藏公路、青藏输油管道、兰西拉光缆等大型工程的冻土施工经验，并探讨和借鉴了俄罗斯、加拿大和北欧等国的冻土研究成果。目前，我国科学家采取了以桥代路、片石通风路基、通风管路基、碎石和片石护坡、热棒、保温板、综合防排水体系等措施，冻土攻关取得重大进展。青藏铁路的冻土研究基地已成为中国乃至世界上最大的冻土研究基地，我国的冻土学研究已走在世界前列。

昆仑山隧道是世界上最长的高原冻土隧道。隧道洞口海拔4648米，6月飞雪，一天四季，高寒缺氧，氧气储量只有内地平原地区的一半，最低气温达到零下30多摄氏度。为了在如此恶劣的环境中保障施工人员的身心健康，参与施工的中铁五局四公司规定4小时轮班作业制度，通风管道横贯隧道，将外面的新鲜空气源源不断地输入隧道，每天向隧道内的工人提供足量氧气，并定期检查隧道内的空气质量，确保了隧道施工的氧气含量。他们还在工地建立了一座高压氧舱，为员工宿舍配备氧气瓶，确保昆仑山隧道于2002年9月25日顺利贯通。

青藏高原是众多巨川大河的发源地，也是世界山地生物物种的重要起源中心，生态环境原始、独特而脆弱。为了保护高原湛蓝的天空、清澈的湖水、珍稀的野生动植物，国家环保总局、国土资源部、铁道部在铁路开工前，组成联合专家组对沿线生态环保工作深入调研，制定了具体的环保措施，并专项预算10多亿元用于生态环保工程。为解决"生态脆弱"这一难题，在设计时就注意尽量减少对生态的影响。在自然保护区内，铁路线路遵循"能绕避就绕避"的原则进行规划。施工场地、便道、沙石料场都经过反复踏勘，尽量避免破坏植被。对植被难以生长的地段，施工时采用逐段移植；对自然条件稍好的地段，则进行人工培植草皮。参建单位与青藏两省区环保部门签订环保责任书，主动接受监督检查，在全线实行环保监理制度。为保护野生动物，在经过可可西里和羌塘两个国家级自然保护区的铁路沿线，修建了25处野生动物迁徙通道。位于可可西里保护区的清水河特大桥，是专门为藏羚羊等野生动物迁徙而建设的。国家环保总局等部门的调查表明，青藏铁路开工建设以来，沿线冻土、植被、湿地环境、自然景观、江河水质等得到了有效保护，青藏高原生态环境未受明显影响。

来自陕西西安的中铁二十局集团的300多名建设者担负施工任务的青藏铁路第七标段，因有世界最高隧道风火山隧道而备受关注。隧道位于海拔5010米的风火山上，轨面海拔标高4905米，全长1338米，全部位于永久性高原冻土层内，多年冻土层地质含冰量10%～50%，是目前世界上海拔最高、横跨冻土区最长的高原永久冻土隧道。该隧道位于被称为"生命禁区"的青藏高原腹地可可西里无人区，自然地理、气候条件之恶劣为全线之最，是青藏铁路建设三大难题的典型代表工程。风火山奇特的多年冻土地质结构使其具有其他工程项目所无法比拟的科技含金量。全线五大试验段，这里就分布有风火山隧道试验段和北麓河高寒厚层地下冰路基试验段两个，支撑全线施工的科研项目近40个。

中铁二十局施工人员在风火山隧道采集的岩石

2001年10月18日，风火山隧道打响第一炮，经过建设者们整整一年的艰苦奋战，2002年10月19日，这条世界上最高的高原冻土隧道仅用一年半就顺利贯通。2003年7月中铁二十局青藏线施工人员驱车徒步探寻时，在青海省昆仑山玉珠峰脚下捡到了一块亿万年形成的原始冰川冰层中掉落的岩石。2006年5月，曾参与科研攻关、将大型医用制氧站搬上山、创造了高原病零死亡纪录的青藏铁

中铁十九局工人在安多火车站建设工地上使用的高压锅

共和国的记忆：文物见证历史
The Stories of People's Republic of China

中铁十六局集团公司青藏铁路指挥部施工技术处处长、团工委书记朱卫东参加施工时戴的安全帽。

路高原病专家、中铁二十局集团青藏铁路指挥部副书记丁守全，托《北京青年报》记者将它转赠中国国家博物馆。

安多火车站是青藏铁路进入西藏的第一大客货两用车站，位于海拔4700米的西藏那曲地区安多县城南站，长1601米，占地面积14万平方米。由于海拔高，普通的锅烧水，根本不开。为了解决职工的生活难题，他们采购了一口重达20多公斤的特制高压锅，用于烧水、做饭。由于长时间使用，这口巨大而沉重的高压锅底部被烧漏，已经光荣退役。2006年5月，前去青藏铁路工地采访的《北京青年报》记者特意征集了这件青藏铁路建设的历史见证物，带回北京，转赠我馆永久收藏。

在青藏铁路二期工程中，来自北京的中铁十六局集团负责施工的第十六标段，是海拔最高、距离格尔木基地最远的一个标段，距青藏铁路越岭地段唐古拉山口仅70公里左右，海拔高度4712米～4850米。这里属高原、高寒、低氧的广漠地区和青藏高原冰雪型气候区，自然环境异常恶劣。许多人的身体出现异常反应，体质下降，但这支被誉为"来自北京的建设者"的队伍，发扬"吃苦在高原、奉献在高原、建功立业在高原"的精神，圆满完成了任务。他们说："我们要把青藏高原当做自己的第二故乡，不能给北京丢脸。"这顶印有"中铁十六局"字样的安全帽，曾陪伴中铁十六局集团公司青藏铁路指挥部施工技术处处长、团工委书记朱卫东整整5年奋战在高原，作为家中的独子，直到36岁也未能要孩子。2006年5月，朱卫东通过前去采访的《北京青年报》记者将这顶安全帽转赠我馆。

（安莉）

共和国不会忘记

——四川抗震救灾斗争实物选介

2008年是共和国历史上极不平凡的一年,就在这一年5月12日14时28分,我国发生了震惊世界的四川汶川8.0级特大地震,这是新中国成立以来发生的破坏性最强、波及范围最广、救灾难度最大的一次地震,造成重大人员伤亡和财产损失。面对突如其来的特大地震灾害,全党全军全国各族人民在党中央、国务院和中央军委的坚强领导下,迎难而上,团结一致,迅速展开了一场可歌可泣、气壮山河的抗震救灾斗争,取得了这场斗争的伟大胜利。

"今天的新闻就是明天的历史",作为与社会发展同步的中国国家博物馆近现代文物征集工作者,及时收集与重大历史事件相关的代表性文物是我们义不容辞的使命。我们的心情与全国人民一样,随着央视新闻的滚动播出,我们的心时时刻刻牵挂着灾区的父老乡亲们,同时立即着手搜集文物线索,确定征集方向,先后5次赴灾区展开征集工作。经过两个多月的不懈努力,征集了一批抗震救灾重要实物和新闻图片。

本文仅撷取其中数件典型实物和图片,讲述在这场抗震救灾斗争中那一个个永志难忘的动人故事。

一、温总理在抗震救灾第一线

"5·12"四川汶川地震发生后,以胡锦涛为总书记的党中央立即召开紧急会议,总揽全局,审时度势,在第一时间确定了抗震救灾是全国最重要、最紧迫的任务。仅两个小时后,担任国务院抗震救灾总指挥部总指挥的温家宝总理,就乘专机赶赴抗震救灾第一线,进行现场指挥。

在救灾前线,温总理毫不含糊地发出指示,把抢救人的生命摆在第一位,千方百计抢救被困人员,为百分之一的希望开展百分之百的救援。他多次对救援人员说:"早到一秒钟,就可能多拯救一名群众的生命。"当桥梁倒塌,彭州10万群众被堵山中时,总理在电话中指示救灾人员:"我只要这10万群众脱险,这是命令。"在都江堰,看见救援人员在废墟里抢救一名被困小学生,总理蹲坐在废墟上,对着孩子说:"我是温家宝爷爷,孩子们一定要挺住,一定会得救。"温家宝总理多次来到受灾最严重的北川羌族自治县县城,强调党和政府会尽最大努力,把被困的群众救出来。

据统计,在总理的亲自部署下,共从废墟中救出8.4万人。此外,妥善转移安置群众1500万人,救助1000万人;恢复基础设施,通讯基本畅通;派出大批医疗队,进行卫生防疫工作和伤员救治工作,确保了大灾之后无大疫;应急处置次生灾害,成功地处理了大批的堰塞湖尤其是唐家山堰塞湖。

面对特大灾害,正是党和政府的坚强领导和表率行动,把中华民族凝聚了起来,全党全军全国各族人民齐心协力支援灾区,一方有难,八方支援,给在震灾中受难的人们提供了强有力的坚实后盾,谱写了中华民族历史,不仅感动了国内千千万万民众,甚至一些对中国百般挑剔的西方媒体也被中国所打动。

一个偶然的机会,我们在征集参加抗震救灾志愿团体和志愿者实物时,

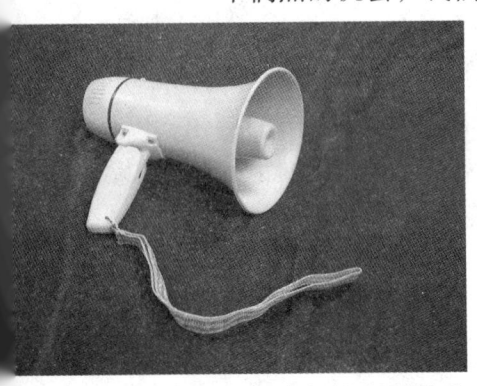

温家宝总理在北川救灾现场使用过的喊话器

结识了上海船厂职工徐文庆先生。了解到他在地震发生的当天晚上就乘火车赶赴四川,先后在北川、汶川、都江堰、绵阳、安县、青川、彭州、绵竹、什邡等地参加救灾工作。5月24日他在北川救灾时,北川前线指挥部的一位领导听到他嗓子已经嘶哑,就递给他一个折叠式音乐喊话器(俗称电喇叭),并告知:"这是温总理用过的,您用吧!老同志,您不容易!我们四川人民感谢您!"徐文庆一直用着这个喊话器,6月4日返回上海前,又把它交给老兵志愿队中队长李天红,继续用于救灾工作。

我们立即意识到机会难得,于是真诚地向徐文庆先生表明国家博物馆收藏这个喊话器的愿望,请求他帮助。徐先生马上与李天红联系,并不辞辛苦地陪同我们到成都取回这个喊话器,捐赠我馆收藏。

我馆还收藏了温总理给北川曲山小学六年级学生刘小桦的亲笔回信。5

共和国不会忘记

月13日，温总理来到绵阳九州体育馆看望临时安置的受灾群众。当听到北川学生刘小桦的哭声时，总理的心被深深触痛了，他拉着小桦的手久久不放说："这是一场灾难，你们幸存下来了，就要好好活下去，好吗？""有什么困难，将来政府都要管。"那一幕感动了全国人民，也让刘小桦成了人们关注的孩子之一。

后来，小桦为了表达自己的感激之情和重建家园的信心，提笔给心中无比敬重的温总理写信。温总理收到信后，立即给小桦亲笔回信写道："经过这场大的灾难，你不再是一个爱哭的小女孩了，好像一下子长大了、坚强

温家宝总理给小学生刘小桦的回信

了、懂事了。我惦念你，惦念灾区所有的孩子们。我希望你们在灾难中懂得人生的艰难，也看到未来的光明，从而更加努力学习，艰苦奋斗，长大和灾区人民一道把家乡建设得更加美好，向你的同学们问好，向你的家人问好，向乡亲们问好！"

温总理对小桦和灾区所有孩子的惦念和殷殷期望，感动着小桦和孩子们，鼓舞着灾区人民。经过多方努力，我们找到小桦并表明收藏意愿。为了让更多的人能够分享总理对灾区孩子和人民的深切关怀，小桦在征得家人的同意后，把这封珍贵的信函捐赠我馆。

二、战鹰把不朽的名字写在蓝天

在灾难面前，人民解放军总是奋不顾身地冲在最前线，保护人民的生命财产安全。成都军区某陆航团是一支空中劲旅，常年在青藏高原、云贵高原的复杂气候和地形条件下执行各种急难险重任务，建团21年来填补了15项世界航空史空白，是"甲类战斗团"。在这次地震中，该团承担了最艰巨、最紧迫、最重要的抢运伤员、输送物资、投送兵力等任务，创造了抗震救灾中的多个第一：第一个出动直升机勘察灾情，第一个从空中抵达汶川、茂县、映秀、北川等重灾区，第一个将食品、药品送到群众手中，第一个从灾区运回

伤员，第一个搭载通信小分队飞抵汶川，第一个将通信设备运抵灾区……

5月31日13时，该团51岁的特级飞行员、机长邱光华和他的734机组——27岁的副驾驶李月，47岁的空勤机械师王怀远，28岁的空勤机械师陈林，23岁的物资装卸和地面警戒员张鹏，前往理县执行救灾任务。从成都到理县的空中航线，被飞行员们称为"死亡航线"。但为了灾区人民的安全，他们克服重重险阻，一次次化险为夷，把"死亡航线"变成了"生命通道"。在这次震惊世界、牵动全国人民心弦的四川特大地震中，人们的目光也长久地凝注在人民解放军的空中之鹰身上，是他们给无数重灾区送去了生的希望。

但不幸发生了。当日下午，直升机在返航途中，遭遇天气突变，不幸失事。6月10日10时55分，直升机残骸在深山峡谷中找到，机上人员全部遇难。这架自5月12日以来早已为灾区天空和全国电视观众所熟悉的直升机，永远地陨落了。雄鹰一样的5位勇士，把忠诚写在了蓝天，把热血洒向川西，为了这片挚爱的土地献出了一切。

邱光华，羌族，副师职特级飞行员，人称"羌族之鹰"。他原本不在救灾人员名单上，按照飞行员管理的有关规定，他还有11个月就将到龄停飞。然而他说，这一带地形复杂，我经验比较丰富，应该到最前线去，而且我还能多带带年轻同志，让他们尽快成长起来。已飞行33年的他主动承担起急难险重的飞行任务，5天后，他才得知，自己家中房屋被毁，年近80岁的父母住进了窝棚。他6次飞赴茂县执行任务，有一次抢运伤员时，机降点距家不足800米，在等待升空时，他仍然没有离机回家。

邱光华的特级飞行胸章

在气候复杂多变、通信联络不畅的情况下，他冒着生命危险，频繁执行汶川、北川、茂县等重灾区的飞行任务，先后飞行63架次，和机组人员一起先后向汶川、茂县、理县、卧龙、映秀、耿达、青川、北川、平武、安县运送救灾物资25.8吨，输送救灾人员87人，转移受灾群众234人，为抗震救灾作出了突出贡献。遇难后，搜救人员在飞机失事地点发现了他的特级飞行胸章。2008年7月，经过军区领导的批准以及烈士家属的同意，成都军区某陆航团将这枚不同寻常的特级飞行胸章捐赠我馆。

三、留下"生命的敬礼"

"北川太危险了,别去了!"
"再危险,我也要去。"
"等你。"
——这是《绵阳晚报》记者杨卫华在进入北川前与妻子的简短通话。

杨卫华是第一时间进入重灾区北川的摄影记者,地震后报社指派的第一批采访组里并没有他的名字,不光是因为他的资格老,还因为他的孩子正生病住院。但这个在部队大院里长大的汉子绝不愿意接受这种照顾。他告诉妻子"再危险,我也要去",义无反顾地奔向被称为"死城"的北川。妻子的短信"等你",简短的两个字,情深义重。

地处两山夹持中的北川县城,绝对是此次地震中的重灾区。大面积的山体滑坡和塌方,无情地毁灭了整个县城,上万人几乎在瞬间就被埋在废墟中。最初的6天里,杨卫华五进北川县城,一边拍摄,一边救援。

5月13日上午7时,他在县城幼儿园附近发现一个小男孩被压在废墟下,赶快招呼不远处的解放军战士过来。一个多小时后,孩子终于得救了。卫生员为孩子骨折的左手小臂做了简单包扎,当解放军战士用一副简易担架抬出孩子的一瞬间,杨卫华的心猛地一颤,他看见:刚从废墟中重生的小男孩,忍着疼痛举起右手,给解放军叔叔们一个标准的敬礼。杨卫华当即拍下了敬礼那个瞬间。后来得知,这个可爱的男孩叫郎铮,年仅3岁。

杨卫华摄《生命的敬礼》

这幅在抗震救灾战斗中,感动了无数人、让无数人热泪流淌、让无数人希望沸腾的照片,被命名为《生命的敬礼》。它一经《绵阳晚报》刊出,便迅速在网络上流传,点击率超过10万,并被《人民日报》等多家媒体转载。看到这张照片后,我们立即设法与杨卫华联系,表达了收藏该照片的愿望,并恳请他协助征集抗震救灾的实物。

6月16日,杨卫华第四次冒着生命危险进入北川县城,他为一幅画面激

北川不倒的国旗

汶川地震时刻时钟

动万分,泪如泉涌,当时北川县城所有建筑物荡然无存,然而在那些屹立不倒的旗杆上,鲜红的国旗仍在微风中高高飘扬,格外醒目。他的心灵深处深深地为一种精神所感动,将一面飘扬在职校小操场旗杆上的国旗,带回了绵阳。

还有一次,当他路过北川中医院宿舍时,看到一户人家正要离开,而墙壁上悬挂的时钟指针仍停留在2时28分,这不正是汶川地震发生的时刻吗?他心中顿时深受震撼。于是在拍摄了那户人家在时钟旁边的合影后,又征得主人的同意,把这一有历史象征意义的时钟带回了绵阳。

2008年7月28日,杨卫华把这面北川不倒的国旗和记载地震时刻的时钟以及他拍摄的《生命的敬礼》等抗震救灾照片捐赠我馆。我们深为这位记者捕捉历史瞬间的灵感所折服。这组实物和照片所反映的不正是我们在这次抗震救灾斗争中形成的万众一心、众志成城、不畏艰险、百折不挠、以人为本、尊重生命的伟大抗震救灾精神吗?

(丁纯怡)

此书未到心先到，想在孤城海岸头

——一封等了六十年的家书

2008年12月15日，北京航空邮件交换站，原中华全国台湾同胞联谊会副会长、全国政协委员、81岁的台湾籍老人郑坚第一个投出了从北京直邮台湾的家书。由于两岸直接"三通"的正式启动，这封家书将不再需要经第三方中转而直邮至台北亲人的手中。为了这一天的到来，老人整整等待了60年！

1946年，出生于台湾彰化的郑坚考取台湾省长官公署举办的"升学内地大学生公费生"，被保送至厦门大学。在校期间，他积极投身爱国民主学生运动，1947年加入中国共产党，并担任中共厦门大学地下党总支部委员兼支部书记。1948年暑假，郑坚回故乡看望母亲，临别时对老人说："等明年暑假我再回来。"谁料这句许诺50年后才得以实现。

1949年，郑坚离开厦门大学加入闽西南游击队，参加解放战争。随后从漳州军分区奉调解放军第十兵团台湾干部训练队，担任队长，为渡海解放台湾、与母亲团聚积极做准备。但朝鲜战争爆发后，美国公然派遣第七舰队进驻台湾海峡，解放台湾被迫推迟，两岸自此陷入长期隔绝的状态之中。其时，同样身为中共党员的大姐和二弟，以及追求进步的父亲也先后离开故乡来到大陆，而母亲却带着其他三个孩子留在台湾，一家人就像高雄的半屏山，"一半在大陆，一半在台湾"，骨肉分离，音讯杳无30年！从此，一家人的命运与两岸关系紧紧纠缠在一起。

1978年，随着党和国家的工作中心向现代化经济建设转移，对台方针政策也随之发生重大调整，党和政府不失时机地提出了"和平统一、一国两制"的方针。12月26日，全国人民代表大会常务委员会通过了《告台湾同胞书》，明确倡议通过商谈结束台湾海峡军事对峙状态,撤除阻隔两岸同胞交往的藩篱,推动自由往来,实现通航、通邮、通商,开展经济文化交流,两岸关系的发展由此揭开新的历史篇章。《告台湾同胞书》于次年元旦公开发表后,大陆即做出相应行动,停止对金门等岛屿的炮击和宣传活动。同年2月,大陆邮电部门率先开办经第三地对台电报业务,3月开放对台长途电话业务,5月起全面受理经由香港邮局转寄台湾的平信和挂号信函业务。此后,大陆方面又对台湾船舶开放港口,向台湾产品开放市场,主动派出大型采购团赴香港采购台湾产品,并支持台湾工商企业来大陆投资,设立代表机构,开展业务。

1981年9月30日,全国人大常委会委员长叶剑英再次呼吁两岸双方为通邮、通商、通航、探亲、旅游以及开展学术、文化、体育交流提供方便,达成协议。1982年7月24日,廖承志在致蒋经国先生的公开信中敦促:"祖国和平统一,乃千秋功业。台湾终必回归祖国,早日解决对各方有利。台湾同胞可安居乐业,两岸各族人民可解骨肉分离之痛……"言辞诚挚恳切,引起海内外巨大震动。在"和平统一、一国两制"伟大构想的指引下,为促进台湾问题的解决,大陆方面心怀诚意,从1985年起先后制定和颁布了《台湾海峡两岸间航运管理办法》等一系列法规,进一步推动两岸"三通"。

台湾当局开放探亲后台胞返乡团集体祭拜黄帝陵

在各方努力之下，台湾当局终于在1987年7月15日解除了戒严令，10月又有限制地开放台湾同胞赴大陆探亲，长达38年的两岸隔绝状态的坚冰由此被打破。在两岸"三通"问题上台湾当局也做出了一些积极回应，两岸人员往来及经济、文化交流随之发展起来。

1992年10月，海峡两岸关系协会与海峡交流基金会达成"均坚持一个中国原则"的"九二共识"。在此基础上，海协会会长汪道涵与海基会董事长辜振甫于1993年4月，在新加坡举行了两岸高层人士的首次会谈，签署了《两岸挂号函件查询、补偿事宜协议》等四项协议，两岸关系迈出历史性一步。1998年双方又在上海会晤，达成了两岸继续进行政治对话等"四项共识"。1995年1月，江泽民在《为促进祖国统一大业的完成而继续奋斗》的重要讲话中，提出了发展两岸关系、推动祖国和平统一的"八项主张"，再次指出实现两岸直接"三通"的迫切性及其对台湾经济发展的重要意义，提出应当采取实际步骤加速实现直接"三通"，促进两岸事务性商谈。

两岸"三通"的道路虽然进一步被打开，邮政电信、航运航空、贸易往来日益密切，但在"台独"分裂势力的阻挠和限制下，这种"三通"仍处于间接、单向、局部的状态。在通邮方面，两岸邮件总包仍需经香港、澳门转运，业务种类少，邮政包裹、小包、汇兑、速递等项业务均不能开办。在通航方面，两岸船舶、飞机不能直接往来；两岸往来人员及贸易货物仍需经第三地中转，造成了"船通货不通，货通船不通"的怪现象。在通商方面，大陆产品和企业受到诸多歧视性限制，特别是大陆人员赴台活动及投资受到种种限制。

在两岸"三通"进程的曲折推进中，1981年，远在美国的三弟辗转与郑坚取得了联系。当年5月，老母亲从台湾绕行美国旧金山，历程4万公里后抵达大陆，一家人终于团聚。当时，台湾当局尚未开放民众赴大陆探亲，所以这次行程只得绕行美国。此后，亲人间的通信、通话也仍然需要第三方中转，十分不便。虽然母亲后来又曾两度来大陆，但都要转道美国，因年事已高，只能遗憾地叹道："如果能直飞，两三个小时我还能吃得住，如果还要绕来绕去，就算了。"老人直到去世也没能等到直飞这一天的到来。因为郑坚特殊的身份，并且在大陆一直从事对台工作，他奔丧的申请没能通过台湾当局的审查，直到1998年，他才得以借教授学术访问团的机会，重新踏上故乡的土地。而从广州到台北不足1000公里的距离，却因绕道香港转机办手续整整耗费了一天！

显然，这样的"三通"远远不能满足两岸同胞的切身利益和共同愿望。早日实现真正意义上的"三通"已是大势所趋，成为时代最强音。

在两岸关系发展的关键时期，2005年4月29日，中共中央总书记胡锦涛在北京人民大会堂与中国国民党主席连战举行会谈。时隔60年，国共两党最高领导人的手历史性握在一起。双方提出促进两岸展开全面的经济合作，建立密切的经贸合作关系，包括全面、直接、双向"三通"。

2008年，马英九当选台湾地区领导人后，两岸关系取得巨大突破。6月12日，海协会会长陈云林与海基会董事长江丙坤在北京举行会谈，双方正式签署了《海峡两岸包机会谈纪要》和《海峡两岸关于大陆居民赴台湾旅游协议》。根据协议，两岸周末包机从当年7月4日起正式实施，首批600余名大陆游客也于同日由北京、上海、南京等五个城市抵台旅游。同年11月4日，陈云林与江丙坤又在台北会谈，双方本着建立互信、搁置争议、求同存异、共创双赢的精神，共同签署了《海峡两岸海运协议》、《海峡两岸空运协议》、《海峡两岸邮政协议》和《海峡两岸食品安全协议》，同意开通台湾海峡北线空中双向直达航路，开放多个货运包机航点和常态化客运包机航点；同意两岸资本并在两岸登记的船舶，经许可得从事两岸间客货直接运输，开放包括数十个港口；同意开办两岸直接平常和挂号函件、小包、包裹、快捷邮件、邮政汇兑等业务，共设13家邮件封发局；同意通过空运或海运直航方式将邮件总包运送至对方邮件处理中心。至此，两岸直接"三通"框架终于成形。

依据协议，2008年

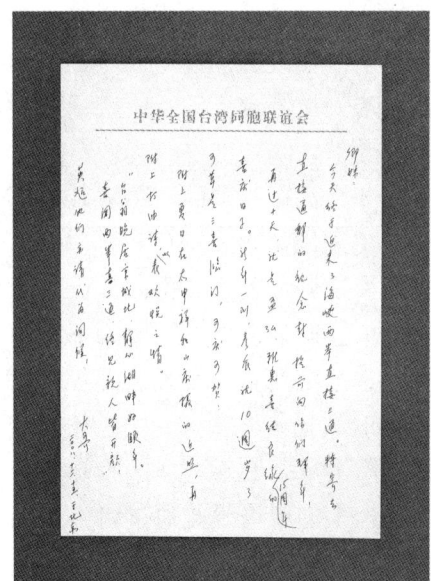

郑坚寄给二妹的信——第一封从北京直邮台湾的家书

郑坚寄给二妹的贺卡

郑坚寄给二妹的首日封

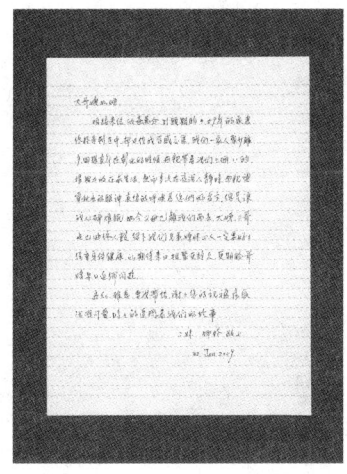

二妹给郑坚的回信　　　　　　　　　　二妹致郑坚信封

12月15日，两岸直接"三通"全面启动。这一天，北京航空邮件交换站举行了直接通邮仪式。郑坚在寄给台北二妹郑卿玲的家信中写道，"今天终于迎来了海峡两岸直接三通"，并欣然赋诗一首："台翁晚居京城北，静心湖畔好颐年。喜闻两岸真三通，终见亲人皆开颜！"随信还附寄了"海峡两岸直接通航、通邮纪念封"和贺年卡，祝福二妹一家乙丑年新春快乐。

"开拆远书何事喜，数行家信抵千金"。二妹接到这封迟来60年的直邮家信后，也通过直邮给北京的大哥寄来了回信，信中她激动地感慨道："引颈期盼了59年的家书终于来到手中，却也使我百感交集，我们一家人聚少离多，回想童年在彰化的时候，母亲带着我们三个小的，很努力地在求生活。然而多次在夜深人静时，母亲望穿秋水的眼神，哀愁地呼唤着您们的名字，总是让我心碎难眠。"她在翘首期盼兄妹的再次相聚。

如今，这两封往来于北京和台北之间的直邮家书，已由郑坚老先生捐赠给中国国家博物馆收藏，成为海峡两岸直接"三通"曲折进程的见证与缩影。

（安跃华）

共和国的记忆：文物见证历史
The Stories of People's Republic of China

后 记

2008年8月，山西人民出版社委托中国国家博物馆编写《共和国的记忆：文物见证历史》一书，具体由藏品保管二部承担。在中华人民共和国成立60周年之际，用我馆收藏的有代表性的当代文物讲述共和国走过的辉煌历程，是一件非常有意义的工作。馆领导对此大力支持，吕章申馆长任主编并撰写序言，马英民副馆长任副主编。保管二部朱珠主任、陈禹副主任负责组织。季如迅、陈禹任执行主编。白云涛、朱珠、陈禹、丁敏京、安莉、安跃华、刘艳波、何志文等同志对本书策划提出了许多宝贵意见，季如迅草拟了本书篇目及撰写要求等。参加文稿撰写的有28人。施宗平、孟广泰、孙晓旭、刘津京、董帅、吴虹、赵锋、李守义等做了图片保障等工作。本书编撰得到了全馆有关部门和同志的支持与合作，在此特向他们表示感谢！

本书的编写、出版完全是为了开展爱国主义和革命传统教育以及加强藏品研究、文化交流的需要，得到了广大藏品捐赠单位、个人包括美术作品作者及其后人的大力支持，在此谨向他们表示感谢！编写本书是我们用文物讲述历史的初次尝试，肯定有许多不足之处，我们热诚希望读者提出批评、指正，以使我们今后编写此类书籍时在史实、史料的把握和兼顾知识性、可读性方面做得更好。

山西人民出版社社长李广洁及蒙莉莉、傅晓红为支持祖国文物事业的发展，为本书的策划、编辑、制作做了大量的工作，使本书能如期保质与读者见面。谨此特别鸣谢！

编 者
2009年8月